Edward Georg Gustav von Schlesinger

Aufstellung der 714 Großgrundbesitzer in der Gubernie Plock des III. Königreich Polen für das Jahr 1909 mit 1.096 Ortschaften und Verweisen

[Spis 714 obywateli ziemskich guberni płockiej z 1909 r.]

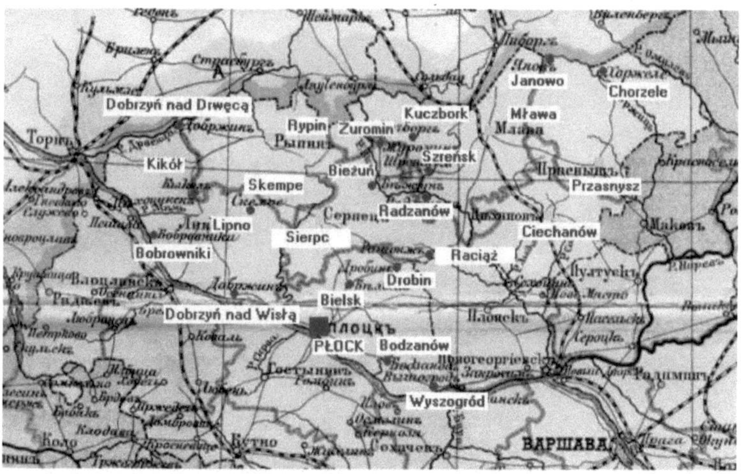

LEGENDA: ■ stolica guberni • inna miejscowość
▪ siedziba powiatu

FSC
www.fsc.org
MIX
Papier aus verantwortungsvollen Quellen
Paper from responsible sources
FSC® C105338

Bibliografische Information der Deutschen Nationalbibliothek:
Die Deutsche Nationalbibliothek verzeichnet diese Publikation in der Deutschen Nationalbibliografie; detaillierte bibliografische Daten sind im Internet über dnb.dnb.de abrufbar.

Das Kartenmaterial ist der Wikipedia und Wikia Szlachta entnommen und wird verwendet nach GNU-Lizenz für freie Dokumentation, die Nutzung der Wappenabbildungen erfolgt nach Zustimmung des Autors des elektronischen Wappenidentifikationssystems Gajl & Milewski, Herrn Tadeusz Gajl.

Herstellung und Verlag: BoD – Books on Demand, Norderstedt".

ISBN 9783752820799

Aufstellung der 714 Großgrundbesitzer in der Gubernie Plock des III. Königreich Polen für das Jahr 1909 mit 1.096 Ortschaften und Verweisen

[Spis 714 obywateli ziemskich guberni płockiej z 1909 r.]

Edward G. G. von Schlesinger

Die Publikation erfolgt im Rahmen des Forschungsprojektes "Eliten der Serenissima Res Publica Coronae Regni Poloniae Magnique Ducatus Lithuaniae 1385 - 1569 - 1795 und in deren Gebieten bis 1918"

1413 <> 2013
Res Publica

Schriftenreihe für angewandte Sozialgeschichte **StudIaS**

Allgemeine Serie mit deutsch- und fremdsprachigen Titeln
 # 3

Inhaltsverzeichnis

0. Einleitung

Die StudIaS Reihen richten sich an eine breit gefächerte Gruppe von Lesern. Angefangen bei Personen, die mehr über einen entsprechenden Namen der Szlachta erfahren möchten, über versierte Genealogen und Heraldiker, welche forschungsbedingt in Gebiete vorstoßen, in denen sie nicht bewandert sind bis zu Fachleuten wie Politologen spezialisiert auf Demokratie- und Migrationsforschung, Akkulturations-, Inkulturations- und Assimilierungsprozesse, Historiker, die sich mit Umformungen im östlichen Europa beschäftigen, bis zu langfristigen gesellschaftlichen Wandel analysierenden Soziologen. Dementsprechend beinhaltet es neben hoch spezialisierten Elementen auch Bereiche allgemeiner Einführung in die Thematik der Adelsrepublik, Genealogie und Heraldik.

Ausdehnung des Stammgebietes der Szlachta der Res Publica:

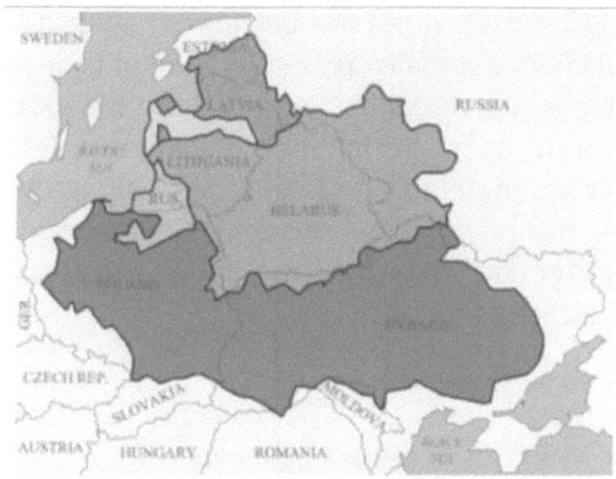

Polen-Litauen um 1618 mit den heutigen Staatsgrenzen

- Polnische Krone
- Großfürstentum Litauen
- Herzogtum Livland
- Herzogtum Kurland, gemeinsames Lehen
- Herzogtum Preußen, polnisches Lehen

Für die Zeiten vor der Einführung der kirchlichen Register über Taufen, Heiraten und Todesfälle, die durch eine, fast lückenlose, Erfassung der biologischen Entwicklung eine genealogische Nachverfolgung ermöglichen, ist eine ganzheitliche Generationserfassung kaum möglich.

Die zögerlich eintretende Namensfestigung im östlichen Europa und die freie Namenswahl der Szlachta – des Souverän der Adelsrepublik – wie auch die folgenden Verdrehungen und Namensänderungen aus nationalistischer Motivation oder mangelnder Kompetenz der Amtsträger vertiefen diese Problematik.

So sind vor der Einführung der Matrikeln weibliche Nachkommen überwiegend nur durch Erwähnung als Ehefrauen sowie durch Einträge bezüglich einer erbrechtlichen Regelung oder Besicherung der Mitgift bekannt.

Sogar bei reichlich begüterten Familien sind nachrangige männliche Nachkommen kaum zu erfassen und deren Linien werden somit zum verdunkelten Adel, so dass vielfach nur die Hauptlinien der Adelsgeschlechter bekannt sind. Dies gilt auch für die über ein Halbes Jahrtausend währende Geschichte des Geschlechtes Wyhowski. Über das Ausmaß solcher Verdunkelung wurde eine Beispieluntersuchung als Referat auf dem 25. Jubiläumskongress Historischer Grundwissenschaften der Russischen Akademie der Wissenschaften in Moskau im Jahre 2013 vorgestellt. [1]

Gerade die nachgeborenen Linien waren es, die besonders von einer Pauperisierung im ausgehenden XVI. und im XVII-XVIII. Jhdt. betroffen waren. Hierdurch erfolgte ein nicht unerheblicher Bestandsschwund der bekannten adligen Geschlechter. Kam es in den betroffenen Linien ebenfalls zu einem Bewußtseinsverlust, so trat eine Verwischung der eigenen Herkunft ein. Diese Entwicklung wurde durch machtpolitische Faktoren beim Verfall der Strukturen der litauisch-polnischen Adelsrepublik, gezielte ständefeindliche Politik der Teilungsmächte nach 1772 wie auch der Umwandlung des regionalen Patriotismus in aggressiven Nationalismus als negative Auswirkung der Französischen Revolution beschleunigt und durch die wirtschaftlichen Umwälzungen forciert.

Vergleich		Gebiet der Res Publica Serenissima		Bundesrepublik Deutschland
Jahr	1582	**Bevölkerung** 6.500.000	**Bevölkerungsdichte** 8 /km²	
Jahr	1650	**Bevölkerung** 11.000.000	**Bevölkerungsdichte** 9.5 /km²	230 /km²
Jahr	1582	815,000 km²		Heute: 357.375,62 km²
Jahr	1650	1,153,465 km²		

Durch den Umstand, dass der historische Adel (und nicht nur die dynastischen Häuser mit eigenen, staatlich sanktionierten Hausgesetzen) eigene Regeln und

[1] Schlesinger, Edward von: Auswertung der Adelsproben der Kanoniker der Kathedrale von Plock unter dem Gesichtspunkt der Ermittlung des Anteils verdunkelten Adels innerhalb der Szlachta der Adelsrepublik, Referat 25. Jubiläumskongress Historischer Hilfswissenschaften der Russischen Akademie der Wissenschaften in Moskau, Januar/Februar 2013, erstellt auf der Grundlage der von Adam Pszczółkowski aus den Akten des Kathedralkapitels von Plock angefertigten Abschriften (Wywody kanoników katedralnych płockich sygn. 8-25). Siehe: http://de.szlachta.wikia.com/wiki/ Verdunkelt-Adelsrepublik, Zugang 10. 11. 2016.

Rituale aufweist, die außerhalb der positiven[2] Rechtsetzung des Staates liegen – allein z. B. aus der heute überwiegenden Sicht das Salische Prinzip[3] - ist es gerechtfertig, den Adelstand als eine Parallelgesellschaft zu bezeichnen.

---

[2] D. h. gesetztem Recht als Unterschied zum Überpositiven/Naturrecht. Positives Recht ist vom Menschen gemachtes und damit veränderliches Recht. Das überpositive Recht, je nach Ausgangspunkt – ist „naturgege-ben“, „im Wesen des Menschen liegend“ oder „von Gott vorgegeben“. Positives Recht gilt (im Gegensatz zum überpositiven bzw. Naturrecht) zu bestimmten Zeiten und an bestimmten Orten. Es gilt, selbst wenn es nach dem „Gefühl“ eines Einzelnen - oder im besonderen Fall sogar nach Meinung der Mehrheit der Menschen - als „ungerecht“ und damit als Unrecht empfunden wird. Per Definitionem ist das positive Recht unvollkommen und jederzeit veränderbar, beansprucht jedoch als jeweils gegenwärtige Gestalt der Rechtsordnung zunächst einmal Befolgung. Das positive Recht kann durch Einwirkung auf den Gesetzgeber neu gefasst werden.

[3] Bei **Lex Salica** (Pactus Legis Salicae, D - Salisches Recht) wurden 507–511 alte mündlich überlieferte Rechtsgepflogenheiten erstmals schriftlich niedergelegt. Benannt ist sie nach dem fränkischen Stamm der Salfranken. Der Text ist auf Latein verfasst, enthält jedoch germanische Fragmente. „Des Weiteren enthielt die Lex Salica … Bestimmungen über das Erbrecht und die Gerichtsordnung. In Anlehnung an diese Erbrechtsbe-stimmungen wurde später in vielen europäischen Herrscherhäusern die Thronfolge so festgelegt, dass Frauen nicht die Krone erben konnten, selbst dann nicht, wenn keine männlichen Erben existierten: *In terram salicam mulieres ne succedant.* … Diese besondere Bestimmung der Lex Salica wird heute oft als das Salische Recht schlechthin verstanden. In dieser Form wurde sie jedoch erstmals in der zweiten Hälfte des 14. Jahrhunderts verwendet – um zu legitimieren, dass 1317 Philipp V. unter Umgehung der weiblichen Erbfolge auf den französischen Thron gelangt war, es wurden also nicht nur Töchter des Königs von der Erbfolge ausgeschlos-sen, sondern auch deren Nachkommen. Dieser Erbfolgestreit wurde eine der Ursachen für den Ausbruch des Hundertjährigen Krieges. Diese Bestimmung gilt noch heute in einigen Monarchien und als Hausrecht in den meisten deutschen Adelshäusern.“

Irrtümlicher Weise führt Wikipedia an, dass der Zerfall bereits zu Beginn des XVIII. Jhdt. begann, als es „1713 mit der Pragmatischen Sanktion für die Habsburgermonarchie außer Kraft gesetzt“ wurde. Wohl aus Unkennt-nis der Geschichte Europas wurde die Pragmatische Sanktion auf das Geburtsjahr 1713 und nicht den Herr-schaftsantritt Maria Theresias von 1740 datiert. Daneben wurde die erste dynastische Verletzung des Salischen Prinzips im Königreich Polen ausgeklammert. Allerdings wurde Jogailo im Unterschied zu Franz I. Stefan, der bis zur Wahl zum Kaiser des Heiligen Römischen Reiches 1745 nur Consorte blieb, tatsächlich König von Polen. Ähnlich der Situation 350 Jahren später bei Habsburg wurde aus Mangel an männlichen piastischen Nachkommen in direkter Linie im I. Königreich Polen Hedwig von Anjou, polnischsprachig Jadwiga, am 16. Oktober 1384 gekrönter **„König“** von Polen [also nicht zur Königin], um dann die Krone an ihren Gemahl, den gedimischen Großfürsten von Litauen Jogailo, weiterzugeben, womit in der Krone Polens und im Groß-fürstentum Litauen die Dynastie der Jagiellonen begründet wurde. Die Trauung erfolgte nach der Taufe Jogailos am 18. Februar 1386 und er wurde am 4. März 1386 als **Władysław II. Jagiełło** zum König von Polen gekrönt. Er regierte gemeinsam mit seiner Gemahlin bis zu deren Ableben am 17. Juli 1399 und nachher bis zum 1. Juni 1434 alleine.

„Viele Monarchien, die das Salische Erbrecht über Jahrhunderte anwandten, haben sich noch in jüngerer Zeit einer weiblichen Thronfolge geöffnet (beispielsweise Schweden 1980; Belgien und Norwegen 1991). Im Jahr 1837 führte die Tatsache, dass das salische Recht im Königreich Hannover galt, zum Ende der über ein Jahr-hundert lang geltenden Personalunion zwischen Großbritannien und Hannover, da Victoria nur die britische, nicht aber auch die hannoveranische Krone erben konnte. Aus dem gleichen Grunde endete 1890 die Personal-union zwischen dem Königreich der Niederlande und dem Großherzogtum Luxemburg.“ Nach: https://de.m.wikipedia.org/wiki/Lex_Salica, Zugang 10. VII. 2017.

Eine Parallelgesellschaft[4] bedeutet eben, dass es eine in der Regel in sich abgeschlossene Personengruppe gibt, die eigene Regeln befolgt, welche sich entweder in einer Übereinstimmung mit dem jeweils aktuellen positiven stattlichen Regelwerk befinden oder auch nicht. Diese kann entweder deutschsprachig sein wie beim Adel oder den jüdischen Gemeinden[5] in Deutschland sein oder auch fremdsprachig sein wie bei den in Deutschland lebenden Türken[6], Russen[7], Jesiden[8] oder Japanern[9] (in Düsseldorf).

---

[4] Die umstrittene Definition vom Historiker Klaus J. Bade lautet: „Parallelgesellschaften im klassischen Sinne gibt es in Deutschland gar nicht. Dafür müssten mehrere Punkte zusammenkommen: eine monokulturelle Identität, ein freiwilliger und bewusster sozialer Rückzug auch in Siedlung und Lebensalltag, eine weitgehende wirtschaftliche Abgrenzung, eine Doppelung der Institutionen des Staates". Nach: Interview vom November 2004 mit der Redaktion von Spiegel Online. Zugang: 10. VII. 2017. Auch wenn diese Definition auf die fremdsprachigen Parallelgesellschaften z. T. zutreffen kann, unterscheidet sich dies bei den deutschsprachigen Parallelgesellschaften. Sowohl beim Adel als auch bei der jüdischen Gemeinschaft findet kein freiwilliger und bewusster sozialer Rückzug, sondern freiwilliger und bewusste Einflußnahme auf die Mehrheitsgesellschaft, jedoch aus einer besonderen Situation heraus, statt. Insofern kann auch nicht von einer weitgehenden wirt-schaftlichen Abgrenzung sprechen, sondern vielmehr von einer privilegierten Position in den Wirtschafts-prozessen.

[5] Nach Editorial, Bundeszentrale für politische Bildung, http://www.bpb.de/izpb/7644/editorial, und der Deutschen Wikipedia betrug zum 1. Januar 2016 die Zahl der mosaischen Glaubensgemeinschaften 200.000 Personen, nach anderen Daten 117.000 Personen, Zugang 10. VII. 2017.

[6] In dem Migrationsbericht des BAMF 2013 wurde für das Jahr 2013 die Zahl von 2.998.000 Personen türki-scher Abstammng angegeben.

[7] Nach Aleksandr Arefjew, dem stellvertretenden Direktor des soziologischen Forschungszentrums des russischen Volksbildungsministeriums, zufolge lebten in der Bundesrepublik Deutschland im Jahr 2007 etwa sechs Millionen Russischsprecher, die aus den Nachfolgestaaten der Sowjetunion zugewandert sind. Im Jahr 2012 waren von den drei Millionen aus der ehemaligen Sowjetunion nach Deutschland Zugewanderten 500.000 russische Staatsbürger. Die meisten reisten als Russlanddeutsche oder als russischsprachige Juden bzw. als deren Familienangehörige ein (darunter viele Russen, Ukrainer, Weißrussen und Menschen aus anderen Völkern der ehemaligen UdSSR). Nach: Deutscher Wikipedia, Zugang 10. VII. 2017.

[8] Allein die Minderheit der Religionsgruppe der Jesiden in der Bundesrepublik Deutschland wird auf 35.000 – 45.000 (nach Angaben des Religionswissenschaftlichen Medien- und Informationsdienstes REMID) bis über 100.000 (anch Angabe der Jesiden) Personen geschätzt. Nach: Deutscher Wikipedia, Zugang 10. VII. 2017.

[9] Im Jahr 2008 lebten laut Japanischem Generalkonsulat in Düsseldorf und den angrenzenden Gemeinden 8187 Japaner, davon 6548 innerhalb der städtischen Grenzen. Nach: Deutscher Wikipedia, Zugang 10. VII. 2017.

0.1. Territorialer Umfang der Erfassung des Adelstandes

Schema der Entwicklungen der rechtlich gleichberechtigten Szlachta in der "Serenissima Res Publica Coronae Regni Poloniae Magnique Ducatus Lithuaniae" bis zum deren Untergang 1795 und dann bis 1918

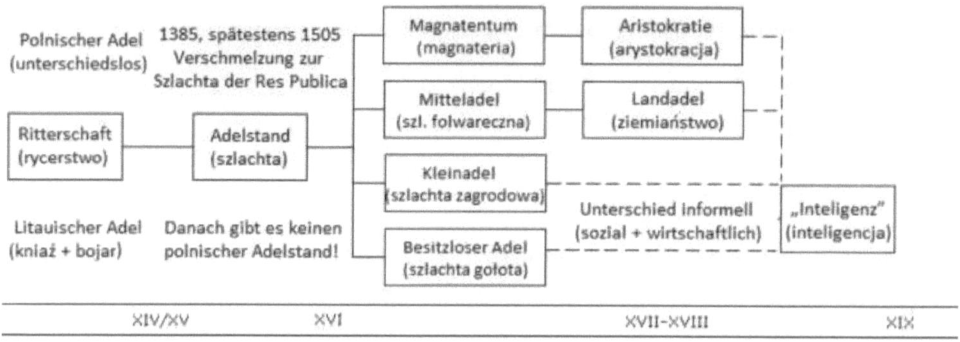

http://de.szlachta.wikia.com * http://be.szlachta.wikia.com * http://lt szlachta.wikia.com
http://pl.szlachta.wikia.com * http://ru.szlachta.wikia.com * http://uk.szlachta.wikia.com

Als Familien des historischen Adelstandes in den Grenzen der heutigen Nachfolgestaaten der Res Publica sind anzusehen:

1. Familien der historischen Szlachta der Serenissima Res Publica Coronae Regni Poloniae Magnique Ducatus Lithuaniae;
2. Familien, der historischen Szlachta welche im Herzogtum Warschau, III. und IV. Königreich Polen oder im Königreich Galizien und Lodomerien adelslegitimiert worden sind;
3. Familien des historischen Dworjanstwo des Kaiserreiches Russland, welche landsässig oder ansässig und in den ehemaligen Gebieten der Res Publica adelslegitimiert sind;
4. Familien, welche in den Genus der systemmässigen Nobilitierung im Kaiserreich Österreich gekommen sind und landsässig oder ansässig in den ehemaligen Gebieten der Res Publica (Beamten- und Funktionsadel) sind oder waren;
5. Familien, welche in den Genus der systemmässigen Nobilitierung im Kaiserreich Russland gekommen sind und landsässig oder ansässig in den ehemaligen Gebieten der Res Publica (Beamten- und Funktionsadel), sind oder waren, sowie die

6. außerhalb der ehemaligen Gebieten der Res Publica stammenden Adelsgeschlechter, welche zumindest in einer Generation in deren Gebieten landsässig- oder ansässig waren (z. B. Nobilitierungen des Heiligen Stuhls oder im Kaiserreich Frankreich unter Napoleon).

0.2. Problematik des geringen Grades der Namensfestigung in der Res Publica

Es kommt vielfach vor, dass identische Familien unter anderer Schreibweise mehrfach aufgeführt werden. Als unmittelbare Folge erfolgt eine rechnerische Aufblähung der Gesamtzahl des Adelstandes der Res Publica, deren Ausmaß nur schwerlich einzuschätzen ist.

Diese Problematik wird verschärft durch die Folge der vorherrschenden Realteilung. Bedingt durch Erbschaften und Aussteuerregelungen fand ein fortlaufender Eigentumswechsel und dadurch eine weitere Eigentumsaufsplitterung der Güter und Ortschaften statt. Bei der Annahme eines neuen Namens nach dem neuen Besitzstand erfolgte eine weitere Namensaufsplitterung der so entstandenen Linien. Dies ist die Ursache des häufigen Vorfindens einer Vielzahl von namensidentischen Familien in einem Dorf vor, die genetisch unterschiedlichen Geschlechtern angehören und sich nur durch deren Wappenzugehörigkeit unterscheiden lassen.

Diese Aufblähung des numerischen Bestandes der Szlachtafamilien beträgt sicherlich zumindest 10 % der ermittelten Namen, es ist jedoch nicht auszuschließen, dass es in einigen Gebieten des Adelsrepublik bis zu 1/3 des Bestandes in neuen Wappenbüchern Gelisteten beträgt.

Dennoch gilt auch für die aller Publikation der Ausspruch des Autors des Adelsregister des Heiligen Römischen Reiches und des Kaiserreiches Österreich, von Frank zu Döfering, dass ein Fehlen eines Adelsgeschlechtes in einer solchen Zusammenstellung nicht gleichbedeutend ist mit dessen fehlenden Adelstand.

0.3. Problematik des verdunkelten Adels in einer demokratischen Gesellschaft

Die **Serenissima Res Publica Coronae Regni Poloniae Magnique Ducatus Lithuaniae** war eine demokratische, föderal verfasste Republik mit einer einzigen Einschränkung – zu den Staatsbürgern und damit dem Personenkreis mit aktivem und passivem Wahlrecht gehörte nur der Adelstand an. Allerdings war damit der Bevölkerungsanteil erheblich höher als bei der Partizipation der späteren

Demokratie in Großbritannien und den Staaten Europas bis in das ausgehende XIX. Jhdt. In diesem ersten Anlauf der Schaffung eines übernationalen Reiches in Europa lassen sich viele negative Erscheinungen der heutigen Europäischen Union erkennen.

Es drängen sich vielfältige parallelen zu heutigen demokratischen Staaten auf. Als bezeichnendes Beispiel kann die Übermacht der staatlichen Verwaltung der Adelsrepublik bei der Behandlung des verdunkelten Adels angeführt werden. So führen **Volumina Legum**, das Gesetzeswerk des Res Publica Serenissima bis zur dessen Untergang 1795 im Band VIII auf der Seite 296 aus: Für das Jahr 1775 wird in Volumina Legum ein Rechtstreit notiert, in dem der Starost von Owrucz (an der Grenze der heutigen Ukraine zu Weißrussland, beide Teile des altlitauischen Großfürstentum im Rahmen der Res Publica gelegen) die nachfolgenden Familien als Bauern klassifizierte und sie mit entsprechenden Steuerabgaben belegen wollte, bis diese gerichtlich ihren Adelstand nachweisen:

1. Bech,
2. Białocki,
3. Branowski Dumiński,
4. Buwsonowski,
5. Dorotycz,
6. Hecejowski,
7. Kobyliński,
8. Korczewski,
9. Kościuszko,
10. Lewkowski,
11. Marakowicz,
12. Mieleniewski,
13. Moszkowski,
14. Niewmierzycki,
15. Paszyński,
16. Perszk vel Perszek,
17. Redcyzc,
18. Rożmeyko,
19. Serninka,
20. Szwab,
21. Tołkacz,
22. Usarewicz,
23. Uszczapowski,
24. Waskowiec vel Waskowski,

25. Werpowski,
26. Wołkowski und
27. Zakusioło.

Bezeichnend ist, dass heute vielfach erst ein äußerer Anlass erforderlich ist, um sich des eigenen Adelstandes bewusst und aktiv zu werden. So entsprang der Familie Kościuszko, vorstehend unter # 9, ein Anführer der letzten bewaffneten Konföderation zur Verteidigung der Demokratie der Adelsrepublik und berühmter General des amerikanischen Unabhängigkeitskrieges. Alle nachfolgenden Aufstände im westlichen, polnischen Teil der ehemaligen Adelsrepublik sind nicht als Konföderationen zum Zweck des Erhaltes oder Wiederherstellung der Res Publica, sondern als Aufstände anzusehen.

In der Zeit seit der Entstehung der Szlachta nach 1385 wandelte sich vielfach die Schreibweise sowohl der Familiennamen als auch der Bezeichnungen der Wappen-genossenschaften und der Wappenrufe. Hierdurch wird eine und die gleiche Familie unerkannt unter abweichenden Namen geführt. Die Feststellung, ob es sich hierbei um unterschiedliche oder identische Familien handelt, kann nur durch intensive historische Forschung vermittelt werden.

Durch Quellenverluste oder einfach durch geringe Quellendichte kann trotz eingehender Forschungen nicht selten keine Aussage über die Identität abweichender Schreibweisen herbeigeführt werden. Beispiel: Dabrowski [latinisierte Version] und Dąbrowski [polonisierte Version], Dambrowski und Dombrowski [mögliche phonetische Schreibweise], Dobrowski [vereifachte phonetische Version], und hierzu kommen noch die Schreibweisen in kyrillischen Alphabet.

Wie dramatisch Verwaltungsbeamten Namen und damit Genealogien verfälschen können, sei es bewusst, durch Nachlässigkeit, fehlende Kompetenz oder auf Weisung, sieht man an einem Beispiel aus dem ehemaligen Ostpreußen:

Heiraths-Haupt-Register des Königlich Preußischen Standesamtes Marwalde, Kreis Osterode, Ostpreußen für das Jahr 1893, Eintrag Nr. 1 [Marwalde, Księga małżeństw 1893] [10]:
"Marwalde am siebenzehnten Januar tausendachthundertneunzig drei. Vor dem unterzeichneten Standesbeamten erschienen heute zum Zwecke der Eheschließung:

[10] Standesamt zu Marwalde, Ostpreußen, Heiraths-Haupt-Register Nr. 1, 1893 http://www.olsztyn.ap.gov.pl/baza/skany.php?z=892&s=6, Zugang 5. II. 2016

1. Der Wirtssohn Johann **Zuchowski**, bisher ledigen Standes, der Persönlichkeit nach bekannt, katholischer Religion, geboren den elften April des Jahres tausendachthundert vierundsechzig, zu Ruhwalde, Kreis Osterode, wohnhaft zu Ruhwalde. Sohn des verstorbenen Wirth Johann **Zuchowski** und dessen noch lebenden Ehefrau Veronika, geb. Gawarzeck, wohnhaft zu Ruhwalde.

2. Die Wirtstochter Katarine (geschrieben steht Karatine) Koschmieder, bisher ledigen Standes, der Persönlichkeit nach bekannt, evangelischer Religion, geboren den zweiundzwanzigsten November des Jahres tausendachthundertzweiundsechszig zu Ruhwalde, wohnhaft zu Ruhwalde. Tochter des verstorbenen Wirt Friedrich Koschmieder und dessen noch lebenden Ehefrau Justine, geb. Groß, wohnhaft zu Ruhwalde. Als Zeugen waren zugezogen und erschienen:

3. Der Wirth Friedrich Koschmieder, der Persönlichkeit nach bekannt, dreiunddreißig Jahre alt, wohnhaft zu Ruhwalde.

4. Der Wirth Gottlieb Sterna, der Persönlichkeit nach bekannt, einunddreißig Jahre alt, wohnhaft zu Marzien, jetzt Wirth Osterode. In Gegenwart der Zeugen richtete der Standesbeamte an die Verlobten einzeln und nacheinander die Frage: ob sie erklären, dass sie die Ehe miteinander eingehen wollen. Die Verlobten beantworteten diese Frage bejahend und erfolgte hierauf der Ausspruch des Standesbeamten, dass er sie nunmehr Kraft des Gesetzes für rechtmäßig verbundene Eheleute erkläre.

Vorgelesen, genehmigt und unterschrieben: Johann **Zacharowski**, [unleserlich] **Zacharowski**, geb. Koschmieder, Friedrich Koschmieder, Gottlieb Sterna. Der Standesbeamte: Borowski"

Obwohl sowohl der Ehemann als auch die neu Angetraute mit "**Zacharowski**" unterschrieben, werden sie in der Urkunde durch den Beamten als "**Zuchowski**" aufgeführt. Von Verunstaltungen durch Aufschreiben nach Gehör oder Verschreiben, so dass in einem Dokument zwei, ja sogar drei unterschiedliche Namensversionen erscheinen, oder der Transliterierung aus dem oder in das Kyrillische ganz zu schweigen.

0.4. Namensproblematik in Anbetracht einer fehlenden Konvertierungstabelle

Weiterhin verschärft wird die Lage durch die Tatsache der Namensverfälschung durch alle bestehenden Transliterierungsysteme in das lateinische Alphabet wie z. B. die Lautverschiebung **v > f** oder **o > a** wie auch die bekannte **ch – g – h** Problematik. Aus diesem Grund gibt es bisher noch keine verbindliche Konvertierungstabelle für Namen aus dem Lateinischen / Polnischen in das kyrillische Alphabet (der russischen, ukrainischen und weißrussischen Ausprägung) und eben aus diesen wieder in das Lateinische und Polnische.

Wohl wurden bisher auf Regionen beschränkte Konvertierungstabellen veröffentlicht. Wegen der immensen Datenmenge ist es bisher jedoch nicht gelungen, eine Konvertierungstabelle für das gesamte Gebiet der ehemaligen Res Publica Serenissima zu erstellen. Es bleibt abzuwarten, ob es dem laufenden Forschungsprojekt "Eliten der Res Publica Serenissima 1385 – 1569 – 1795 und in deren Gebieten bis 1918" gelingt, als Nebenprodukt zumindest für die Familien der historischen Szlachta im östlichen Europa eine beiderseitige Konvertierungstabelle zu erstellen, die für eine Umsetzung von Familiennamen obligatorisch sein könnte.

Somit bleibt der alltägliche Kampf der von dieser Problematik Betroffenen nicht nur bei westlichen Standesämtern Personen (z. B. bei nationalen Mischehen) sondern auch im Fall von Registrierungen bei den Amtsgerichten weiter bestehen. Betroffen sein kann jeder, der in einem Land in welchem sich die Amtssprache des kyrillischen Alphabets bedient, einen Reisepass oder internationalen Führerschein beantragt. Hierbei ist es nach geltendem Recht üblich, den kyrillisch geschriebenen Namen auch in lateinischen Buchstaben anzugeben. In Ermangelung einer Konvertierungstabelle erfolgt dies durch die Transskribierung. Die üblicher Weise verwendeten Transskribierungsnormen generieren manchmal sogar kaum lesbare und aussprechbare Namen und man ist auf einen Kampf mit Fachgutachten über die korrekte Konvertierung des historischen Familiennamens angewiesen.

Das dies keine rein theoretische Überlegungen sind, wird an einem unlängst bekannten Fall eines über 2 Jahre dauernden Rechtsstreites über die korrekte Namenskonvertierung vor dem Amtsgericht Posen-Mitte (Republik Polen) deutlich. Der neue Geschäftsführer wurde erst nach wiederholten Gutachten in das Handelsregister eingetragen und das Unternehmen wurde damit soweit geschädigt, dass nachdem die neue Organbesetzung im Handelsregister eingetragen wurde, es wegen zwischenzeitlich eingetretenen Zahlungsunfähigkeit Konkurs anmelden musste.

Auch im Bereich der Standesämter gilt die korrekte Namenskonvertierung nicht selten als ein kaum zu überwindendes Hindernis – soweit die Eheleute sich nicht damit abfinden, dass jeder von ihnen eine abweichende Schreibweise des gleichen Ehenamens führt. Oder dass der Name eines der Ehepartners nach sachlich fehlerhaften jedoch nach geltenden Transskribierungsnormen korrekten Transliterierung fast unaussprechlich wird. Dies gilt nicht nur für Familiennamen sondern auch für Vornamen. Wer würde bei **"Katsiaryna"** in der amtlichen Transkribierung aus dem Russischen an eine weißrussische **"Katrin/Katharina"** denken?

Das in diesem Bereich dem Autor bekannte bisher am längsten andauernde Verfahren (bis geheiratet wurde) wurde mit 3 ½ Jahren im Rheinland notiert und verursachte eine Schadensersatzforderung von knapp 100.000 €. Zu diesem unhaltbaren Zustand bleibt noch anzumerken, dass es sich um Eheleute aus europäischen Ländern handelte und nicht etwa aus dem russischen, chinesischen, japanischen oder thailändischen Sprachraum und dass es nur deshalb bei 3 ½ Jahren verblieb, da sie es dann doch vorzogen nicht in Deutschland, sondern im Königreich Dänemark zu heiraten.

Beispiel für die Umschrift von Namen:
Der Familienname **Лисенко** wird heraldisch im lateinischen Alphabet korrekt klassifiziert als Name der Familie **Łysienko [h. Łysienko = Przestrzał Abwandlung** oder **h. Przestrzał] (polnische Schreibweise) / Lysienko (lateinische Schreibweise unter Weglassung der polnischen Sonderbuchstaben).** Bei Transkribierungen erhält man mindestens 3 mögliche transskribierungskorrekter - jedoch nicht die sachgerechter - Namensversionen: als **Lissenko** oder **Lysenko (DE), Lisenko (EN), Lissenko (FR)** und **Łysenko** (bei Weglassung der Sonderzeichen wird es zu **Lysenko**) **(PL)**.

In Klammern stehen Wikipedia-Beispiele ggf. unter Transliteration die strengere ISO 9 von 1995 und unter deutsch die DDR-Transkription.

Kyrillische Schreibweise	Transliteration	Transskription		
		Deutsch	Englisch	französisch
Александр Солженицын (russisch)	Aleksandr Solženicyn	Alexander Solschenizyn (Solshenizyn)	Aleksandr Solzhenitsyn	Alexandre Soljenitsyne
Михаил Зощенко (russisch)	Michail (Mihail) Zoščenko	Michail Soschtschenko (Sostschenko)	Mikhail Zoshchenko	Mikhaïl Zochtchenko

	(Zoŝenko)			
Михаил Горбачёв (russisch)	Michail (Mihail) Gorbačëv	Michail Gorbatschow	Mikhail Gorbachev	Mikhaïl Gorbatchev
Борис Николаевич Ельцин (russisch)	Boris Nikolaevič El'cin	Boris Nikolajewitsch Jelzin	Boris Nikolayevich Yeltsin	Boris Nikolaïevitch Eltsine (Ieltsine)
Владимир Владимирович Путин (russisch)	Vladimir Vladimirovič Putin	Wladimir Wladimirowitsch Putin	Vladimir Vladimirovich Putin	Vladimir Vladimirovitch Poutine
Руслана Лижичко (ukrainisch) / Лыжичко (russisch)	Ruslana Lyžyčko / Lyžičko	Ruslana Lyschytschko (Lyshytschko) / Lyschitschko (Lyshitschko)	Ruslana Lyzhychko / Lyzhichko	Rouslana Lyjytchko / Lyjitchko
Зоран Ђинђић (serbisch)	Zoran Đinđić	*nur Transliteration:* Zoran Đinđić (Djindjić)	*nur Transliteration:* Zoran Đinđić (Djindjić)	*nur Transliteration:* Zoran Đinđić (Djindjić)

1. Thematischer Überblick

1.1. Von polnischen Ritterfamilien zu adligen Szlachtageschlechtern.

Die alten polnischen Stammwappen bildeten in ihrer unverändert gebliebenen Form ein Kennzeichen der Zusammengehörigkeit der oft über das ganze Reich zerstreut lebenden Zweige eines Geschlechts und ein Unterscheidungszeichen von anderen, ein anderes Wappen führenden **gleichnamigen** Geschlechtern. Beim alten polnischen Adel (bis zur Entstehung der Res Publica) und dadurch auch der Szlachta der Adelsrepublik liegt die Entstehung der Wappen meist im tiefen Dunkel. Der Stifter wählte das Motiv des Wappens, sei es aus dem religiösen oder ritterlichen Leben, aus dem ritterlichen Frauendienst, oder er wählte sonst ein Zeichen, das ihm die Erinnerung an ein ihn betreffendes, öffentliches oder in seinem privaten Leben bedeutungsvolles Ereignis bewahren sollte. Eine Deutung hat sich durch kein Schriftstück, meist nur durch eine oft sagenhafte Deutung in der Familie erhalten.

Im alten Polen bildeten sich keine Heroldsfiguren in den Wappen aus; diese haben sich also in ihrer ursprünglichen Gestalt erhalten und waren auch keinen heraldischen Regeln unterworfen. Das Wappenbild im farbig ungeteilten Schildfeld und der Helm-schmuck bildete das Wappenbild. Helmdecken und Schildhalter gehörten nicht zu diesem und waren nur eine vom Ausland angenommene, zuerst ganz bedeutungslose Nebensache und entwickelten sich erst langsam gegen Ende der Adelsrepublik.

Die Kenntnisse über die ursprünglichen polnischen Ritterwappen bis zu den Adelswappen der „Res Publica“ erweiterten sich nur allmählich.

Als erste Chronisten Polens sind **Gallus Anonymus**, **Wincenty Kadłubek** vermutlich des Wappens Łabęź oder Lis, **Janko z Czarnkowa des Wappens Nałęcz** und **Marcin Bielski des Wappens Prawdzic** zu nennen.

Jan Długosz des Wappens Wieniawa, auch Johannes Longinus, Joannes Dlugossius genannt, * 1415 in Nowa Brzeźnica bei Radomsko, + 19. V. 1480 in Krakau, erster heraldische Schriftsteller der entstehenden Rzeczpospolita, führte in seinem Traktat " Insignia seu Clenodia regni Poloniae" (geschrieben 1466 - 70) über 103 Wappen auf, von denen etwa 50 beschrieben waren.

Martin von Cromer h. Kromer (PL-Marcin Kromer h. Kromer), * 1512 in Biecz, Provinz Kleinpolen, † 23. III. 1589 in Heilsberg, Ostpreußen), erwähnte 115 Wappen.

Bartosz Paprocki h. Jastrzębiec, (auch Bartholomäus Paprocky oder Bartholomew Paprocki, CZ-Bartoloměj Paprocký z Hlahol a Paprocké Vůle; PL-Bartłomiej Paprocki h. Jastrzębiec), * 1540/1543 bei Sierpc, Masowien, † 27. XII. 1614 in Lemberg, Ukraine, gab in seinen Hauptwerken von 1578 und 1584 insgesamt 2.481 Geschlechter in 126 Wappengenossenschaften und 28 + 48 Individualwappen, also insgesamt 202 Wappen an.

Szymon (Simon) Okolski h. Rawicz, (andere Namensform Simon de Camenacia), * 1580 in Kamieniec Podolski, Ukraine, + 10. VI. 1653 in Lemberg, Ukraine, erhöhte die Zahl bekannter Wappen auf 290,

Albert Wijuk Kojałowicz h. Kościesza Abwandlung, (LAT-Koialovicius-Wijuk Albertus, LIT-Albertas Vijūkas Kojalavičius, PL-Wojciech Wijuk Kojałowicz h. Kościesza Abwandlung), * 1609 Perkunashaus in Kaunas oder Romainiai, Litauen, + 6. X. 1677 in Warschau, schrieb über die litauischen Wappen sowie

Jan Chryzostom Pasek h. Doliwa, der in seinem Tagebuch ein anschauliches Bild über das Sarmatentum der Szlachta in der Adelsrepublik wiedergibt.

Aus diesen Schriftstellern schöpfte **Kaspar Niesiecki**, bürgerlicher Herkunft (nach anderen Angaben des Wappens Poraj), * 31. XII. 1682 in Großpolen, + 9. VII. 1744 in Krasnystaw, Provinz Kleinpolen, für sein 4-bändiges Werk und beschrieb etwa 500 Wappen. Ob er Zugang zu der Handschrift von **Walerian Nekanda Trepka h. Topór** über die Versuche von Adelsanmasungen im XVII. Jhdt. hatte, ist nicht eindeutig klar.

Nach diesem arbeiteten über Familien und Wappen der Adelsrepublik **Dunczewski**, **Kuropatnicki**, **Krasicki**, **Leszczyc**, **Piotr Małachowski h. Nałęcz** und **Wielądko h. Nałęcz**.

Aufbauend auf diesen Werken erstellte **Bobrowicz h. Gryf** seine 10-bändige Neuausgabe des Werkes von Niesiecki mit kritisierenden, berichtigenden und vervollständigenden Zusätzen und führte 577 Wappen an.

Der Historiker **Joachim Lelewel von Löwensprung eigenen Wappens** verfasste in dieser Neuausgabe Niesiecki's die Einleitung über die Entstehung und Entwicklung des Adels- und Wappenwesens der Adelsrepublik. Als Band 11 wird in der Literatur häufig das Werk von **Ignacy Kapica Milewski h. Tuczyński**: Herbarz Ignacego Kapicy Milewskiego (wydanie z rękopisu) angesehen sowie 2 Bände von **Krzysztof Czarniecki h. Łodzia**: Herbarz Polski podług Niesieckiego genannt.

Obwohl es einige kritische Stimmen gibt, wird auch Przewodnik heraldyczny [Heraldischer Führer] von **Adam Amilkar Kosiński h. Koziński II** als grundlegend angesehen.

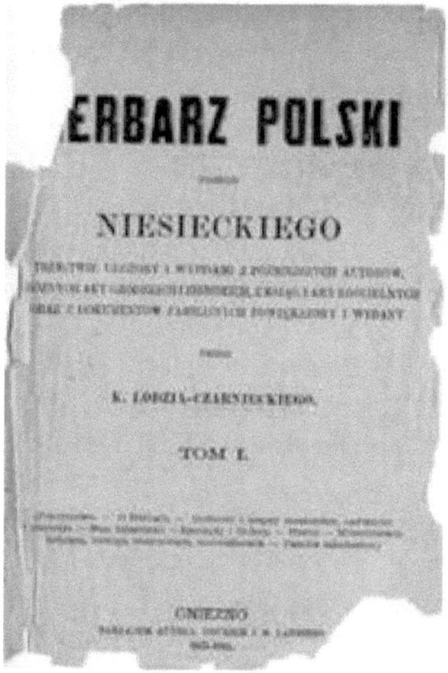

ERBARZ POLSKI

NIESIECKIEGO

TOM I.

Besonders wichtig sind die Werke von **Sinapius** über Schlesien, **Milewski** über Masowien, **Kętrzyński (auch von Winkler genannt) h. Cietrzew** über Preußen, **Graf Dunin-Borkowski h. Łabędź** über Galizien, **Wittyg h. Prus I** über die verdunkelte Schlachta, **Prof. Franciszek Piekosiński** über die polnische Ritterschaft des Mittelalters und Altlitauens, heraldische Tabellen von **Chrzański h. Chrzański** oder heraldische Studien von **Małecki** um nur einige zu nennen.

Aufbauend auf diesen „Vorarbeiten" entstanden dann die einmaligen Grundwerke über die Szlachta der **Res Publica Beider Nationen**, nach polnischen Historikern des XX. Jhdt. als RON abgekürzt, der Autoren **Graf Jerzy Dunin-Borkowski h. Łabędź**, **Teodor Żychliński h. Szeliga**, **Graf Juliusz Ostrowski h. Rawicz** und verlagerte sich mit Werken von **Adam Boniecki h. Bończa** unter Mitarbeit **Baron Artur Reisky von Dubnitz eigenen Wappens**, **Graf Seweryn Uruski h. Sas** sowie von **Prof. Włodzimierz Dworzaczek** immer mehr in den akademischen Rahmen.

Wegen seiner Werke ist von Bedeutung das Wirken des **Emilian von Żernicki h. Szeliga** hervorzuheben, die alle samt in Deutsch erschienen. Die von ihm verwendete begriffliche Griffigkeit hat zur unglücklichen Gleichsetzung der Szlachta der Adelsrepublik mit dem polnischen Adel wie auch zur Einführung des Begriffes „Klein-Adel“ im deutschsprachigen Raum geführt.

In der Zwischenkriegszeit erschienen spezialisierte Wappenlexikas, die wie das Werk von **Stanisław Dziadulewicz h. Sokola** über den tatarischen Adel der Res Publica oder die Arbeiten von **Dr. Ludwik Piotrowski h. Korwin** zur Szlachta armenischen und mosaischen Ursprungs in der Adelsrepublik.

Auch in der Zeit der Klassenfeindschaft ruhten die Arbeiten nicht. Alle heutigen namhaften Genealogen und Historiker Osteuropas begannen ihre Arbeit in den Volksdemokratien, auch wenn sich die Forschungen mehr im akademischen Rahmen abspielten oder in der Schublade landeten. Aber nicht ausnahmslos.

Nach der Wende werden nun viele Arbeiten publiziert, einige Teils aus der Schublade, wie bei **Proff. Jerzy Łempicki**, **Andrzej Rachuba**, **Elżbieta Sęczys**, **Sławomir Górzyński** oder **Szymon Konarski**, **Sławomir Leitgeber** und **Dr. Roman Sękowski**. Mit Dr. Grzegorz **Błaszczyk** (Adel von Samogitien, Litauen), Dr. Evgen **Czernecki** (Adel der galizischen Ukraine), Dr. Jerzy **Minakowski** (politische Genealogie der Res Publica), Dr. Przemysław **Pragert** (Adel von Kujawien), Dr. Carsten **Krumke** (Kosakenadel), Oleg **Chorowiec** (Adel der imperialen Ukraine) und Elżbieta Halina **Nejman** (Adel der Wojewodschaft Sieradz) trat nach dem Niedergang des eisernen Vorhangs eine neue Generation akademischer Genealogen und Heraldiker auf.

Der Graphiker und Heraldiker **Tadeusz Gajl** hat es sogar geschafft, dass seine gezeichneten Wappen sogar in Fachkreisen eine besondere Bezeichnung erfahren haben: **herby gajlowskie** oder **Gajlesque Coat of Arms.** Diese Auszeichnung scheint verdient zu sein, denn er hat nicht nur eine allgemeine Datenbank der Wappen der Szlachta der Adelsrepublik geschaffen, sondern mit Kollegen auch das weltweit erste elektronische Klassifizierungssystem geschaffen, mit dem zu einem unbekannten Wappen dessen Wappenruf bestimmt werden kann und damit auch die Familien, die es führen. Erklärend muss noch erwähnt werden, dass in der Adelsrepublik bis über Tausend unterschiedliche und verschiedenartige Familien dasselbe Wappen führen konnten. So wird nach derzeitigem Forschungsstand das Wappens Jastrzębiec mit allen Wappenabwandlungen insgesamt 1.740 Familiennamen zugeordnet. Diese in der westeuropäischen Heraldik unbekannte Verbindung wird Wappengenossenschaft oder Wappengemeinschaft genannt.

Insgesamt ergibt sich ein Bild, dass in der Republik Polen, obwohl die Beschäftigung mit der Adelsrepublik im XX. Jhdt. von akademischen Forschern vorangetrieben worden ist, nach dem Zusammenbruch des sozialistischen Gewaltsystems die Zivilgesellschaft mit einer Vielzahl von genealogisch-heraldischen Vereinen zur treibenden Kraft der Wiedererweckung adliger Traditionen wurde. Sie treibt buchstäblich die noch im alten System verankerte Historiographie und die instituonalisierte akademische Welt mit Vorhaben wie der Schaffung der Datenbank von Dr. Minakowski oder den vielen regionalen Indexierungsprogrammen von Kirchenbüchern regelrecht vor sich her. Zuerst gestützt auf die Mormonen-verfilmungen setzte sie, auch wenn es im Vergleich weit hinter den Nachbarländern herhinkt[11] eine verstärkte Digitalisierung von personenrelevanten Archivalien durch. Dennoch kann nach einer Epoche der kulturellen Zerstörung der Aufbau nicht ohne eine staatliche Förderung erfolgen. So mussten z. B. aus mangelnder staatlicher Unterstützung das auf 16 Bände angelegte Lexikon des Adels Schlesiens von Dr. Sękowski nach 6 Bänden und des Adels Mazowiens von Prof. Łempicki nach 4 Bänden wegen fehlender Finanzmittel die Erscheinung einstellen. Nur Forschern, die sich eine private Finanzierung sichern können (wie beim 4-bändigen Lexikon des Adels Kujawiens oder bei dem nur elektronisch erschienenen Lexikon des Adels von Sieradz, gelingt es die Vorhaben abzuschließen.

Möglicher Weise zeichnet sich jedoch Licht am Ende des Tunells ab. Nachdem vor wenigen Jahren die mit dem sozialistischen System verwobene Regierung abgelöst worden ist, kommt es scheinbar zu einer Wende. Als Beispiel ist hier die Hilfe bei der Erstellung des Lexikon des Adels von Samogitien mit 6 Bänden (2015-2016) oder der 11 Bände des Landadels des XX. Jhdt. zu nennen, die staatlich gefördert wurden und nun auch digitalisiert im Internet nutzbar sind. Nach dem Zusammenbruch des sozialistischen Gewaltsystems der Sowjetunion erfreut sich die Rückkehr zu angestammten Werten und Traditionen auch in den östlichen Gebieten besonderer Beliebtheit, denn es gilt 70 Jahre Terrors und Stillstandes aufzuarbeiten.

Es lässt sich jedoch ein eindeutiger Trend ermitteln – war man früher bestrebt eine Gesamterfassung des Adels der Res Publica (A-Z) zu erreichen an der Alle nach Niesiecki wegen der Datenmenge gescheitert sind, geht man seit dem XX. Jhdt. zu Teil-Bearbeitungen über – entweder thematisch (Armenier, Juden, Kosaken, Tataren) oder noch mehr regional d. h. wojewodschafts-, landes- oder sogar kreisweise über.

Wegen der Vielzahl von Veröffentlichungen neuester Forschungsergebnisse ist es mühsam und zeitaufwändig, eine Übersicht zu behalten. Daher wird der aktuelle

[11] Zum Vergleich: die Tschechische Republik hat sich als Zielvorgabe bis zum Jahresultimo 2016 eine unent-geldliche Bereitstellung sämtlicher Kirchenbücher im Internet gesetzt und im Wesent-lichen wurde dies auch erreicht.

Stand der grundlegenden Fachliteratur zum Stichtag März 2017 am Ende der Abhandlung unter **Materialsammlung** gelistet. In der nach Inhalten strukturierten Auflistung befinden sich bei Publikationen und Datenbänken, welche digital erschlossen sind, die entsprechenden Permalinks zu Fundstellen im Internet.

1.2. Besonderheiten der Namensproblematik im östlichen Europa

Das polnische Wort für Wappen lautet „**herb**", das litauische „**herbas**" und wird abgekürzt „**h.**"; in BY, RU, UA einheitlich identisch „**герб**", abgekürzt „**г.**". In der Regel wird der Wappenruf des Wappens dem Familiennamen angehängt und mit „h." verbunden (Beispiel: **kniaź Chowański h. Pogoń Litewska = Fürst Chowański des Wappens Pogoń Litewska**). Wegen der Namenslänge sowie der im kommunistischen Polen eingeführten Zwang, dass ein Name nicht mehr als zweigliederig sein darf, wird es in amtlichen Dokumenten vielfach als **Pogoń-Chowański** mit verbindenden Bindestrich vorgeführt oder auch nachgestellt wie bei von **Zernicki-Szeliga**. Aber bei einer Voranstellung kann es sich auch auf einen historisch tradierten Zunamen oder Beinamen handeln wie bei **Dunin-Borkowski des Wappens Łabędź** [**Dunin-Borkowski h. Łabędź**], der reinen Phantasie entsprungen sein wie bei dem Politiker **Korwin-Mike** [12] oder sich auf einen Decknamen beziehen, der zum Beinamen wurde wie bei dem Marschall von Polen **Rydz-Śmigły** [13]. Dieser Regel folgen auch Schreibweisen in der litauischen, russischen, ukrainischen und weißrussischen Sprache, dass so gesehen wieder einer einheitlichen Schreibweise (auch wenn in lateinischer oder kyrillischer Schrift) gefolgt wird.

Diese Abkürzung wird auch in den Lexikas des Wikis Szlachta verwendet, so z. B. beim

1. ersten Premier des nachkommunistischen Polens Tadeusz Mazowiecki des Wappens Dołęga > **Mazowiecki h. Dołęga**,
2. Bronisław Graf Komorowski, Nachfolger Kaczyński's als Präsident Polens (ob gräfliche Linie oder nicht), eigentlich Dołęga, aber seit der österreichischen Standeserhöhung in den Grafenstand des Wappens Korczak > **Komorowski h. Korczak**,
3. Literaturnobelpreisträger Czesław Miłosz des Wappens Lubicz (litauischer Adel) > **Miłosz h. Lubicz**,
4. Literaturnobelpreisträger Henryk Sienkiewicz des Wappens Oszyk (auch aus heutigem Litauen, aber aus dem Adel der Res Publica tatarischen Ursprungs) > **Sienkiewicz h. Oszyk**,
5. Adam Mickiewicz des Wappens Poraj (auch aus Litauen) > **Mickiewicz h. Poraj**,
6. bisher einzige Frau mit einem Doppelnobel (Nobelpreise in Physik in 1903 und Chemie in 1911) Marie Curie-Skłodowska des Wappens Dołęga > **Skłodowski h. Dołęga**.

---

[12] der nichtadelig ist, wober Korwin die Bezeichnung einer adligen Wappengenossenschaft ist.

[13] Rydz ist dabei der Familienname, es tritt auch die Form **Śmigły-Rydz** auf.

Diese Liste könnte fast endlos mit **Kaczyński h. Pomian, Dostojewski h. Dostojewski** [14], **Strawinski h. Sulima**, dem „rotem Henker" Feliks **Dzierżyński h Sulima** [15], Wladimir Iljitsch **Uljanow h. Uljanow** (Lenin) [16], sowie Kumpel seines Bruders bei der

---

[14] Bei dem Wappen Dostojewski handelt sich um eine Abwandlung des Wappens Radwan:

Dostojewski = 
DOSTOJEWSKI, Radwan = 
RADWAN. Das Geschlecht Dostojewski entstammt dem weißrussischen Dorf Dostojewo bei Pinsk in Altlitauen. In der Literatur findet sich vielfach eine Fehlinformation, dass der Vater des Schriftstellers Hofrat Michail Andrejewitsch Dostojewski im Jahre 1831 im Kaiserreich Russland nobilitiert worden ist und daraf hin das vor Moskau gelegene Gut Darowoje erwarb. Der erwähnte Gnadenakt 1831 war jedoch keine Nobilitierung, sondern eine russische Bestätigung seines alten Adels der Res Publica nach dem kaiserlich-russischen Adelsrecht.

[15] Felix Edmundowitsch **Dserschinski h. Sulima** (RU = Феликс Эдмундович Дзержинский; PL = Feliks Dzierżyński h. Sulima), * Oziembłowo, Litauen, 30. VIII. jul./ 11. IX. 1877 greg., + Moskau 20. VII. 1926, war Organisator der WTSCHK [russisch ВЧК, wird We-TSCHe-Ka ausgesprochen, steht für „Wserossijskaja Tschreswytschajnaja Komissija" (All-Russische Außerordentliche Kommission)]. Der erste Buchstabe (W für allrussische) wird häufig weggelassen, so wird die Bezeichnung zu TSCHK (RU = ЧК, ausgesprochen wie TSCHe-Ka). Die TSCHeKa, welche die Bolschewiki als „den bewaffneten Arm der Diktatur des Proletariats" bezeichneten, wurde hauptsächlich zur Bekämpfung der Opposition, der Konterrevolution und für ausländische Geheimdienstaktivitäten eingesetzt. 1922 wurde aus der Tscheka die GPU des NKWD (RSFSR), umgebildet 1923 in eine „All-Unions GPU" (OGPU) unter dem Rat der Volkskommissare.

[16] Wladimir Iljitsch **Uljanow des Wappens Uljanow** (Lenin) (RU = Владимир Ильич Ульянов, nach wiss. Transliteration Vladimir Il'ič Ul'janov), * Simbirsk 22. IV. 1870greg., + Gorki bei Moskau 21. I. 1924. Sein Vater Ilja Nikolajewitsch **Uljanow**, * Astrachan 31. VII. 1831, + 24. I. 1886, wurde als Inspektor von Volks-schuleinrichtungen 1882 in den erblichen russischen Adelstand erhoben. Verheiratet war Lenin ebenfalls adlig - mit Nadeschda Konstantinowna **Krupskaja h. Korczak** (RU = Надежда Константиновна Крупская, wiss. Transliteration Nadežda Konstantinovna Krupskaja), * St. Petersburg 14. II. 1869 jul./ 26. II. 1869 greg., + Moskau 27. II. 1939). Nadeschda Krupska wurde als Tochter einer Lehrerin und des weißrussischen Offiziers Konstantin Ignatjewitsch **Krupski h. Korczak** geboren. 1896 wurde sie wegen „verbotener Agitation" zu einer zweijährigen Gefängnisstrafe verurteilt, von der sie sechs Monate verbüßen musste und an die sich eine dreijährige Verbannung anschloss. Ihr Bestimmungsort war das klimatisch ungünstige Ufa. Sie beantragte, ihre Verbannungszeit als „Braut" Uljanows in Schuschenskoje verbringen zu dürfen (schon vor Lenins Abreise nach Sibirien hatte sie Lenin die Ehe angeboten, er hatte aber abgelehnt). dem Antrag wurde stattgegeben, mit der Auflage, Nadeschda Krupskajas Eheschliessung mit Uljanow müsse „unverzüglich" erfolgen. Zusammen mit ihrer Mutter Jelisaweta Wassil-jewna Krupska reiste sie nach Sibirien. Nach der kirchlichen Eheschließung 1898 verbrachte die Familie die Zeit der Verbannung in Schuschenskoje. Die Verbannten erhielten staatlicherseits von der Regierung eine finanzielle Unterstützung in Höhe von 17 Kopeken täglich, damit sie ein sech-zehnjähriges Dienstmädchen namens Pascha Jaschenko einstellen konnten.

Attentatsvorbereitung auf den Kaiser von Russland Alexander III. und späterer Marschall von Polen, Józef Klemens **Piłsudski h. Piłsudski** [17] fortgesetzt werden. Piłsudski, nach dessen Tod 1935 Joseph Goebbels im Reichstag des III. Reiches eine Schweigedenkminute mit der Ansage angeordnet hat, dass das III. Reich sich hätte glücklich schätzen können, einen solchen Staatsmann gehabt zu haben. Eben den **Piłsudski**, der erklärt hat, dass er auf den sozialistischen Zug aufgesprungen ist, um dort abzuspringen, wo es ihm gefällt.

Die Stammfolge der adligen Familie **Tschaikowski** (= Czajkowski) **unbekannten Wappens** [18] ist insofern von besonderem Interesse, als sich an ihr sowohl die

---

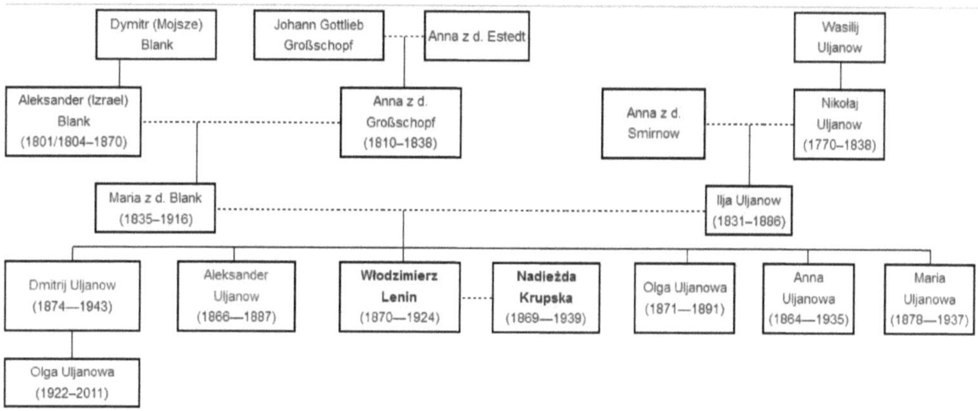

[17] Józef Klemens **Piłsudski h. Piłsudski**, * Zułów (LIT = Zalavas) bei Vilnius, Litauen, 5. XII. 1867, + Warschau 12. V. 1935. Bei dem Wappen **Piłsudski** handelt sich um eine Abwandlung des Wappens Kościesza:

Piłsudski = 

, die Abwandlung  des Wappens Kościesza, Umfang der Güter seiner Familie wurde auf ca. 12.000 ha geschätzt.

[18] Hier wird nur die Rahmenstammfolge vorgestellt, ausführliche Darstellung erfolgt in der Mono-graphie zu Czajkowski der unterschiedlichen Wappens.

A0. ? **Czajka unbekannten Wappens**, * [1653 <], + [], entsprang einer Familie aus dem Krementschuk Ujezd, die vermutlich in den Wirren um die Umwandlung der bipolaren Res Publica zu einer tripola-ren föderativen Staatswesen im Rahmen der Adoptionen und Nobilitierungen der Kontingent-Kosaken adoptiert wurde, denn es hieß ausgrücklich, происходил от православных шляхтичей Кременчугского уезда и был потомком известного на Украине казачьего рода Чаек. Adam Boniecki erwähnt insgesamt an die 100 männliche Namensträger Czajkowski aus dem Stamm Czajka im XVII. Jhdt., die anlässlich unterschiedlichen Anlässe, überwiegend ohne Wappensangabe, registriert wurden.

oo ? **?**, * [1658 <], + [],

B1. Afanasy **Czajka unbekannten Wappens** [RU - Афанасьев Чайка, in englischen Transliterierung Afanasy Chayka], * [1674 <], + [> 1695/ 8. VII. 1709], er ist es vermutlich, der in der Überlieferung nach Modest Czajkowski "Семейное предание утверждало, что он участвовал в Полтавской битве и умер в чине сотника «от ран» , der als Setnik von den im Kampf erhaltenen Verwundungen starb, gemeint ist.

oo ? **?**, * [1679 <], + 8. VII. 1709,

C1. Fedor Afanasewitsch **Czajka unbekannten Wappens,** [RU - Фёдор Афанасьевич Чайка, Fyodor Afanasyevich Chayka], * Nikolajewka bei Poltawa um 1695, + 1767, Kosak in der Omelnitsky Abteilung des Mirgo-rodsky Regiment und sollte sich in der Połtawa Schlacht am 8. VII. 1709 im Großen Nordischen Krieg, in der die schwedischen Truppen Königs Karl XII. von Peter I. geschlagen worden sind, ausgezeichnet haben.

Sofern die Überlieferung bezüglich einer Czajka-Teilnahme an der Schlacht zutrifft, sind hier die Daten der Historiographie nicht stimmig.

1. Entweder beziehen sich die Daten der Teilnahme an der Schlacht nicht auf Teodor, sondern seinen Vater **oder**
2. stimmt die Angabe über die Geburtsdaten * um 1695 nicht, er wäre dann zum Zeitpunkt der Schlacht im zarten Jünglingsalter von 14 Jahren. Würde man den Geburtszeitpunkt auf um 1685 verlegen, dann wäre aber der Abstand zu seiner im Jahre 1717 geborenen Ehefrau mit rund 37 Jahren und mindestens 5 Kindern zu groß (dann wäre er bei seinem letzten bekannten Sohn (Aleksej) 75 Jahre. Wie man bei Wadysław Jagiełło und anderen Fällen weiß, ist dies zwar nicht ausgeschlossen, jedoch nicht wahrscheinlich. Daher ist sein Alter frühestens bei 1695 anzusetzen, eher noch etwas später, und die Angaben be-züglich der Schacht werden sich wohl auf seinen Vater beziehen. Dies um so mehr, als er im Alter von 20 Jahren kaum eine Position erreicht haben dürfte, um sich auszuzeichen und überliefert zu werden.
3. Darauf weist auch die Überlieferung "Семейное предание утверждало, что он участ-вовал в Полтавской битве и умер в чине сотника «от ран», nach Modest Czajkowski, nach der Czajka als Setnik von den im Kampf erhaltenen Verwundungen starb. Dem-nach kann es sich nur um seinen Vater handeln, dessen Tod dann mit am oder kurz nach dem 8. VII. 1709 zu datieren wäre.

oo Anna **?** [genannt Czajkiha, Chaychikha], * 1717, + [],

D1. Danilo Fedorowitsch **Czajka unbekannten Wappens,** [RU - Чайка, Chayka], * 1738, + [],

oo **?**

D2. Peter Fedorowitsch **Czajka unbekannten Wappens,** [RU - Петр Федорович Чайка, Chayka], * Nikolajewka [UA-Миколаївка, нині Троїцьке), Poltaver Division 1745, + Glasov [Глазов] 18. / 30. IX. 1818, spätestens er begann statt des kosakisch tradierten Namen den Namen **Czajkowski** [Петр Федорович **Чайковски, Chaykovsky, Tchaikovsky** oder **Tchaikovski**] zu verwenden. Er erhielt im Jahre 1785 den erblichen kaiserlich russischen Adelstand (dworjanstwo) zuerkannt, wobei nicht bekannt ist, in welches Adelsbuch er eingetragen wurde. Der Zeitraum kurz nach der ersten Teilung der Res Publica würde eher auf eine Adelsbestäti-gung statt Nobilitierung hinweisen. Nach Пролеева В. И.: К истории родословной Чайковских, Илья Петрович Чайков-ский: жизнь и деятельность. Материалы к 180-летию со дня рождения, Составитель Б. Я.

Аншаков, Ижевск 1976, Seite 10, geschah es in einem Gnadenakt der Kaiserin Elisabeth II. Siehe auch: Пролеева В. И.: Поиски и находки в архивах. К родослов-ной П. И. Чайковского, in: Советские архивы, 1981, Nr. 1, Seiten 65ff.

oo Anastasia [Anastasiya] **Posochowa** [Posokhova], * 1751, + [> 1795],

E1. Ilja Petrowitsch **Czajkowski unbekannten Wappens,** [RU - Илья Петрович Чайковский, Ilya Petrovich Chaykovsky], * Slobodskoj bei Wiatka [Slobodskoy] 20./30. VII. 1795, + St. Petersburg 9./21. I. 1880, wird als kaiserlicher Unteroberst und Ritter erwähnt,

oo **I. voto** 11./23. IX. 1827 mit Maria Karlovna **Keizer** [Kaiser]. * [], + 1831,

oo **II. voto** 1./13. X. 1833 mit Aleksandra Andrejewna **d'Assier** [Александра Андреевна Ассиер], * St. Persburg 30. VII. /11. VIII. 1812, + auf Cholera in St. Petersburg 13./25. VI. 1854, fünftes Kind des Andreas [Andrey] d'Assier und Jekaterina [Yekaterina],

oo **III. voto** 1865 mit Jelizaveta Michajlowna [von?] **Lipport**, [Ели-завета Михайловна Липпорт], **deren I. voto** Alexandrov [Александрова, Aleksandrova], * 1829, + 1910,

F1. **aus I. voto** Synajda [Zinayda] Ilijitschowna **Czajkowska unbekannten Wappens [**Зинайда Ильинична Чайков-ская**]**, * 1829, + 13./25. I. 1878,

oo **I. 1854** mit Jewgenij Iwanowitsch **Olchowski h. ?,** [Olkhovsky], * 1824, + 1876, **Nachkommen:** Michael, * 1854, + 1929, Jewgenia, Maria, Aleksander, Anatol,

F2. **aus II. voto** Katharina Ilijitschowna [Yekaterina] **Czaj-kowska unbekannten Wappens**, als Kleinkind verstorben,

F3. **aus II. voto** Nikolaj [Nikolay] Ilijitsch **Czajkowski unbekannten Wappens**, * Votkinsk 9./21. V. 1838, + Moskau 21. XI./4. XII. 1911,

oo 1872 mit Olga **Denisejeva** [Denisyeva], * [1866 <], + um 1919, sie adoptierten 1886 illegitimen Sohn der Nichte von Nikolaj, Tatjana **Davidova** [Tatyana Davydova], der den Namen Georg **Czajkowski** [Georgy Tchaikovski] annahm, * 1883, + [],

F4. **aus II. voto** Peter [Pyotr] Ilijitsch **Czajkowski unbekannten Wappens**, * Votkinsk 1840, + 1893,

F5. **aus II. voto** Aleksandra Ilijitschowna **Czajkowska unbekannten Wappens**, * Votkinsk 28 XII. 1841/9. I. 1842, + Kamenka 28. III. /9. IV. 1891,

oo 6./18. XI. 1860 mit Leo **Davidov** [Lev Davydov], * 1837, + 1896, **Nachkommen:** Tatjana [Tatyana], * 1861, + 1887, Vera, * 1863, + 1888, Anna, * 1864, + 1942, Natalia [Natalya], * 1868, + 1956, Dmitry, 1870, + 1929, Vladimir, * 1871, + 1906, Jurij [Yury], * 1876, + 1965,

Namensproblematik als auch der Vollzug einer Namensentwicklung (Namenswechsel) exemplarisch vorstellen lassen.

Czajkowski/Czajka unbekannten Wappens steht in keinem Bezug zu dem alten polnischen Rittergeschlecht **Czajka z Nowego Dworu** (heute Jawor Solecki) **h. Dębno**. Aus diesem nahm Zbigniew **Czajka z Nowego Dworu h. Dębno** an der

---

F6. **aus II. voto** Hippolt Ilijitsch **Czajkowski unbekannten Wappens** [Ипполит Ильич Чайковс-кий,], * Votkinsk10./22. IV. 1843, + 1927, Marineoffizier,
oo Kamenka 1869 Sofie Petrovna **Nikonov** (Софья Петров-на Никонова, Sofya Petrovna Nikonova], * 1843, + 1920,
G1. Natalia [Natalya] **Czajkowska unbekannten Wappens**, * [], + [],
F7. **aus II. voto** Anatol [Anatoly] Ilijitsch **Czajkowski unbekannten Wappens**, * Alapayevsk 1. / 13. V. 1850, + St. Petersburg 20. I. /2. II. 1915, Zwilling, Jurist,
oo 1882 mit Praskovya Vladimirowna **Konshina** [Прасковья Владимировна Коншина,], * 1864, + 1956,
G1. Tatjana Anatolewna **Czajkowska unbekannten Wappens** [Татьяна Анатольевна Чайковская], * Tiflis 1883, + Juan les Pips, France 26. III. 1970,
oo **I. voto** mit Aleksej Vladimirowitsch **Venevitinov, *** 1875, + 1925, Diplomat, **Nachkommen:** Vladimir, Yelena, Apollinariya,
oo **II. voto** mit Paul **Baron von Ungern-Sternberg eigenen Wappens,** **Nachkommen:** Margarita und Maria,
oo **III. voto** mit Felix **Warren Crosse, *** 1892, + 1975, Schriftsteller,
F8. **aus II. voto** Modest Ilijitsch **Czajkowski unbekannten Wappens** [Модест Ильич Чайковский], * Alapayevsk 1. / 13. V. 1850, + Moskau 2./15. I. 1916, Zwilling,
F9 da er nach der Überlieferung neun Kinder hatte, ist ein Kind nicht bekannt.
D3. Michał Fedorowitsch **Czajka unbekannten Wappens,** [RU - Чайка, Chayka], * 1748, + [],
oo ?
D4. Matwej Fedorowitsch **Czajka unbekannten Wappens,** [RU - Чайка, Chayka], * 1750, + [],
oo ?
D5. Aleksej Fedorowitsch **Czajka unbekannten Wappens,** [RU - Чайка, Chayka], * 1760, + [],
oo ?
und wohl einige nicht überlieferte Schwestern.

Schlacht bei Grunwald [Tannenberg] im Jahre 1410 teil. Während der Schlacht trug er den Speer von König Wadysław Jagiełło und beschirmte ihn. Die Historiographie schreibt es seinen jungen Jahren und Unerfahrenheit als Ritter zu, dass er nicht in das Gefecht zwischen Jagiełło und Dipold von Köckeritz eingegriffen hat.

Am Beispiel der Familie des ehemaligen Präsidenten von Polen **Komorowski** sehen wir auch, dass der Wechsel der Zugehörigkeit zu Wappengenossenschaften auf unterschiedlichen Wegen erfolgen konnte und nicht nur durch eine Adoption (was häufig behauptet wird), sondern auch durch irrtümliche Falschangabe bei Adelslegitimationen. Dies erschwert die eindeutige Identifikation und Personenzuordnung erheblich.

Auch im kommunistischen Polen wurde das Land vielfach adlig geführt - so z. B. General Wojciech **Jaruzelski h. Ślepowron** (letzter sozialistischer Präsident Polens), welches sich noch während des Kriegsrechtes von einem Bekannten von Tadeusz Gajl hat sein Wappen in Öl malen lasen.

Hier wurde die Aufzählung fast nur auf die Republik Polen beschränkt – aber man könnte alle osteuropäische Länder durchgehen. Wem ist bewusst, dass der erste Mensch im All ein russischer Fürst mit direkter Abstammung von Rurik [19] war?

[19] **Rurik** (deutsch auch **Rjurik**; RU = Рюрик; altnordisch = Hrœrikr, 'berühmter Herrscher', * um 830, + um 879, war ein warägischer Fürst und gilt als Gründer des altrussischen Staates Kiewer Rus. Er soll von 862 bis 879 über Nowgorod sowie das Land zwischen den Flüssen Newa und Oka geherrscht haben. Als sein Nach-folger gilt Oleg der Weise, der die Herrschaft als Regent für Ruriks Sohn Igor innegehabt haben soll. Fast alle Großfürsten und Fürsten der gesamten Kiewer Rus führten ihre Abstammung auf Rurik oder seine beiden Brüder Sineus und Truwor zurück. Die nach Rurik benannte Dynastie der Rurikiden herrschte bis ins späte 16. Jahrhundert über das Großfürstentum Moskau. Damit hat die Sowjetmacht symbolisch das All durch einen Nachkommen des Begrüder des späteren Russland vollführt.

Jurij Aleksiejewitsch Gagarin (RU - Юрий Алексеевич Гагарин), nach kommunistischer Darstellung Sohn eines Tischlers, ist ein Spross des rurikiden **Fürstengeschlechtes Gagarin** und seine Verwandten sind im Vorstand der Russischen Adelsversammlung vertreten.

Die nachstehende Abstammungstafel des Fürsten Jurij Aleksiejewitsch Gagarin - Юрий Алексеевич Гагарин - zeigt wie man entsprechend Orwell die Geschichte umschreiben kann. Um dem entgegen zu wirken, wird in dieser Reihe ausnahmsweise auch eine Abhandlung über die Fürsten Gagarin erscheinen:

YURI GAGARIN ROYAL FAMILY TREE

POSTED ON JANUARY 13, 2011 BY P HODKINSON

When I first moved to London in 1970 I lived as a lodger in Parkhill Rd, in Hampstead. My landlady was called Princess Gagarin, and she designed wallpaper, was about 75 years old and said she was one of the Russian royalty who had escaped in 1917. She also said she was the great aunt of Yuri Gagarin. The other lodger was a postgraduate student of Russian History, and he seemed to have no doubts about her story, despite the story that Yuri came from peasant stock.

In fact, I don't think the two stories are inconsistent. I see nothing strange in the following fictional family tree.

Best wishes, Bill

Princess Gagarin — Prince Ivan Gagarin (by hypothesis married daughter of a Kulak in Klushino) Escaped the pogrom and lived as a commoner

Alexey Ivanovich Gagarin = Anna Timofeyevna Gagarina (worked on the collective farm in Klushino)

Yuri Alekseyevich Gagarin

yuri gagarin family tree

This entry was posted in YURI's DAY. Bookmark the permalink.

Die Schreibweise fast aller adligen Familien der Res Publica hat sich im Laufe der Zeit ebenfalls mehrmals geändert, wobei der erste Wechsel in der Regel bei der Abkehr von der lateinischen Sprache als Kanzleisprache erfolgte. Da Polnisch natürlich nicht in beiden Reichsteilen Amtssprache war, konnte ein Wechsel zwischen polonisierten, litauisierten oder rusifizierten Sprachversionen aufkommen. Dies gilt auch vor allem für die Familien, die später im preußischen Adel Aufnahme fanden [20] oder nach den Teilungen der Res Publica unter russische Herrschaft kamen. Die polnischen und litauischen diakritischen Zeichen haben selten in der deutschen Rechtschreibung Aufnahme gefunden. Bei der Transliteration in und aus dem kyrillischen Alphabet der ostslawischen Sprachen entstehen durch fehlende Buchstabenäquivalenz noch größere Probleme. Daneben gab es noch Schreibfehler aus Nachlässigkeit, undeutlicher Sprechweise, unvollkommenem Gehör oder aus nationalistischen Gründen.

Als Krönung für freie Bürger der Adelsrepublik kam die freie Namenswahl der Szlachta. Dies bewirkte, dass nach einem Besitzwechsel auch häufig ein Namenswechsel stattfand. Es sind auch Fälle bekannt, wo sich eine und dieselbe Person je nach Situation nach einem Gut benannte, bei einer anderen Gelegenheit nach einem anderem der eigenen Güter. Daher bietet die Nennung der Zugehörigkeit zur Wappengenossenschaft einen genauso wichtigen Hinweis wie das ostslawische Patronym. Zusätzlich wurden nicht selten Zunamen und sogar Spitznamen vererbt und haben sich als ein weiterer Namensbestandteil verfestigt, so dass eine korrekte Namensauflösung den Schlussstein bei der Erforschung der Szlachta der Adelsrepublik bildet.

Weiterhin besteht das Problem der phonetischen Unterschiede als auch bei der **Transliteration** (wegen des Fehlens von Buchstaben im Kyrillischen). Ist die Transliteration aus den Sprachen, die das lateinische Alphabet verwenden, ins Kyrillische noch recht eindeutig, bereitet die Rücktransliteration aus dem Kyrillischen in die lateinischführenden Sprachen große Probleme. Als Beispiel: aus **Chowański** wird im Russischen **Хованвский;** da jedoch „**Ch**" unbekannt ist und „**Ch**" als auch „**H**" zu „**X**" wird, kann entweder richtig rücktransliteriert werden als **Chowański** allerdings **auch (fachlich korrekt aber nicht sachgerecht) Howański, Chowanski, Howanski,** bei französischen Transliterationsregeln **Khowanski** oder **gar Khovansky!** Bei einer Transkription könnte sogar **Hovanskij** und **Khovanskij** herauskommen! Die Problematik ist bei der ukrainischen und weißrussischen Sprache derjenigen im Russischen vergleichbar. Bei seltenen Namen bekommt man den ursprünglichen noch raus, vielen ähnlichen nicht mehr. Ähnlich ist es mit der Rückführung des Guchstabens „G". Daher geistern in der Literatur nicht existierende Geschlechter, welche nach der Rückführung aus kyrillischen Quellen irrtümlich mit dem

[20] Wie z. B. bei dem Geschlecht der „**Kętrzyński h. Cietrzew**", deren Name zur Zeit der preussi-schen Herrschaft übersetzt zu „**von Winkler h. Cietrzew**" wurde, so dass es eine Familie mit zwei komplett unterschiedlich Namenslinien gibt.

Anfangsbuchstaben mit „H“ statt sachgerecht richtig transskribiert mit „Ch“ oder „G“ beginnen wie oben ausgeführt „Howanski“, „Gowanski“ statt „Chowanski“[21].

Sowohl das polnische als auch das litauische Alphabet enthält durch die verschiedensten diakritischen Zeichen mehr Buchstaben als das lateinische Alphabet. Es wäre natürlich historisch korrekter gewesen, die Schlachta-Namen gemäß der Reihenfolge und Stellung der Buchstaben im polnischen und litauischen Alphabet aufzuführen, wie sie nach dem Verdrängen der lateinischen Sprache überwiegend verwendet wurden (denn bis zum Zeitpunkt der Dominierung des Reiches durch den polnischen Landesteil besteht diese Problematik kaum).

Wenn man litauisches, polnisches, tschechisches und deutsches (lateinisches) Alphabet in der Buchstabenreihenfolge eines dieser Alphabete hätte verwenden müssen, würde es zum Beispiel beim Erfassen des Namenregisters wegen der Buchstabenwertigkeit zu Problemen führen[22]. So sind Namenslisten in erster Linie nach der Reihenfolge bzw. Buchstabenfolge des lateinischen Alphabets aufgebaut. Dies tut deren Inhalt und Aussagekraft aber keinen Abbruch, da der lateinischen Schreibweise der polnisch-sprachigen Namen, auch die jeweils korrekte polnische, ggfs. litauische, russische, tschechische, weißrussische oder ukrainische Schreibweise folgt. Sofern dies überhaupt notwendig ist, denn vielfach ist die Schreibweise sowohl im Deutschen als auch im Polnischen bis auf die diakritischen Zeichen – die polnischen, tschechischen oder ungarischen Sonderbuchstaben - gleich. In den Indices werden die nicht im lateinischen Alphabet enthaltenen Buchstaben nach deren Grundform im Lateinischen sortiert.

Auch auf den Seiten der Wappenabbildungen erscheinen die Wappennamen in den bekannten Schreibweisen. So wird der Text sowohl deutschen und auch polnischen Lesern als auch der historischen Wahrheit gerecht. Die Monographien führen von den Anfängen des polnischen Fürstentums über das erste Königreich Polen bis zur Entstehung der Adelsrepublik - erst als Personalunion, und ab 1569 als Realunion - und dann bis zur Gegenwart. Einschränkende Datenschutzbestimmungen werden Gotha-ähnlich nicht beachtet.

---

[21] Ein Vorwurf der vielfach Grafen Uruski bei seinem Werk Rodzina, Herbarz szlachty polskiej, Warszawa 1905 ff, gemacht wurde, welcher sich im Unterschied zu Boniecki intensiver mit Familien der östlichen Gebiete der Res Publica beschäftigt habe, die russisch geworden sind.

[22] Zum Beispiel erkennt die tschechischen Alphabetsfolge “CH” als eigenen Buchstaben an und ordnet ihn nach dem Buchgstaben “H” ein, die kyrillischen Alphabete haben eine komplett abweichende Buchstabenreihenfolge und das Polnische reiht die Sonderzeichen “Ć”,” Ł”, “Ś”, “Ż” und “Ź” als eigene Buchstaben nach der lateinischen Grundform ein.

Bis heute hat die Verordnung Nr. 3 des Generaldirektors der polnischen Staatsarchive vom 26. I. 1974 in der Angelegenheit der Anfertigung von Indices bei Archiv-Inventarisationen Gültigkeit, die auf der Cyrankiewicz-Verordnung aus dem Jahre 1952 basiert und wird bis heute nicht nur bei der Indexierung verwendet. Auszug in Übersetzung[23]:

b. Wurden die Bestände in der deutschen Sprache erstellt, müssen folgende Grundsätze gelten:

1) die Namen der Personen polnischer Herkunft in den Bestandsaufnahmen von Gruppen von Dokumenten, die von ehemaligen Preußischen Behörden und anderen Dokumentenersteller im Bereich der Preußischen Teilungen wie auch in den nach dem Jahr 1945 gewonnen Gebiete auftreten, sollen gemäß dem Titel der Archiv-einheiten angegeben werden. Allerdings sollten die Namen von bekannten polnischen sozialpolitischen Aktivisten die polnische Namensversion (z. B. Karol Libelt, nicht Karl Libelt, wie Jan Działyński und nicht Johannes [Graf von] Działyński [h. Ogończyk]) erhalten;

2) die Namen und Vornamen von Polen ... sollen in der polnischen Schreibweise dargebracht werden (z. B. Kosecki, nicht Kossetzki, Wiśniewski, nicht Wischniewski).

Neben der allgemeinen Problematik der Nationalisierungen von Namen und Vornamen, dass man nicht der objektiven Wahrheit folgt, die faktisch auftretende Originalversion zu verwenden, ergibt sich die Frage, wer von wem als Pole angesehen wird. So wird aus Joachim **Lölhöffel von Löwensprung eigenen Wappens** ein Herr Joachim **Lelewel** [24]. Nach dieser Definition ist nicht ausgeschlossen, dass bei einem Bruder, der politisch aktiv war, der Name polonisiert wird und der Familienname beim Rest der Familie, die nicht aktiv war, in der Originalversion und ggfs. mit „von" belassen wird.

---

[23] „Zarządzenia nr 3 Naczelnego Dyrektora Archiwów Państwowych z 26 I 1974 r. w sprawie sporządzania indeksów do inwentarzy archiwalnych

a. Do inwentarzy sporządzonych w języku rosyjskim należy stosować następujące zasady:

1) nazwiska i imiona osób narodowości rosyjskiej transkrybować według ogólnych zasad;

2) polskie nazwiska i imiona podawać w języku polskim.

b. Do inwentarzy sporządzonych w języku niemieckim stosować należy następujące zasady:

1) nazwiska osób pochodzenia polskiego, występujące w inwentarzach zespołów akt wytworzo-nych przez b. urzędy pruskie i innych twórców zespołów na terenie b. zaboru pruskiego i ziem odzyskanych w 1945 r. należy podawać zgodnie z tytułem jednostki inwentarzowej. Jednakże imiona znanych polskich działaczy społeczno-politycznych winny mieć polskie brzmienie (np. Karol Libelt, a nie Karl Libelt, podobnie Jan Działyński, a nie Johannes Działyński);

2) nazwiska i imiona Polaków występujące w inwentarzach zespołów akt wytworzonych na terenach okupowanych przez aparat władzy i administracji hitlerowskiej należy podawać w pisowni polskiej (np. Kosecki, a nie Kossetzki, Wiśniewski, a nie Wischniewski)."

[24] Sein Vater, Karl Mauritius – Karol Maurycy - Lölhöffel von Löwensprung eigenen Wappens, war Mundschenk des Großfürstentums Litauen.

Es handelt sich hierbei um eine schwere Menschenrechtsverletzung – den Raub der eigenen Identität. Bei einer physischen Vernichtung gibt es ein biologisches Ende. Die Vernichtung der eigenen Identität ist ja schlimmer als der eigener Tod, denn es verurteilt die Person nach dieser Vergewaltigung weiter in dem Gefühl und Bewusstsein der eigenen Ohnmacht unter einem ihm aufgezwungenen Namen zu leben. Daher war seit jeher sei es in der Französischen Revolution oder in den Kerkern rechts- oder linkssozialistichen Diktaturen das Ziel Andersdenkende vorzugsweise zu brechen, um deren Arbeitskraft nicht zu vernichten.

Bezeichnender Weise begann die gewaltsame Veränderung der Identität in der Französischen Revolution (statt des angestammten Namen und Ranges „Bürger XY" zu sein), die auch Völkermord und die Massenvernichtung in Konzentrationslagern erfand[25]. Wenn Sozialisten umständehalber keine andere Option bereitstand, wie in Österreich, der I. Tschechoslowakischen Republik 1918/19 oder im III. Reich ab 1938[26] und in den Ländern der Warschauer Pakt Staaten nach 1945, um dem Klassen oder Rassenfeind beizukommen, wurde zumindest zur Vernichtung seiner Identität geschritten.

Dies geschah geplant wie es auch frühere Regime getan haben, wohl aber systematischer als XIX. Jhdt. . Wie ein Zeitzeuge auf die akademisch-professorale

[25] Nach Berechnung von Jasienica in Rozważania o wojnie (erschienen im Untergrund 1969, offiziell erst 1982): Vernichtung von mehr als 1/2 Million der Krone loyalen Bauern und Adligen in Frankreich, also ein Prototyp des Glodomor und Holocaustes des XX. Jdht. , wobei französi-scherseits nur an die 170.000 Massa-krierten zugegeben wird. Bei der Französischen Revolution handelt es sich um den ersten historisch belegten Massenmord in der Geschichte. Einer der Befehle des Konventes vom 1. VIII. 1793 na den General Turreau lautete „Liquidierung aller Aufständischen, bis zur letzten Person. Deren Höfe sind zu verbrennen und sie sind wie Flöhe zu vernichten." Nach: Secher, Reynald: La génocide franco-français la Vendée-Vengé, Presses universitaires de France, 1996. In diesem Kontext ist auch die Weisung Lenins bei seiner Unzufriedenheit, dass nur jeder hundertster Bewohner der Gebiete, die sich dem sozialistischen Terror widersetzten, liquidiert wurde, zu sehen. Die Armeeführung wurde von Lenin angewiesen statt jeden hundersten **jeden zehnten Bewohner zu ermorden**.
Leon Lech **Bednar** nahm nach der Ortschaft Jasienica in Litauen ein Pseudonym während seiner Tätigkeit in der Landesarmee ein, unter dem er später als **Paweł Jasienica**, publizierte und bekannt wurde (* Symbirsk 10. X. 1909, + Warschau 19. VIII. 1970). Er gehört zu den profiliertesten Historikern Polens, auch wenn seine wichtigsten Werke in 17 Bänden erst nach dem Fall des sozialistischen Regimes veröffentlicht werden konnten.

[26] z. B. durch zwangsweise Eintragung zusätzlicher Vornamen Israel oder Sara in den Personal-dokumenten in Anspielung daran, dass Konvertiten zum mosaischen Glauben sich entweder einen neuen unter Ablegung der bisherigen Vornamen zulegen oder zumindest einen zusätzlichen Vornamen als Rufvornamen annehmen. § 2 der Zweiten Verordnung zur Durchführung des Gesetzes über die Änderung von Familiennamen und Vornamen, Deutsches Reichsgesetzblatt Band 1938 Teil I, Nr. 130, Seite 1044, in der Fassung vom 17. August 1938, Bekanntmachung vom 18. August 1938. Beispiele:
1. USC Grodzisk für Sara: http://szukajwarchiwach.pl/53/1857/0/1/ ... bHTCAUWx9A,
2. USC Śrem für Izrael und Sara: http://szukajwarchiwach.pl/53/1963/0/3/ ... URHeKTcWdg.

Verharmlosung „dass es nur in Einzelfällen geschah" in Polen in einem Zeitungsbeitrag ausführt, wurde es durch einen mittelbaren Zwang durchgesetzt. Im günstigsten Fall wurde von amteswegen ohne Wissen der Betroffenen eine Namens-änderung in die Standesamtsdokumente eingetragen und sie wurden aufgefordert, neue aktuelle Dokumente abzuholen. Um sich jedoch einen Anstrich der Legalität zu geben, wurden überwiegend die Betroffenen in die Standesämter bestellt. Dort forderte man einen Namensänderungsantrag zu unterschreiben, wobei man zugleich mitgeteilt bekam, dass der bisher eingetragene Name nicht gültig sein und ohne einen gültigen Namen keine Zuteilung der Lebensmittelkarten möglich ist. Da nach dem Krieg die komplette Versorgung rationiert war und durch Karten geregelt wurde, haben die Betroffenen keine andere Alternative gehabt als zu unterschreiben[27].

Wie man der nachstehenden Tabelle entnehmen kann, wurden alleine in 4 Städten Oberschlesiens in den Jahren 1945-1948 bei mehr als 51.000 Personen die Namen polonisiert[28]:

Ergebnis der Repolonisation "Okręg Śląski" 1945 - 24. XI. 1948

(Ortschaften in Oberschlesien für welche Daten vorliegen)

Tarnowskie Góry	7.300	Personen
Oppeln	7.395	Personen
Kattowitz	11.706	Personen
Zabrze	25.000	Personen
Namensänderungen	**51.401**	**Personen**

Somit steht das eine System dem anderen in nichts nach, denn es wird geschätzt,

---

27 „A jak szanowano "nietykalność nazwiska" przedstawię na przykładzie osób z mojego miaste-czka. Krótka uliczka …Po wojnie mieszkało tam 18 rodzin w 14 domach, razem 92 osoby. Nie było rodziny, w której nie zmieniono z urzędu nazwiska lub imienia. Przysyłano z gminy zawiado-mienie lub proszono delikwenta do urzędu i sprawa była załatwiona. Nie było odwołania. Jeżeli ktoś nie wyraził zgody, nie otrzymywał kartek żywnościowych dla całej rodziny, a w tamtych latach żywność była racjonowana i sprzedawana tylko na kartki. … Nie były to za tem pojedyncze wypadki."

28 **Dziennik Zachodni" vom 25. XI. 1948**: "od chwili rozpoczęcia procesu repolonizacji w 1945 r. do chwili obecnej tysiące … W Tarnowskich Górach 7.300, Opolu 7.395, Katowicach 11.706, Zabrzu 25.000 osobom." und „Kiedy w czerwcu 1948 roku urzędnicy starostwa tarnogórskiego podsumowali akcję spoiszcze-nia nazwisk i imion zapoczątkowaną trzy lata wcześniej, z protokołu wynikało, że wnioski o zmianę imion złożyło 3.774 mieszkańców, o skorygowanie pisowni wystąpiło 2.222 obywateli a nazwiska zgodziło się spolonizować 117 osób. Załatwiono zmianę 2.973 imion, pisownię 1.745 nazwisk oraz zamianę 103 nazwisk niemieckich." Nach: Budrys Montes Tranoviensis, www. montes.pl/montes/index.php?option=com_content&task=view&id=513, Zugang 29. VI. 2017.

dass es von den preußischen Behörden in den siebziger Jahren des XIX. Jhdt. bis zu der nationalsozialistischen Herrschaft in 1944 alleine in Danzig und Schlesien zu 25.000 mehr oder weniger gezwungenen Namensänderungen gekommen ist[29].

Die Änderungen wurden realisiert auf der Grundlage von geheimen Anweisungen der Kreisstarosten im Jahre 1947 wie auch auf höheren Regierungsebenen: so auf der Grundlage des Wojewoden śląsko-dąbrowski mit dem Aktenzeichen AP III/50-R-543 von 1950 und wurden zuletzt auf der Basis der Verordnung Nr. 72 des Premierminister Cyrankiewicz vom 7. IV. 1952 durchgeführt. Die Verordnung Nr. 72, auf die sich alle späteren Namensakte beziehen, **wurde bisher nicht publiziert** und ist wohl als einziger Rechtsakt auch nicht in der polnischen Juristendatenbank Lex zugänglich. Daher publizieren wir nachstehend deren Wortlaut[30] aus dem Original der Schreibmaschienenniederschrift, ohne die Quelle angeben zu dürfen.

Zumindest ab 1953 führte die Bürgermiliz [MO] die Feststellung der Namensversion und teilte diese zum Vollzug an die Standesämter mit, hier am Beispiel von Posen:

---

[29] Nach: Ukradzione nazwiska [Gestohlene Namen], auf: www.Fronda.pl vom 16. 6. 2012.

[30] **Zarządzenie Nr. 72 Prezesa Rady Ministrów z dnia 7 kwietnia 1952 r. w sprawie pisowni nazwisk i imion w dowodach osobistych i tymczasowych zaświadczeniach tożsamości.**
Na podstawie art.10 ust.2 dekretu z dnia 22 października 1951 r. o dowodach osobistych zarządza się, co następuje:
§ 1.
Znaki pisarskie, nie stosowane w pisowni polskiej, należy z urzędu zastąpić polskimi znakami pisarskimi. Np. Grünberg, Böhm, Gärtner, Siroki pisać należy Gruenberg, Boehm, Gaertner, Sziroki itp.
§ 2.
Stosuje się z urzędu pisownię polską przy wpisywaniu do dowodów osobistych i tymczasowych zaświadczeń tożsamości nazwisk o brzmieniu polskim, których pisownia została zniekształcona. Np. Butschek, Grzeschinsky, Tschayka pisać należy Buczek, Grzesiński, Czajka.
§ 3.
Stosuje się z urzędu pisownię polską imion o brzmieniu obcych lub zniekształconych, jak np. Elize, Sophie, Christof, Helene, Jean, Jerome, Thaddeus, Vladislav, Karl. Imiona te wpisywać należy do dowodów osobistych i tymczasowych zaświadczeń tożsamości w brzmieniu Eliza, Zofia, Krzysztof, Helena, Jan, Hieronim, Tadeusz, Władysław, Karol. Nie należy natomiast zmieniać z urzędu brzmienia i pisowni imion nie mających w języku polskim wyraźnego odpowiednika jak np. Horst, Carmen, Benito, Kurt, Gottlieb itd.
§ 4.
Można na wniosek strony wpisać do dowodu osobistego lub tymczasowego zaświadczenia tożsamości w brzmieniu fonetycznym nazwiska obce /np. Szmyt zamiast Schmidt, Grynberg zamiast Grünberg, Szulc zamiast Schultz, Czaki zamiast Csaky/.
§ 5.
O wszelkich zmianach dokonanych w pisowni lub brzmieniu imion i nazwisk w dowodach osobistych i tymczasowych zaświadczeniach tożsamości, władze, które dokonały zmiany, zawiadomią właściwe urzędy stanu cywilnego celem uwidocznienia odpowiednich wzmianek, w aktach stanu cywilnego. Zmiany te wprowadzić należy również do wszystkich dokumentów strony na podstawie wzmianki w aktach urzędu stanu cywilnego.
Prezes Rady Ministrów (podpis odręczny): Cyrankiewicz.

KOMENDA MIASTA MO
MIEJSKIE BIURO EL 1 DO
W/ POZNANIU
L.dz. 8789/II/III /53

wobei die Änderungen in vorhergehenden Personalakten mit dem nachstehenden Vermerk notiert wurden:

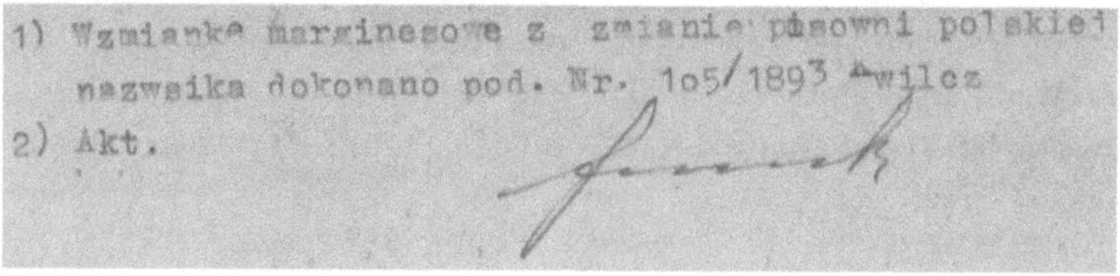

1) Wzmiankę marginesową z zmianie pisowni polskiej nazwiska dokonano pod. Nr. 105/1893 Kwilcz
2) Akt.

[31]

Die Regelungen zur Polonisierung von Familienamen haben jedoch eine wesentlich längere Tradition und sogar die Katholische Kirche wurde zur Mitarbeit aufgefordert[32].

Bis zumindest in Mitte der 90-ger Jahre des XX. Jhdt. weigerten sich die polnischen Standesämter[33] Kopien der Matrikel mit einem entsprechenden von amteswegen erfolgtem Eintrag anzufertigen und die beantragten Abschriften wurden ausgestellt auf die amtliche, d. h. veränderte Namensversion ohne einen Hinweis auf diese. Auch wenn man heute nach Familienmitgliedern sucht, deren Familienname zwangsweise verändert wurde und bei amtlichen Stellen um Hilfe bittet, erfolgt

---

[31] [Quelle: 53/1900/0/5/99: Akta zbiorowe rejestracji stanu cywilnego do księgi urodzeń z lat 1874-1906].

[32] 1. Dekret vom 10. XI. 1945 über die Änderung und Festlegung von Namen. Konsultacje na ten temat prowadzono już od maja tegoż roku. Publiziert in "Dziennik Ustaw RP" 16. XII. 1945, Link: http://isap.sejm.gov.pl/DetailsServlet? ... 9450560310;
2. Rundschreiben vom 2. IX. 1947: Aleksander Zawadzki zarządził, że: "postępowanie w sprawach spolszczenia niemieckich nazwisk i imion włącznie z dostosowaniem zniekształcanej (niemieckiej) pisowni nazwisk polskich do zasad pisowni polskiej, musi odbyć się w trybie przyspieszonym". Zalecił również, że "W wypad-kach ociągania się petentów, urzędnicy odnośni winni dołożyć wszelkich starań nakłaniania ich do wszczęcia postępowania a w wypadkach sprzeciwu winni o tym donieść Starostwu",
3. Am 3. X. 1947: Wojewoda A. Zawadzki wysłał pismo do biskupa katowickiego (opatrzone klauzulą tajności). Wojewoda podkreślił, że w prowadzonej przez władze akcji zmierzającej konsekwentnie do "usunięcia wszelkich przejawów nawrotu niemczyzny, względnie pozostałości niemieckich" powinno uczestniczyć duchowieństwo śląskie,
4. obige Verordnung Nr. 72 von Cyrankiewicz aus dem Jahre 1952 sowie
5. das Gesetz vom 15. XI. 1956 über die Änderung von Vornamen und Namen, Link: http://isap.sejm.gov.pl/DetailsServlet? ... 9560560254.

[33] Persönliche Erfahrung auch im Falle des Redaktionsleiters des Projektes bei Einträgen aus 1953.

keine Antwort[34]. Diese Blockadehaltung ist allerdings nach und nach durch die Digitalisierung und deren Internetverfügbarkeit obsolet.

Der Amtsschimmel schlug auch in Fällen von Geschwistern erbarmungslos zu. Hierzu ein konkretes Beispiel: 5 männliche Nachkommen waren in unterschiedlichen Kreisen wohnhaft (Hindenburg, Kempen, Königshütte und Krakau) – und **jeder bekam eine andere polonisierte Version des eigenen Familienamens**, so wie es im Gutdünken des jeweiligen Standesbeamten lauten sollte, eingetragen. Wohl wurde ein Einspruch dahingehend berücksichtigt, dass man in einem Fall statt der verunstalteten Namensversion den Namen der Großmutter eintrug – **Sułkowski** [35].

Dazu kam, dass es im Unterschied zu der II. Polnischen Republik 1918 – 1939 keine Veröffentlichung der erfolgten Namensänderungen gab[36]. Bereits vor dem WK II. hat es in Polen eine Aktion **"prostowania skażonej pisowni nazwisk"** [Berichtigung verdorbener Schreibweise von Namen] gegeben, eingeleitet durch das Rundschreiben des Ministeriums des Innern vom 8. X. 1936 zur "Namensberichtigung von Namensfehlschreibungen, die aus Unwissenheit über die Grundlagen der polnischen Schreibweise oder aus gezielter Entnationalisierungpolitik entstanden sind"[37].

Begonnen hat jedoch die „Namensanpassung" unmittelbar nach Ende des Ersten Weltkrieges im Jahre 1919 und wurde ausgebaut durch Rechtsvorschriften aus den Jahren 1920 und 1929 [38].

---

[34] Testanfrage an die Präsidenten von Świętochłowice, Katowice und Krakau im Jahre 2017.

[35] Dies führte zu einer paradoxen Situation, denn somit entstand eine neue Familie und eine neue Wappengenossenschaft (wenn man annimmt, dass diese in Fällen entsteht, wo mehr als ein Geschlecht/Familie dasselbe ursprünglich Individualwappen führen) – **Sułkowski h. Schlesinger**, denn mit der Namensänderung zu Sułkowski wurde natürlich weder der Betroffene noch seine Nachkommen in die Wappengenossenschaft der Großmutter aufgenommen.

[36] Zwischen 1918 – 1939 erfolgten zu vielen Namensänderungen, auch Verbindungen mit Legionsrufnamen, Anzeigen in der Anlage zu Monitor Polski, einer Art des polnischen Bundesgesetzesblattes. Publikation von Namensänderungen im Bereich der Armee 1918 – 1939 erschien in „Dziennik Personalny" http://www.wbc.poznan.pl/dlibra/publication/47166?tab=1 unter „Zmiany" am Ende des Tagebuches.

[37] "pomyłkowo, z powodu nieznajomości zasad pisowni polskiej [tutaj zaliczano m.in. nazwiska z pominiętymi polskimi znakami diakrytycznymi], czy też w imię świadomie uprawianej polityki wynaradawiającej". Text des Rundschreibens in "Dziennik Urzędowy Kuratorium Okręgu Szkol-nego Brzeskiego" aus Mai 1937, Seiten 215-218: http://pbc.biaman.pl/Content/18976/DZUK ... 9_1937.pdf

[38] - Gesetz vom 24.X.1919 (Dz.U.R.P. Nr 88, poz. 478 ze zm.),
- Gesetz vom 11. V. 1920 o uznaniu nazwisk przybranych podczas służby wojskowe (Dz.U.R.P. Nr 42, poz. 251 ze zm.) und

Aber es wäre eine unzulässig verkürzte Darstellung der Fakten, wenn auch nicht andere Beweggründe aufgeführt werden würden.

So gab es auch gezielt von Betroffenen veranlasste Namensänderungen, wobei die Beweggründe sehr unterschiedlich waren. Es konnte der Druck der öffentlichen Meinung sein – wie die Namenspolonisierung von indigenierten Adelsgeschlechtern in der Zeit der Adelsrepublik [39] und Kolonisten in nicht geschlossenen Siedlungsgebieten im XIX. Jhdt., der Wunsch nach besseren Aufstiegsmöglichkeiten durch Polonisierung[40], und Russifizierung von Familiennamen im XIX. Jhdt., Germanisierung von Namen seit der zweiten Hälfte des XVIII. Jhdt. bis zum WK II. (hier überwiegend in Preußen). Dieser Trend kennt keine geographischen oder zeitlichen Grenzen, man sieht es daran, dass diese Praxis auch heute im Baltikum gang und gebe ist. Dort in Estland und Lettland bei der dortigen russischen Minderheit, die sich durch eine Anpassung (Nationalisierung) des Familiennamens eine Verminde-

---

- Gesetz vom 22. III. 1929 o zmianie nazwisk hańbiących, ośmieszajacych lub nielicujących z godnością czlowieka (Dz.U.R.P. z 1930 Nr 3 poz. 16 ze zm.).

[39] Eines der frühen Beispiele hierfür ist „**Montelupi h. Montelupi**", ein in Krakau tätiger Baumeister aus florentinischem Adel, der nach der Indigenatserteilung um 1580 den Namen zu „**Wilczogorski [Wilczogórski] h. Montelupi**" polonisierte, wobei das Geschlecht dann später auch noch das Wappen zu der Wappengenossenschaft **Roch II** wechselten. Siehe StudIaS Stammfolgen Montelupi h. Montelupi. Schild rot-golden quadriert, in dem ersten und vierten Felde je ein silberner Adler, in dem zweiten Felde ein Berg, in dem dritten drei Flüsse, von oben nach unten fließend:

und

. Nach: 125 von 1550 bis 1700 entstandene und in der Res Publica eingeführte Wappen, in: http://de.szlachta.wikia.com/wiki/Eingeführte_Wappen, Eintrag # 75, Zugang 30. VI. 2017.

[40] Ein Beispiel aus der Zeit der Judenemanzipation für eine solche Polonisierung:

Name	**Personen**	**M**	**W**	**erstes**	**letztes Auftreten**
Badziong	28	16	12	1760	1848
Badziongowski	9	4	5	1825	1842,

http://ibowski.ca/Stammbaum.html, Zugang 9. XI. 2016.

rung der faktischen oder vermeintlichen Diskriminierung erhofft. Diesen Weg haben auch viele Juden in Osteuropa nach dem Zweiten Weltkrieg beschritten, in dem sie ihre jüdisch- oder deutschklingenden Namen slawisierten und dabei vielfach Namen des historischen Adels oder ähnlich klingenden Namensversionen angenommen.

Dabei kamen diese Fälle auch bereits früher nicht selten vor. Dies geschah obwohl, um die Namensfestigung endlich durchzusetzen, in Preußen am 15. IV. 1822 eine Allerhöchste Kabinettsorder ergangen ist, welche festlegt, dass eigenmächtige Namensänderungen nicht statthaft seien.

Dennoch kam es auf dem Weg zur „Adelung" zu ganzen Namensänderungsketten [41]:

* 1773 Skotarczyk, oo 1796 – Skotarczak, Kindergeburten 1799, 1801, 1804 – Skotarczyk alias Stachowiak, Kindergeburten 1805, 1808 – Stachowiak, + 1852 – Stachowiak;

* 1780 - Musioł, oo 1812 - Musioł, Kindesgeburt 1813 - Musioł alias Musielak, Kindesgeburt 1828 - Musielak, + 1840 Musielak;

oo 1836 - Palimucha, Kindesgeburt 1847 - Palimucha, Taufpate 1840 und 1845 – Mucha, Kindesgeburt 1852 – **Muszyńska**, + 1866 – **Muszyńska,** Ehemann + 1926 – **Muszyński;** bei **Muszyński** gibt neben **Ritter von Muszyński h. Muszyński** noch zwei weitere altadlige Familien **Muszyński** der Wappen Łodzia und Nałęcz und solche Fälle gehörten wie auch amtlich legitimierte Namensänderungen leider beinahe zum Alltag:

- in Posen 1872 für Kiew, gen. Jakób Leser zu "**Łubiński**" , hier wird es schwierig zu identifizieren, denn es gibt drei Altadlige

LUBICZ

RAWICZ

WIENIAWA

- in Bromberg 1878 für Pinkus Schmul zu Paweł „**Domski**", auch hier der Name eines altadeligen Geschlechtes der **Domski unbekannten Wappens** (es wurden weder das

[41] Nach: http://wtg-gniazdo.org/forum/viewtopic.php?f=5&t=1563&sid=413a80170831a94feeced1b556ed1a 72#p13382, Zugang 30. VI. 2017.

Wappenbild noch der Wappenruf überliefert)[42].

Neben wörtlichen Übersetzungen aus dem polnischen wie „**Chałupniczak**" zu „**Häusler**"[43] kamen Übersetzungen aus dem Polnische in's Lateinische, so wurde aus Zofia **Strzałkowska** in der Matrik Zofia **Jaculatore** (Übersetzung jaculum = strzałka) und natürlich auch Wechsel von der deutschen zur polnischen Namensversion vor: quellenmäßig wurde „**Dembowski**" aus der heutigen Wojewodschaft Kujawsko-Pomorskie zu „**Eichstaedt**" um dann über **Eichstaedt alias Dembowski** wieder nach 1945 als **Dębowski** polonisiert zu werden. Ob zuerst aus dem lateinischen **Dembowski** beim Einzug des Polnischen in die Kanzleien im XVI./XVII. Jhdt. erst **Dębowski** wurde, um dann im XVIII. Jhdt. zu **Dembowski** zu mutieren, ist nicht bekannt, aber zu vermuten.

Zugleich waren von diesem Trend auch altadelige Häuser erfasst:

oo 1820 – **Gawron** [**h. Gawron** 

], Kindesgeburten 1823, 1826, 1829 - Gawronia, + 1834 - **Gawroński**; bei **Gawroński** gibt es 8 unterschiedliche altadlige Familien unterschiedlichen Wappens, darunter durch den obigen Namenswandel auch **Gawronski** [Gawroński] **h. Gawron.** Wie häufig in solchen Fällen, wurden diese Änderungen noch nicht in den heraldischen Standartwerken wie auch bei Tadeusz Gajl erfasst.

Wobei es auch früher Richtigstellungen von Namensänderungen von bäuerlich-bürgerlichen zu von adligen Namen (und nicht nur in Preußen) gab wie hier das Beispiel aus dem Jahre 1874/1913 zeigt, wo zuerst aus Kabaciński (bäuerlich-bürgerlich Name) der Name der adligen Familie Kabat wurde [**Kabat h. Kabat**], um dann wieder zu Kabaciński korrigiert zu werden – [Grześkowiak poświadcza Kabaciński]:

---

[42] **Kurier Poznański** vom 7. XII. 1878, Seite 4: „Niejakiś p. Pinkus Schmul, pomocnik handlowy w Nakle, zpragnął zmienić swe rodzinne nazwisko i w tym celu wystósował odnośną prośbę do królew.rejencyi w Bydgoszczy. Król. rejencya uczyniła zadość życzeniu i pan Pinkus Schmul zwać się odtąd będzie Pawłem **Domskim**."

[43] „**Dziennik Poznański**", Nr. 225 vom 1. 10. 1901, Seite 3: „Dobrowolna germanizacya. Pan Walenty Chałupniczak, właściciel domu w Śremie, postarał się i otrzymał pozwolenie na zniemczenie swego nazwiska. Odtąd nazywa się „**Häusler.**"

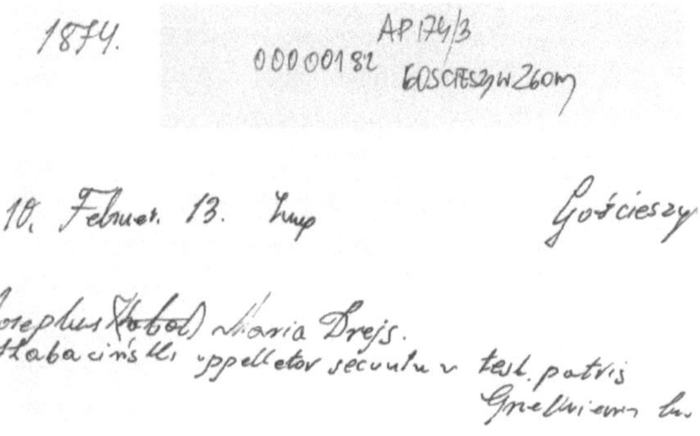

KABAT

Vor der Einführung der Standesämter in Preußen und dem sich verschärfenden Kirchenkampf wurde die offizielle Namensänderung ab 1873 erleichtert, in dem es nicht zentral in Berlin, sondern bei der Regionalbehörden erfolgen konnte [44].

In Preußen bestand eine Regelung über die Rechtschreibung und das Leisten von Unterschriften. Wurde jedoch im Kaiserreich Österreich strafbewehrt nur die unberechtigte Verwendung von adligen Namen als auch gleichzeitig die Nichtverwendung des Adelsprädikates im Falle von berechtigten Personen im öffentlichen Schriftverkehr und den Massenmedien, so war es in Preußen auf Fälle der Unterschriften erweitert. Es gab offensichtlich eine einheitliche Geldstrafe (oder ersatzweise Gefängnisaufenthalt) von 150 Mark[45].

Es gab Fälle von Namenswechsel aus nationalistischer Verblendung sowohl in Richtung Germanisierung als auch in Richtung von Polonisierung wie das nachstehende Schreiben eines aus Bayern stammenden Extremisten an das revolutions-polnische Nationalkommittee in Preußen im Jahre 1848 belegt. Aus „Krauthofer“ wurde freiwillig ein „Krotowski“, wobei auch hier ein Name des historischen Adels herhalten musste und zu Verwechslung geeignet ist [**Krotowski h. Leszczyc**][46]:

---

[44] Zeitschrift **Wiarus**. Pismo dla polskiego średniego stanu, Nr. 18 vom 13. 2. 1873: „Jeśli kto chciał dawniej zmienić swoje nazwisko n.p. **Fuchs** na **Lisiecki**, lub **Wolf** na **Wilczyński** lub **Wilkoński**, to musiał o to prosić w Berlinie. Teraz ułatwiono tę zamianę nazwisk, i rejencya każda ma prawo pozwolić na zmianę nazwiska. Z tego już wiele osób u nas korzystało, a między inymi nazwał się p. **Krause** z Poznania panem **Wysoczyńskim**."

[45] **„Postęp"**, Nr. 100 vom 1. 5. 1902, Seite 2: „Izba karna skazała Teofila Fligera na 150 marek za to, że podpisywał się **Fligier** a nie **Flieger.**"

[46] **Gazeta Polska** vom 3. 4. 1848, Seite 4: „Z Poznania, dnia 1. Kwietnia. Komitet narodowy otrzymał nastę-pujące doniesienie: Poznań 31.Marca 1848. Do Prześwietnego Komitetu Narodowego W.X.Poznańskiego w Poznaniu. Mój pradziad przesiedlił się, zapewne w biedzie, z Schesslitz w Bawaryi

Und es gab auch natürlich Fälle mit kriminellem Hintergrund, um die eigene Identität zu verschleiern oder nicht erwünschten Pflichten oder Konsequenzen zu entgehen. In diese Kategorie ist z. B. die Flucht von Grundhörigen oder insbesondere im XIX. Jhdt. nicht selten angetroffener Versuch der Wehrpflicht in der russisch-kaiserlichen oder königlich-polnischen Armee zu entgehen.

In diesem Kontext ist besonders bemerkenswert, dass der Versuch durch eine Namensänderung dem Militärdienst zu entgehen in der Zeit von 1800-1810 vielfach in Familien des Altadels der Res Publica auftrat, die sich entweder aus nationalistischer Verblendung geweigert haben oder durch mangelnde Fürsorge über deren Familiendokumentation nicht in der Lage waren eine Adelsbestätigung und damit eine Befreiung von der Wehrpflicht zu erreichen. Dies trat überwiegend ausgehend von den Gubernie Suwalki über die Mazuren bis in die Bereiche von Kujawien und Pommern auf. Um der 8-jährigen Militärpflicht zu entgehen wurden deutschklingende Namen angenommen.

Auch Berufe konnten bei Namensänderungen eine Rolle spielen wie auch Mehrfachheiraten:

* 1752 - Wojciech **Wawer, +** 1811 als Wojciech **Cieszla**, wobei als Beruf ligrifaber = Zimmermann angegeben wurde. Seine Kinder werden als **Wawer vel Ciesielczyk** und häufig nur als **Ciesielczyk** (Sohn des Zimmermanns = syn cieśli) bezeichnet. In der nächsten Generation werden seine Enkel nur als **Ciesielczyk/Ciesielcząka** genannt, womit binnen 2 Generationen der usprünglicher Name durch den vom Beruf kommenden Namen ersetzt wird. Ähnliche Abläufe können wir auch bei Hofnamen oder Namen „de loco" beobachten.

Ein Angehöriger des Geschlechtes **Odoliński h. Ogończyk** 

heiratete im XIX. Jhdt. und bekam Kinder als **Odoliński**. Nach dem Tode seiner Gattin heiratete er

do Polski, mój dziad i ojciec rodzili się i spoczywają wraz z pradziadem na polskiej ziemi, matka moja jest z Ochockich, matka dzieci moich z Kołudzkich; od dawna przeto rodziny mojej ojczyzna jest Polska. Jako prawy syn, składając znaki obczyzny, oświadczam Prześwietnemu Komitetowi: iż odtąd wraz z dziećmi mojemi Bolesławem, Józefą, Mieczysławem i Maryą przybieramy polskie nazwisko„Krotowski". Łączę wyraz wysokiego upowa-żenia. Jakób Krauthofer – Krotowski."

erneut eine Witwe **Dolińska** mit einigen Kindern aus der ersten Ehe. Er verstarb unter dem Namen **Doliński**. Und auch seine Kinder aus der ersten Ehe und Nachkommen verwendeten nicht **Odoliński h. Ogończyk,** sondern nur den angenommenen Namen **Doliński.** Es gib 9 unterschiedliche altadlige Familien Doliński, es ist jedoch keine unter dem Wappen **Ogończyk** notiert und auch dieser Namensjedoch ohne Wappenwechsel ist in keinem Werk erfasst.

Im Zeichen des Flottwelschen Kirchenkampfes kam in den preußischen Gebieten zur polnischen Gegenreaktion [47].

Die Problematik der polnischsprachigen Sonderzeichen wurde auch bei den preußischen Behörden erkannt und nach der Einführung der Standesämter im Jahre 1898 Maßnahmen getroffen, um dem Wildwuchs an Namensverstümmelung Einhalt zu gebieten und festgelegt, dass sie einschreibenfähig sind[48]. Zugleich wurde eine Regelung eingeführt, die bis heute Gültigkeit hat, nämlich dass der Betreffende mit seiner Unterschrift die Richtigkeit der im Dokument auftretenden Daten bestätigt,

---

[47] **„Dziennik Poznański" vom 29. 11. 1883, Seite 1:** „Przemiana nazwisk. ... Czytelnicy przypomną sobie, jak się to w jednej gminie nazwisko **Rajczyk** na **Reitzig**; w innej znow **Łoza** na **Lose** i **Bedłka** na **Bethke**; tu **Wódkiewiecz** na **Wuttke**, tam zaś **Stulpiak** na **Stolpe** przemieniło. ... W urzędzie stanu cywilnego w Górczynie, pod Poznaniem, miał pewien tamtejszy mieszkaniec czynność pewną do załatwienia. **Urzędnik odnośny napisał nazwisko owego człowieka tak, jak je często na listach urzędowych i w księdze ludności znalazł tj. Schick. Lecz pod spisanym protokułem napisał ów interesant swe nazwisko odmienną orto-grafią, bo Schyk. Landatura znalazłszy przy rewizyi odnośnych książek dwojaką pisownię tego samego nazwiska, kazała urzędnikowi stanu cywilnego wytłumaczyć się z tej niekonsekwencyi. Ten wezwał jeszcze raz przed siebie owego chłopa, aby się dowiedzieć, jak prawnie nazwisko jego pisane być powi-nno. Nie mając metryki, przedłożył ów rzekomy Schick różne urzędowe pisma, w których nie tylko jako Schick i Schyk, ale także jako Schuck był pisany. Zamiast zmniejszyć, powięk-szyła się więc jeszcze niepewność co do właściwej pisowni owego nazwiska. Z nieprzyjemnego tego położenia wyprowadziła wreszcie urzędnika stanu cywilnego dostarczona metryka owego interesanta. Lecz jakież było jego zdziwienie, gdy tam żadnego z trzech, gdyż ani Schicka, ani Schyka, ani wreszcie Schucka, lecz – Gzika znalazł. 'Tak, powiada teraz dopiero chłop, mój ojciec zwal się Gzik, ale mnie już w wojsku przezwali Schyk, więc myślałem, że się tak muszę nazywać, bo tak też w moim pasie wojskowym stoi.'** Oto tak już daleko doszło co do pisowni nazwisk polskich w skutek nieuszanowania przez urzędy polskiej tychże orto-grafii. Przejrzawszy spisy ludności w biurach komisarzy obwodowych, księgi niektórych urzędników stanu cywilnego i wykazy dzieci szkol-nych, przekonamy się, że coraz bardziej unikają kreski nad miękkiem ń,ż,ś,ć i nad twardym ł; tak samo kropki nad niby miękkiem ż. Jeżeli tak dalej pójdzie, to z czasem stracą polskie nazwiska zupełnie swe charakterystyczne znamiona. Nazwisko – to droga spuścizna po przodkach, której nikomu nie wolno samowładnie przemieniać, którą każdy uszanować powinien. Bądźmy więc baczni na to, aby nazwisk naszych w jakichbądź urzędach nie zmieniano. Żądajmy natychmiast sprostowania porobionych pod tym względem pomyłek – inaczej będzie pełno Schicków w miejsce Gzikow."

[48] Wird ausführlich mit Angabe der gesetzlichen Grundlage behandelt bei Kościński, Konstanty: Imiona i nazwiska w obec prawa, sądów i urzędów jako też informacya o urzędach stanu cywilnego; podręcznik dla ludu polskiego, Poznań 1907, Seite 33, http://www.wbc.poznan.pl/dlibra/docmetadata?id=35196.

damit spätere Einwendungen nicht gemacht werden können. Eine Verweigerung der Unterschrift führte zu einer Geldbuße und langwierigen rechtlichen Auseinandersetzungen.

Bei der im Bezug auf die anfangs dargestellte planmäßige Identitätsvernichtung berechtigte Aufregung, gilt es bei dieser Thematik nachfolgende Tatsachen zu berücksichtigen.

Die Zeit nach dem Zerfall der Adelsrepublik fällt in eine Epoche, in denen die Schreibweise der polnischsprachigen Namen (vor allem Bauern) noch nicht zu Ende gefestigt war und deren Träger, häufig Analphabeten, waren nicht auf eine ihnen nicht bekannte Schreibweise ihres Namens fixiert, geschweige den in der Lage diese Schreibweise bei den Beamten und Priestern durchsetzen. Vielfach wird auch übersehen, dass auch die große Masse insbesondere des Klein-Adels schreib- und leseunkundig war[49].

Die Beamten und Priester schrieben so, wie sie es als richtig angenommen haben. Im Falle deutschsprachiger Beamten wurden sie ohne die Kenntnis der polnischen Sprache mit der Problematik der Schreibweise polnischer und litauischer, manchmal auch aus dem kyrillischen transliterierter Namen, konfrontiert und haben bewußt oder mit geringen Achtsamkeit versucht, die gehörte Lautfolge in die von ihnen gewohnte Rechtschreibung zu pressen. Und der Varianten der polnischen Schreibweisen gib es reichlich.

Bei dieser Gelegenheit ist es wert, zu erkennen, dass einige der Änderungen der Recht-schreibung im Verständnis des Beamten oder Priesters auf eine - für offizielle Zwecke – **bessere** Wiedergabe des phonetischen Namensklanges als in der polnischen Schreibweise zielten. Und ein preußischer Beamter verwendete natürlich die ihm natürliche deutsche Rechtschreibung. Daher las er den polnischen Namen **Kosecki** als „**Kozeki**“ und hörte er den Namen „**Kosecki**“ schrieben er ihn klanglich als „**Kossetzki**“ nieder. So versuchten sie, zumindest in der Ära vor Bismarck, nach ihrem Verständnis im gut gemeinten im Sinne den bestehen Klang zu registrieren ohne ihn absichtlich zu verzerren.

Zugleich muss man bedenken, dass im XIX. Jhdt. kein so großer Wert auf die Schreibweise und das graphisches Aussehen der Namen gelegt worden ist wie heute, denn schließlich war, wie in den Jahrhunderten zuvor, nicht Schriftlichkeit die Haupt-

---

[49] So wird überliefert als nach der ersten Teilung 1772 in Preußen in einem Landkreis 25 Personen als Schultheise neu bestellt waren, kein einziger des Schreibens und Lesen kundig war.

kommunikationsader, sondern das gesprochen Wort. Dies ist in der Zeit der elektronischen Kommunikation, in der ein jedes Zeichen von ausschlaggebender Bedeutung ist, schwer verständlich. In früheren Zeiten war dies jedoch, insbesondere in kleinen Konglomerationen völlig anders.

So könnte es sein, dass in seinem Heimatdorf die Familie von **Jędrasiak** von anderen **Jędraszak** oder **Jędrasiak** [50] genannt wurde, ohne sich zu vergegenwärtigen, dass es nicht ein und der selber Name ist, schließlich ist es geschrieben nur ein kleiner Lautunterschied am Namensende, ohne den Kern zu beeinflussen und ohne eine fühlbare Sinnänderung der Abkunft von **Jędras** oder **Jędreks**. Und es geschah, daß bei der Geburt mehrerer Kinder (manchmal auch von unterschiedlichen Personen niedergeschrieben) in einem Fall eine andere Namensversion notiert wurde als bei einer anderen Geburt. Somit können die jeweiligen Nachkommen bis zum heutigen Tag „ihre" Namensrechtschreibung führen und zugleich fest davon überzeugt zu sein, dass „ihre" richtig ist, und die andere verdreht. Auch so kann eine Art Familienlegende über den unverständlichen deutschen Beamten entstehen, welche die Namen verdrehten.

In der Tat recht spät und je nach Gebiet unterschiedlich, z. B. in Großpolen, so ab 1900 wurde begonnen die Namen offiziell zu überprüfen, bei den eine Vielzahl von möglichen Schreibversionen auftrat. Deren Spuren kann man durch Korrekturvermerke bei den Heiratsurkunden ab Mitte des XIX. Jhdt. beobachten. So z. B. wenn im Heiratseintrag von Maciej **Kowalski** hinzugefügt worden ist: „Im Jahr 1905 wurde der Familienname amtlich als **Kowalczyk** festgelegt"[51]. Offenbar haben die Betroffenen zuerst nur die Version von „Kowalczyk" verwendet und einmal wurde eine Unstimmigkeit der Namensführung bei dem Heiratseintrag aufgefallen. Die amtlichen Nachforschungen führten dann zu der Feststellung der frühesten oder, falls nicht ermittelbar, der überwiegend verwendeten Namensform. Die Nichteinhaltung der Namenskonvention in den Heiratsdokumenten entsprang noch einer Zeit als die Namensfestigung noch nicht abgeschlossen war.

Somit handelte es sich bei diesen **Namenskorrekturen** nicht um Namens**änderungen**, sondern um eine **Vereinheitlichung der Namensführung**, die von der eingangs dargelegten, bewußt unter Zwang vollzogenen Namensänderung zu unterscheiden ist. Früher waren vielfach verschiedene Namensversionen möglich, weil es natürlich in Betracht gezogen wurde, dass ein Name auf unterschiedliche Weise geschrieben werden könnte. Durch das System persönlicher Beziehungs-

[50] Um nur zwei mögliche Schreibvarianten zu bemühen.

[51] "w roku 1905 urzędowo ustalono brzmienie nazwiska na Kowalczyk".

geflechte bestand eine andere, unmittelbarere Identifikationsebene, die im Zuge der gesellschaftlichen Veränderungen im XX. Jhdt. weggefallen ist, so dass die Indentitätwahrnehmung eingeengt wurde. Eben durch diese Konzentration der Wahrnehmung auf ein prägendes, unveränderliches Axiom wie den eigenen Namen, stellt eine ungewollte Namensänderung eine Vergewaltigung der eigenen Identität dar. Daher handelt es sich wie eingangs behauptet um eine schwere Menschenrechtsverletzung – den Raub der eigenen Identität.

Und hier wird offenbart, dass die kollektivistische Weltauffassung nicht mit der vorrevolutionären individualistischen Auffassung des ständischen Systems vereinbar ist, denn diese fußt auf einem individuellen Personengeflecht, welches nur im Einzelfall betrachtet und dargestellt werden kann. Daraus folgt, dass zumindest nach Zerfall der Res Publica ein reines Studium der Kirchen-Matrikeln nicht ausreicht und zumindest durch Studium von Adressbüchern, Massenmedien, und noch besser durch Steuertabellen, Grundbuchakten, Gläubigenlisten u. ä., ergänzt werden muss. Somit kann die Beschäftigung mit der eigenen Tradition häufig wahrlich detektivische Fähigkeiten abverlangen und zu einem spannenden Krimi werden.

Beispiel einer Steuertabelle aus der Zeit des Zerfalls der Res Publica 1772 – hier für Tarnobrzeg mit Angabe des Steuerpflichtigen, der Kinderanzahl und Ortes

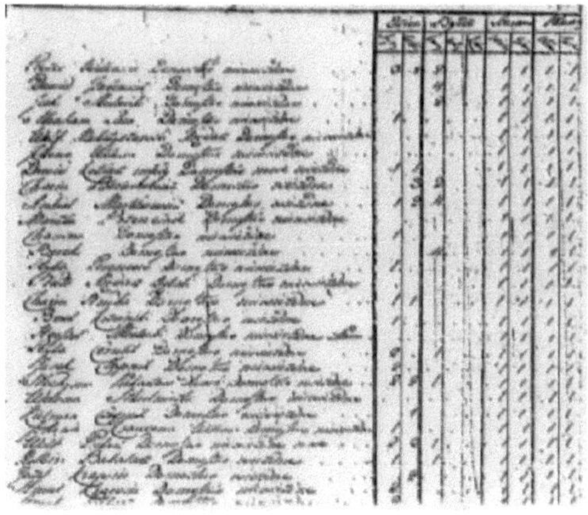

Im Unterschied dazu Beispiel einer Steuertabelle aus der Zeit nach dem Zerfall der Res Publica zum Habsburger Erblanden zugehörig im Jahre 1791 – hier für Tarnobrzeg mit Angabe des Steuerpflichtigen (erstmalig mit Vornamensangabe) und vielen weiteren Angaben

oder Grundbuchaufzeichnungen, die nicht unbedingt in Staatsarchiven zu finden sein müssen, wie hier wie hier am Beispiel aus dem Tarnowski Archiv in Krakau (Sigle 199):

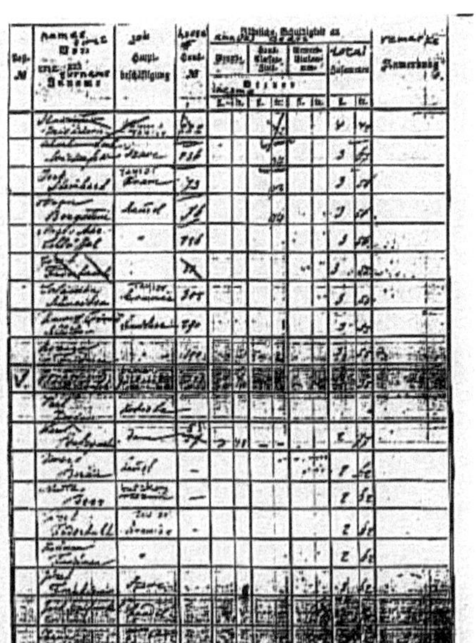

Die mangelnde Einheitlichkeit von Schreibweisen in Urkundenbücher stellt daher ein großes Problem dar: Auch wenn die Texte normiert sind, weiß man als Suchender, der einen Namen vor sich hat, nicht unbedingt, wohin die Normierung geführt hat.

Halten sich die Urkundenbücher weitgehend an die originale Schreibweise von Namen, kann der Suchende nur schwer alle Varianten im Auge haben. Man kann in 2 Schritten suchen: zu einer Namensform verwandte Namensformen suchen, unter den Ergebnissen die Varianten aussuchen und dann mit diesen Varianten suchen.

Seit den sechziger Jahren des XX. Jhdt. wurden in Polen die Namensangelegenheiten durch PWRN – Urząd Spraw Wewnętrznych [Amt für innere Angelegenheiten, seit 1973 Wydział Spraw Wewnętrznych [Abteilung für innere Angelegenheiten] przy Prezydium Wojewódzkiej Rady Narodowej [Presidium des Wojewodschafts-nationalrates] behandelt und sind in den jeweiligen Archiven der Wojewodschaften zugänglich. Die Entscheidungen von amteswegen wurden an die Standesämter [Urząd Stanu Cywilnego] und in die Einwohnermeldeämter [Biuro Dowodów Osobistych - heutige Bezeichnung], die für die Ausgabe der Personalausweise zuständig waren, weitergegeben.

Es bestand keine zentrale Stelle an die Änderungen mitgeteilt wurden. Somit sind die Veränderungen im Familienverband kaum nachzuvollziehen. Auch dies dient dem kollektivistischen Bestreben individuelle Beziehungen abseits von staatlichen Strukturen und Einflussnahme zu schwächen.

Um den letzten Stand von Daten der Vorfahren zu eruieren, ist es möglich kostenfrei einen Antrag an das für die Ausgabe der Personalausweise der betreffenden Vorfahren zuständige Einwohnermeldeamt [BDO, Biuro Dowodów Osobistych przy Urzędzie Miasta oder UmiG] zur Überprüfung der Akten [sprawdzenie w teczce dowodowej] zu stellen. Voraussetzung ist, dass die Serie und Nummer des Personal-ausweises sowie die ausstellende Behörde bekannt sind. Sofern man über diese Daten nicht verfügt, ist es möglich im BDO die Personaldaten der Vorfahren zu erhalten. Man kann dann eine amtlich beglaubigte Kopie des Bescheides [decyzja oder orzeczenie] aus den Akten erhalten[52].

Nehmen wir als Beispiel den Autor Emilian von Żernicki-Szeliga, welcher publizistisch vor dem Ersten Weltkrieg aktiv war. Welche Möglichkeiten einer Namensschreib-weise bestehen in der Republik Polen heute?

1. **von Żernicki-Szeliga** – dem steht entgegen, dass das polnische Recht [53] nur zweiteilige Familiennamen kennt, demnach ist diese Form nicht eintragungs-fähig, da sie dreigliederig ist.

[52] Die Gebühr im Jahr 2017 beträgt 5 PLN = knapp 1,00 € für jede Kopieseite.

[53] Reguliert im Art. 25 § 2 des Familien und Pflegegesetzes [kodeks rodzinny i opiekuńczy].

2. Es verbleiben also die Varianten **von Żernicki** oder **Żernicki-Szeliga**. Da gibt es ein Dilemat, man kann aber davon ausgehen, dass die zweite Option **Żernicki-Szeliga** erster Wahl sein wird - alleine aus dem Grund, dass sie den konstituierenden Charakter bildet, eben der Zugehörigkeit zum Adelstand. Bei Adligen mit ausländischer Herkunft, bei den keine Zugehörigkeit zu einer Wappengenossenschaft, sondern ein Individualwappen besteht, würde man die erste Option wählen, denn bei einem Individualwappen würde der Zusatz entweder als „eigenen Wappens" [herbu własnego] lauten (also nicht eintragungsfähig) oder er würde so benannt wie der Namen des Geschlechtes und führte zu einer Namensverdoppelung wie z. B. Habsburg-Habsburg.
3. Bei der Unterdrückung sowohl des Adelstandes als auch der Wappengenossenschaftszugehörigkeit würde der Name **Żernicki** lauten.

Welche endinstanzliche gerichtliche Urteile mit Rechtskraft gibt es zu diesen Fragestellungen in der Republik Polen?

- Kann in Polen ein Adelsprädikat geführt (auch in einer ausländischen Sprachform) werden? Ja.

Im Urteil des **Wojewodschaftsverwaltungsgerichtes in Posen wurde im Jahr 2005 in dritter Instanz unter der Signatur III SA/Po 4/05** festgestellt: Das Erlassen eines Bescheides auf der Grundlage in ihr angerufener Bestimmung des Art. 10 Absatz 1 des Gesetzes vom 15. November 1956 über die Änderung der Vornamen und Nachnamen ist als fehlerhaft anzusehen, so wie es falsch ist, zu behaupten, dass das angerufene Gesetz **nicht** eine Änderungen polnisch klingenden Namen in nicht polnisch klingende Namen vorsieht[54].

- Kann das Adelsprädikat „von" in polnische Standesamtunterlagen eingetragen werden? Ja.

Im Urteil des **Wojewodschaftsverwaltungsgerichtes in Gliwice vom 15. VI. 2007 unter der II SA/Gl 29/07** wird in III. Instanz ausgeführt: Mit Schreiben vom [...] 2006 hat sich der jetzt klageführende Antragsteller A. B. an die Abteilung für Zivile Angelegenheiten [...] des Wojewodschaftsamtes [Wydziału Spraw Obywatelskich [...] Urzędu Wojewódzkiego] mit der Bitte um Erteilung einer Information gewandt, ob und in welchem Modus es möglich ist, das Adelsprädikat „von" einem Namen hinzuzufügen. Als Antwort auf dieses Schreiben hat der stellvertretende Direktor

[54] „Wydanie decyzji na podstawie powołanego w nich przepisu art. 10 ust.1 ustawy z dnia 15 listopada 1956 r. o zmianie imion i nazwisk należało uznać za błędne, podobnie jak błędne jest twierdzenie, że powołana ustawa nie przewiduje zmiany nazwiska o brzmieniu polskim na nazwisko o brzmieniu niepolskim." Urteil WSA w Poznaniu aus 2005, Signatur III SA/Po 4/05.

der Abteilung für zivile Angelegenheiten in einem Brief vom [...] 2006 den Kläger informiert, dass es eine solche Möglichkeit gibt, sofern die Vorfahren den Namen mit dem Adelsprädikat „von“ trugen. Er wies auch auf die Entscheidung des Obersten Gerichts vom 4. Februar 1998, Aktensignatur I CKU 204/97, in welcher diese Position bestätigt wird.

- Kann das Adelsprädikat „von" nach einer Scheidung „weitergereicht“ werden“?

Nein, aber es entscheidet der Einzelfall.

Positiv ist noch anzumerken, dass das **Wojewodschaftsverwaltungsgericht in Gliwice vom 15. VI. 2007 unter der II SA/Gl 29/07** zugleich das Recht auf Weitergabe des adligen Namens nach einer Scheidung bei erneuter Heirat abgewiesen hat [hier **„von B.“**].

- Kann in Polen der Eintrag eines Adelsranges im Wege einer Korrektur durch das Standesamt erwirkt werden?

Nein, denn es ist keine Korrektur, daher ist ein gerichtliches Namensfeststellungsverfahren durchzuführen.

In der Sache **III SA/Łd 19/05 bei dem Wojewodschaftsverwaltungsgericht WSA in Łodź vom 4. X. 2005** wurde festgestellt, dass der Eintrag eines Grafentitels „hrabia“ nicht im Wege einer Korrektur der standesamtlichen Unterlagen zu erreichen sei. Übersetzung eines Urteilelementes: Es ist auch angezeigt festzustellen, dass die Kompetenzen den Leiter des Standesamtes nur berechtigen, offensichtlicher Schreibfehler zu berichtigen, andere Änderungen in den bestehenden Standesamtsunterlagen können nur auf der Grundlage eines Urteils der allgemeinen Gerichtsbarkeit in Fällen erfolgen, die im Art. 33 des Gesetzes vorgesehen sind[55]. Das Urteil bekräftigt damit zugleich, dass die Festlegung der Namensform ausschließlich in die Zuständigkeit der Amtgerichte fällt.

Damit bestätigt es die bisherige Praxis wie des ältesten bekannten Gerichtsverfahren aus dem Jahr 1995 unter der Signatur III. Ns. 917/95/4 (hier in Faksimile ein Auszug aus dem nicht veröffentlichten Urteil in einer amtlichen Übersetzung durch einen gerichtlich bestellten Dolmetscher)[56]:

---

[55] „Wskazać też należy, że kierownik USC jest uprawniony tylko do sprostowania oczywistego błędu pisarskiego , inne zmiany w sporządzonych aktach stanu cywilnego mogą być dokonywane jedynie w wypadkach wskazanych w ustawie przez sąd powszechny (art. 33 ustawy)“, Urteil WSA w Łodzi vom 4. X. 2005, Signatur III SA/Łd 19/05.

[56] In der Republik Polen finden alle personendatenbezogene Rechtssachen in nicht öffentlichen Sitzungen statt.

Nr.-9499 Gemäß Beschluss des Amtsgerichts in Poznań vom 27 Februar 1995.----------------------------- Signatur Rechtsakt III. Ns 917/95/4 berichtigt man den Familiennamen der Person, die die vorliegende Urkunde betrifft, durch den Namenszusatz „von“. Der Familienname lautet: „von “. --------

Faktisch kann man feststellen, dass es sich im heutigen Polen um ein erneutes Adelslegitimationsverfahren handelt, den vor dem allgemeinen Gericht muss wie bei den früheren Adelslegitimationsverfahren die salisch-genealogische Abkunft nachgewiesen werden. Als positives Nebenergebnis eines solchen Verfahrens bei der allgemeinen Gerichtsbarkeit in der Republik Polen ist anzumerken, dass auch die Auswirkungen der Menschenrechtsverletzungen der sozialistischen Gesetzgebung in Österreich und in der I. Tschechoslowakischen Republik 1918-1919 aufgehoben werden können, sofern sich die Erbfolge nahtlos durch Personenstandsdokumente aus der Zeit vor der Menschenrechtsverletzungen des Zeitraums 1918/19 dokumentieren lässt. Zugleich wie vor 250, 200 und 150 Jahren dient es mit dazu, sich mit den Traditionen der eigenen Familie zu beschäftigen und in der heutigen kurzlebigen Zeit sich auf den eigenen Stand zu besinnen.

Somit befindet sich dieses Verfahren auch in der Tradition der Habsburgischen Renovationsverfahren[57], in dem Geschlechter des verdunkelten Adels eine Restituierung deren adligen Rechte beantragen konnten. Die Analogie ist insbesondere auch darin zu sehen, dass zum Zeitpunkt der Renovationsverfahren im Kaiserreich Österreich und später Österreich-Ungarn faktisch alle angestammten adligen Privilegien bereits abgeschafft wurden, so dass es sich faktisch um die Feststellung der Namensführung handelt.

- Wird in der Republik Polen das Salische Rechtsprinzip geachtet? Teilweise ja.
Unter **II SA/Gl 29/07 des WSA Gliwice vom 15. VI. 2007** bestätigte das Wojewodschaftsverwaltungsgericht in dritter Instanz indirekt auch das bestehende Salische Rechtsprinzip, in dem er die materiellen Ablehnungen der ersten beiden Instanzen bestätigte. Dabei wollte der Antragsteller den Namen seiner Großmutter **„von B.“** führen. Das Standesamt nahm die Namensänderung auf **„B.“** vor, verweigerte jedoch die Eintragung des Adelprädikates **„von.“** .

---

[57] Den Weg zu einem formellen Renobilitierungsverfahren ebnete das Dekret der Hofkanzlei in Wien vom 12. X. 1840. Auch hier zeigte sich die liberale Einstellung der Habsburger Monarchie, indem es verarmten alten Adelsgeschlechtern ermöglichte, einen ihrem Stand entsprechenden Status wieder zu erlangen. Es betraf nicht nur – oder sogar am wenigsten verarmte Geschlechter- wenn ihre Familientradion lebendig gehalten haben. Somit handelte es sich eher um eine Chance für Geschlechter, die ihr Standesbewußtsein in früheren Genera-tionen verloren haben. Eigenartiger Weise wurde hiervon bis zum Jahr 1848 kaum Gebrauch gemacht, erst nach dem Revolutionsjahr kam es zu häufigeren Anträgen. Eine mögliche Erklärung hierfür ist, dass vergleich-bar der Situation in Galizien, Polen oder den westrussischen Gubernien erst aufwändig fehlende Dokumente beschafft werden mußten.

- Wird in der Republik Polen bei Rechtsentscheidungen die genealogische Abkunft geachtet? Ja.

Ähnlich wurde in der Sache in dritter Instanz unter **WSA in Lublin vom 27. III. 2012 unter der Signatur III SA/Lu 35/12** zur unberechtigten Nutzung des adeligen Prädikates **„von"** durch einen unberechtigten, da unadligen, Antragsteller geurteilt. Zwar wurde im Urteil mit einer Bezugnahme auf das Urteil des Obersten Gerichtes von 1998 der Klage des Antragstellers stattgegeben, jedoch wegen Verfahrensfehler des Standesamtes und nicht in der Sache [58] selber: Zu Beginn ist festzustellen, dass die Auffassung des Wojewoden zutreffend ist und die **„von"** Präposition kein Name sei.

- Kann ein deutschsprachiges Adelsprädikat „von" in die polnischen Standesamt-unterlagen eingetragen werden? Ja.

Bereits am 4. II. 1998 stellte das Oberste Gericht der Republik Polen [SN] im Urteil unter der Signatur I CKU 204/97 über das **„von"** fest:

Dieser Begriff entspricht dem französischen **„de"** dem niederländischen **„van"** oder dem polnischen **„z"** und wird in der juristischen Literatur als Adelsprädikat bezeichnet. Seine wesentliche Funktion ist es, die Bedeutung von Namen zu betonen. Die Erfüllung nur als ein Unterscheidungsmerkmal kann nicht als Titel behandelt werden. In den meisten der Gesetzgebungen ist es als integraler Bestand-teil des Namens anerkannt und es fehlt ein berechtigter Grund, um sie unter polnischen Bedingungen anders zu verstehen[59].

Und dies zu Recht, den die Verfassung der Republik Polen aus dem Jahr 1935 hat die Verfassung aus dem Jahre 1921 aufgehoben, in der eine Aufhebung des Adelstandes verankert war. Da in der Verfassung von 1935 noch später diese Frage nicht reguliert und ausgeklammert wurde, gilt im Bezug auf den Adelstand die Regelung, welche vor dem in Kraft treten der Verfassung aus dem Jahre 1921 galt, d. h.

---

[58] „Na wstępie należy zgodzić się z Wojewodą, że przyimek von nie jest nazwiskiem." Urteil des WSA in Lublin vom 27. III. 2012, Signatur III SA/Lu 35/12.

[59] „Określenie to, odpowiadające francuskiemu „de", holenderskiemu „van", czy też polskiemu „z", w literaturze prawniczej nazywane jest partykułą szlachecką. Jej istotna funkcja sprowadza się do podkreślenia znaczenia nazwiska. Spełniając jedynie rolę wyróżnika nie może być traktowana jako tytuł. W większości ustawodawstw uznawana jest jako integralna część nazwiska, i brak też uzasadnionych powodów, aby odmiennie ją rozumieć w warunkach polskich." Urteil des Obersten Gerichtes der Republik Polen [SN] in Warschau vom 4. II. 1998, I CKU 204/97:

Rechtsstand des IV. resp. III. Königreich Polen als auch die der Res Publica von 1795 als deren Rechtsnachfolger sich die polnische Republik heute definiert. [60]

Dennoch ist die Fragestellung komplizierter und es wird in entsprechenden juristischen Diskussionsforen engagiert diskutiert [61], denn: Auf der Grundlage der geschilderten Situation, da nach dem in Kraft treten der Verfassung von 1935 und auch der späteren Verfassungen keine Normativakten bezüglich des Adelsstandes in den Gebieten der II. und III. Republik Polen ergangen sind, gilt in den jeweiligen Gebieten, die im Jahre 1918 zur II. Republik Polen vereinigt wurden, auf der Grundlage der Rechtsfortsetzung in Teilelementen auch das Recht der jeweiligen Teilungsmächte. Im Bezug auf die Adelslegitimationsverfahren würde es bedeuten, dass eine adelslegitimierte Familie im Gebiet des Königreiches Galizien und Lodomerien oder des Königreiches Preußen ansässig heute in den Grenzen der II. und III. Republik Polen einen Anspruch auch auf die deutschsprachigen Adelsprädikate erheben kann. Für die Gebiete des III. und IV. Königreiches Polen ergibt sich kein Unterschied, denn es wurden mit dem Stand im Dworjanstwo (sei es durch Adelslegitimation oder Standeserhöhung) keine Adelsprädikate verliehen.

Somit hat die Publikation der Stammfolgen auch einen unmittelbaren praktischen Sinn.

---

[60] „1. Jesli Konstytucja z 1935 roku, uchyliła zapisy Konstytucji z 1921 roku i nie wprowadziła nowych uregulowań w danej kwestii, to jest oczywiste, że po 1935 roku, obowiązywał stan prawny taki jak przed 1921 r..
2. Ponieważ żadna późniejsza Konstytucja nie regulowała tej kwestii, to stan zprzed 1921 roku obowiązuje do dziś, czyli kwestia tytułów szlacheckich nie jest uregulowana."

[61] „3. Nie słyszałem o ustawie ws. tytułów szlacheckich, a jeśli była by wydana, to powinna być aktem nadal obowiązującym, a nie jest (a przynajmniej nie ma w wykazie takich aktów). Wśród aktów nadal obowiązujących, sa jeszcze ustawy przedwojenne, które nie zmieniły się zasadniczo, pomimo trzykrotnych zmien Konstytucji np. ustawa prawo wekslowe z 28 kwietnia 1936 roku.
4. Ustawy i inne akty prawne o tej randze, muszą być zgodne z Konstytucją. To chyba jasne. Jeśli zaczyna obowiązywać nowa Konstytucja, to "stare" ustawy:
- obowiązują tylko w okresie przejściowym, zakreslonym w nowej Konstytucji, nowa Konstytucja nie wchodzi zwykle z dnia na dzień i tak jak ustwy zwykłe, ma vacatio legis;
- po okresie przejściowym, obowiązują tylko te zapisy ustawowe, które nie są sprzeczne z nową Konstytucją, np. jak cytowane wyżej prawo wekslowe;
- po okresie przejściowym, wszystkie ustawy sprzeczne z nową Konstytucją, jak najbardziej idą do kosza.
5. Teoretycznie, jeśli sytuacja prawna jest taka jak wyże opisano i nie wydano póżniej, tzn po 1935 roku, żadnego aktu normatywnego w tej sprawie, to można by sie doszukiwać, na zasadzie ciągłości prawnnej z przepisami obowiązującymi w państwach zaborczych, przed ozyskaniem przez Polske niepodległości w 1918 roku. Mogło by sie okazać, że na części terenów Polski można używać tytułów szlacheckich, a na innych terenach nie można."

Etwas anders sieht es mit der Eintragung von Rängen wie baron, hrabia ... aus – egal ob in einer polnisch- oder einer fremdsprachigen Version, denn diese sind als Titel zu verstehen und Titel (auch wissenschaftlicher Art wie z. B. **„Dr.“**) werden generell nicht in polnische Personalstandsdokumenten eingetragen. Dabei bleibt anzumerken, dass auch bei diesem Fall auf der Grundlage der Rechtsfortsetzung aus dem II. Königreich Polen und Res Publica traditionell keine Rangtitel – außer der dynastisch-fürstlichen Titeln aus dem Großfürstentum Litauen – anerkannt wurden.

Eine Ausnahme bildet jedoch die Eintragung von Rängen bei einer Heirat mit ausländischen Bürgern, die einen solchen zusammengesetzten Namen tragen; diese werden als Ausnahmefall eingetragen.

1.3. Bevölkerungsentwicklung und das Erlöschen von Geschlechtern

In der zweiten Hälfte des XVII. und XVIII. Jhdt. waren Epidemien ein fester Bestandteil des Lebens. Pestepidemien gab es in den Jahren 1651-1663, 1665, 1667, 1679, 1693 und 1695, und die Pest kehrte mit noch größerer Kraft in den Jahren 1708-1711 zurück.

Dazu traten noch oft Krankheiten wie Typhus, Dyphterie und Pocken, welche die Konstitution der Bevölkerung schwächten wie auch die unheilbare Lepra. In Verbindung mit dem niedrigen Niveau der Medizin und Hygiene sowie schwierigen Lebensbedingungen bedeutete dies, dass **das Reproduktionsalter von nur etwa 35% der geborenen Individuen erreicht wurde**.

In Zahlen umgesetzt: auf eine in den Stammfolgen auftretende verheiratete Person kommen statistisch 2 weitere Personen, die in die Stammfolge Eingang hätten finden müssten. Betrachtet man die Genealogien für diese Zeit, stellt man sofort fest, dass dies bei landadeligen Geschlechtern fast in keinem Fall erreicht wird. Sogar die Stammfolgen der dynastischen Familien sind von den zu erwartenden Tatsachen weit entfernt. Daher kam es im XX. Jhdt. immer wieder zu wundersamen „Geschlechteraufweckungen“ von in der Literatur für erloschen erklärten Geschlechtern wie z. B. des Geschlechts der Fürsten Chowanski h. Pogoń Litewska[62].

Die Lebenserwartung der Landbevölkerung in der Zeit der ausgehenden Adelsrepublik lag mit 27-28 Jahren recht niedrig. Unter dem Adel war es etwas besser, aber das Alter von 50 Jahren erlebten nur etwa 12,5% der geborenen Population dieses Standes; unter den Bauern nicht mal 10 Prozent. Noch schwieriger war es, als Frau dieses Alter zu erreichen. **Es wurden in diesem Zeitraum durchschnittlich 6 Kinder pro Ehe geboren** und jede Geburt stellte eine ernsthafte Lebensbedrohung der Mutter dar, denn deren Sterblichkeit lag zwischen 5 und 11 Prozent[63].

Aus dem Mittelalter und der frühen Neuzeit wissen wir immer nur von den Kindern,

---

[62] Nachkommen von Narimunt, dem zweitgeborenen Sohn des Großfürsten Gediminas von Litauen, Vorvater des Begründers der litauisch-polnischen Union. Fürsten Chowanski gehörten zum direkten Familienumfeld der Großfürsten von Moskau und waren betroffen von dem späteren Zaren Iwan Grozny veranlassten Ermordung von Mitgliedern seiner eigenen Familie. Im Jahre 1682 haben Chowanski in einem Staatsstreich versucht, die Romanow zu stürzen und sich des Zarentrons zu bemächtigen.

[63] Gloger, Zygmunt: Encyklopedja staropolska ilustrowana [Illustrierte Altpolnische Enzyklopädie], 4 Bände, Warschau 1900-1903. Wegen der Bedeutung des Werkes wird versucht es elektronisch verfügbar zu machen: Volltextsuche und Downlad unter: https://pl.wikisource.org/wiki/ Encyklopedia_staropolska. Brückner, Alexander, Professor der Slawistik an der Universität Berlin: Encyklopedia staropolska, 2 Bände, 1937-1939; Reprint: 1990.

die einerseits ihre Kindheit überlebt haben und die andererseits so wichtig oder reich wurden, dass sie in den Quellen oder Urkunden überhaupt vorkamen. Wer z. B. kein Amt oder eine Würde bekleidete, nie ein Stück seines väterlichen Erbgutes veräußerte, aber auch nichts hinzukaufte oder verklagt worden ist, wurde niemals aktenkundig. Die dritte Hürde ist der fortwährende Verlust der Urkunden durch Brände, Überschwemmungen, mangelnde Vorsorge, Verschleppung durch durchziehende Truppen, Zerfall des Papiers oder bewusste Vernichtung zur Verschleierung von Herkunft und Abhängigkeiten.

Bei dem Forschungsprojekt **"Eliten der Serenissima Res Publica Coronae Regni Poloniae Magnique Ducatus Lithuaniae 1385 - 1569 - 1795 und in deren Grenzen bis 1918"**, setzen wir für die Reproduktion nachfolgende Generationmindestfolgen an:

männlich mit 21 Jahren und weiblich mit 16 Jahren,

jeweils korrigiert um dokumentierte Einträge in Matrikeln, Gerichtsbüchern, Reichstagsprotokollen u. ä. .

So ermitteln wir das späteste Datum der gesuchten Geburt, welches wir mit dem Zeichen „**<**“ für „**vor**“ kennzeichnen. Analog ermitteln wir den frühesten und spätesten Zeitpunkt des Ableben, welches wir mit dem Zeichen „**>**“ für „**nach**“ kennzeichnen. Sicherlich hat es eheliche Verbindungen mit jüngeren als einem 21-jährigen Bräutigam und einer 16-jährigen Braut gegeben, dies gehörte sowohl im MA als auch in späteren Zeiträumen zur absoluten Seltenheit.

Eine Obergrenze setzen wir männlicherseits nicht fest, da sie sehr schwer auszumachen ist: Der Gediminide Wladyslaw II. Jagiello als König von Polen und Großfürst von Litauen, war zur Zeit seiner letzten Geburt 76 Jahre alt und noch ältere Väter sind geschichtlich überliefert, es hängt offensichtlich von deren Kondition ab.

Auch weiblicherseits ist eine Obergrenze schwer festzumachen. Generell wäre sie bei 45-50 Jahren auszumachen. Dies gilt jedoch nur im Allgemeinen, denn wie neueste Forschungen zeigen, verschiebt sich die Grenze bei Vielfachgebährenden (10-15 und mehr Geburten) ganz beträchtlich. Offensichtlich führt die eisprunglose Zeit fast komplett zu einer Verlängerung der Empfängnisfähigkeit. Dies belegen die Kindergeburten bei fast 60-jährigen.

Allerdings ist bei unseren Forschungen die Obergrenze von geringer Bedeutung, denn unser Problem bilden Stammfolgen als solche, denn in Genealogien und historiographischen Aufzeichnungen im östlichen Europa werden kaum Zeitdaten angegeben. Wenn überhaupt zusätzliche Daten angegeben werden, erfolgt gegebenen Falls die Angabe von Ämtern und Würden, so dass sich erhebliche Schwierigkeiten bei dem Versuch ergeben, nicht erfasste Personenfunde richtig zeitlich ein- und zuzuordnen.

Wir sind uns bewusst, dass der obiger Ansatz 21/16 Jahre über viele Generationen zu einer gehörigen Zeitverschiebung führt. Erfahrungsgemäß kommen wir bei 5 Generationen auf ein ca. 50 Jahre späteres Datum der Geburt, bei 10 Generationen (nicht so unüblich bei Adelslegitimationsverfahren) auf eine anzunehmende Mindestverschiebung von bis zu 100 Jahren. Dies mag dem Leser als horrend erscheinen, ist es jedoch nicht. Diese Methode ist wesentlich sicherer und genauer (im Laufe der 5 Jahre Laufzeit des Forschungsprogramms ist uns kein einziger Fall bekannt geworden, der außerhalb der so ermittelter Zeitobergrenze lag) als der Ansatz des wichtigsten polnischen Forschungsprogramms mit der umfassendsten Datenbank für das östliche Europa, der aus obig dargestellten Gründen pauschaliert die Datensicherheit mit +/- 50 Jahren pro Generation angibt (d. h. einer Zeitspanne von 100 Jahren) und dies bereits ab dem XVIII. Jahrhundert abwärts [64].

Als mögliche Ursachen für den Rückgang sowohl der Zahl der Adligen als auch der Anzahl der Adelsfamilien können grundsätzlich folgende Faktoren angenommen werden, die sich vermutlich gegenseitig verstärken können. Dabei ist zu unterscheiden das faktische vom scheinbaren Erlöschen eines Geschlechtes.

Unter den faktischen Ursachen wären zu nennen:

1. Die **Auswanderung** eines Adligen oder gar ganzer Adelsfamilien in östliche Gebiete der Res Publica aber auch in das Großfürstentum Moskau, Schweden, Länder der Böhmischen Krone, Königreich Ungarn oder Gebiete des HRR begleitet durch einen Verlust des privilegierten Statuses in anderen Adelsrechtssystemen könnte eine Ursache für den zahlenmäßigen Rückgang des Adels gewesen sein.
2. Die **Familiengröße** ist ebenfalls als ein Faktor zu sehen, von dem das Aussterben der Adelsfamilien im späten Mittelalter und der Frühen Neuzeit abhing, denn in einer Zeit extrem hoher Kinder- und Jugendsterblichkeit war es für den Fortbestand einer Familie bedrohlich, wenn es nur wenige Familienmitglieder gab.
3. Die **Macht einer Familie** könnte ein anderer möglicher Grund für das

[64] Datenbank Dr. Minakowski über die Geschlechter des Vierjährigen Reichstages, Rezension in: http://de.szlachta.wikia.com/wiki/Rezension_Datenbank_Minakowski.

Aussterben einzelner Adelsfamilien gewesen sein, denn mächtigere Familien konnten einerseits unter positiveren Bedingungen leben als weniger mächtige Adelsgeschlechter, andererseits waren sie aber auch gerade wegen ihrer Macht anderen Gefahren ausgesetzt als weniger mächtige Geschlechter.

4. Der **Familienreichtum** war möglicherweise ebenfalls ein Faktor, der Aussterben bei Adelsgeschlechtern beeinflusst hat. denn wohlhabendere Adelsfamilien konnten sich eine bessere und gesündere Ernährung, bessere Kleidung und Bildung, modernere Kampfausrüstung [65], besseres und gesünderes Wohnen sowie eine bessere medizinische Versorgung leisten.

Zu den zweitgenanten Ursachen zählen sicher:

5. In den Zeiten der Umbrüche der Industriellen- und heute Informationsrevolution durch einen **Bewusstseinsverlust** der eigenen Familientradition so wie der Verzicht aus das Führen der Adelstitel und Ränge[66].
6. Ein scheinbares Erlöschen einer Familie durch **Vergessen** in den tradierenden Medien. Diese wohl häufigste Form kann man an einigen Beispielen verdeutlichen.

In einem Fall wurde sogar seit dem XIX. Jhdt. und noch zu Beginn der 90-er Jahre des XX. Jhdt. vom einem Professor, ausgewiesenem Spezialisten der Historischen Grund-

---

[65] Um die Proportionen zu verdeutlichen: Die Ausrüstung eines schweren Reiters, der über mehrere Jhdt. im Landaufgebot der Szlachta der Res Publica zum Einsatz kam, d. h. eines aufwendig geschulten Pferdes mit Ersatzpferd, Vollausrüstung und 1-3 Hilfspersonen, entsprach dem Wert bis zu drei mittelgroßen Dörfern. Da-für bot eine solche Ausrüstung und Ausbildung eine mit dem Fahrer enes neuzeitlichen Panzers vergleichbare Überlebenschance im Kampf.

[66] So haben z. B. viele der Teilungsfürsten, Nachkommen von Gediminas und Rurik, die Führung deren Für-stentitel [kniaź] seit dem XVI. Jhdt. unterlassen, ohne jedoch auf den Fürstenrang als solchen zu verzichten. Einige Familien haben nach einigen Jahrhunderten dann die Führung des Fürstentitel wieder aufgenommen, viele andere jedoch nicht. Dieses angestammte Recht findet sich sogar in einigen Nobilitierungen des Heiligen Römischen Reiches wieder, in dem ein entsprechendes Privileg “de non usu”erteilt wurde. Es handelt sich um die Berechtigung, den Adel oder die Rangtitulatur fallweise oder zeitweise nicht zu führen. Bei der Vornahme “bürgerlicher” Handlungen beispielsweise wurde so kein Präjudiz im Bezug auf den Fortbestand des Adels bzw. dessen Wiederaufnahme gesetzt. Dieser Brauch hat sich - wie das Beispiel des **Michael Prinz zu Salm-Salm** im Deutschen Bundestag zeigt - bis heute erhalten.
Diese Regelung bestand nicht im Geltungsbereich der Adelsrepublik, den die Vornahme "bürgerlicher" Hand-lungen war mit dem Adelstand unvereinbar. Diese starre Haltung ist als einer der Gründe der Verarmung weiter Teile der Szlachta im XVII. und XVIII. Jhdt. anzusehen. Dieser Tatbestand musste jedoch nach der Beschuldigung nicht dem Adelstand anzugehören amtlich festgestellt werden. Eine solche Anschuldigung wurde hatte vor einem Gericht verhandelt zu werden.

wissenschaften, in einem Sammelwerk zu Stammfolgen der Gediminiden und Rurikiden das Geschlecht der Chowański als im XIX. Jhdt. erloschen ausgewiesen.

Bis – im Jahre 2007 als Ergebnis eines fast 100-jährigen genealogischen Studiums - in Moskau eine über 500-seitige Monographie dieses weiterhin blühenden Geschlechtes erschien. Man sollte annehmen, dass die Fürsten Chowanski darin erschöpfend vorgestellt werden.

Jedoch bereits vor der Drucklegung des Buches wurde von den Autoren ein „vergessener“ Zweig mit mehreren Hunderten heute lebender Familienangehörigen entdeckt[67], die im Werk nicht berücksichtigt werden konnten.

Beispiel des Weges zum „Vergessenwerden“ am Beispiel der erwähnten Linie der Fürsten Chowański: Karte 1 = Umsiedlung von den ukrainischen Gebieten in den zentralen Bereich von Altlitauen (hier südlich von Vilnius, der Hauptstadt Litauens, und westlich von Minsk, der heutigen Hauptstadt Weißrusslands

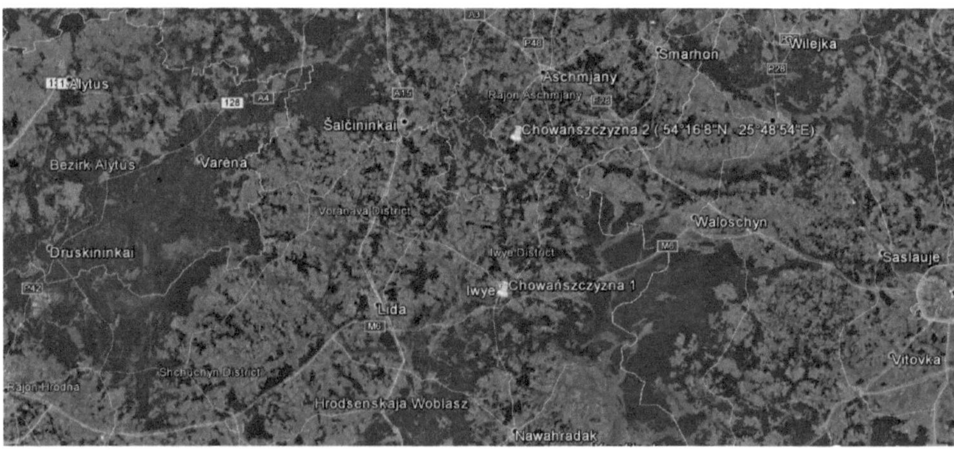

[67] Dies wurde vom Herausgeber im Werk auch noch vermerkt, dieser Zweig konnte jedoch im Werk nicht mehr berücksichtigt werden und ist immer noch als Baustelle in Bearbeitung.

Karte 2 = Wechsel aus einem Teil der Res Publica (Großfürstentum Litauen) und Zuwanderung in den zweiten Reichsteil der Res Publica (II. Königreich Polen)
(als Beispiel einer zum Trend des Drangs nach Osten gegenläufigen Wanderung).

Ein anderes Beispiel: Bis heute wird die Fehlinformation tradiert, dass die Reichsgrafen [de Leszno] Leszczyński h. Wieniawa mit den Töchtern von Stefan, Wojewoden von Kalisch, wie Maria, seit 1725 Gattin des Ludwik XV, Königs von Frankreich und Navarra, erloschen ist. Danach war letztes männliche Mitglied des Geschlechtes Stanislaus I. **Reichsgraf Leszczyński h. Wieniawa**, * 1677, + 1766, König von Polen und Großfürst von Litauen, Herzog von Lothringen und Bar.

Faktisch blühte das Geschlecht, wie die nachstehende Adelslegitimierung und die Linie der in Preußen landsässigen **de Leszno Leszczyński h. Wieniawa** belegen, fort. Die weiterblühenden Linien haben jedoch weder die Anerkennung des Grafenstandes beantragt noch erhalten oder geführt[68].

---

[68] **A0.** ? **de Leszno Leszczyński h. Wieniawa**, * [1780 <], + [],
oo ? **? h.** ?, * [1785 <], + [],
B1. Michał [de Leszno] **Leszczyński h. Wieniawa**, * [1801 <], + [1843 <],
oo ? **? h.** ?, * [1806 <], + [],
C1. Józef [de Leszno] **Leszczyński h. Wieniawa**, * [1822 <], + [> 1843], Adelslegitimiert im Jahr 1843 im III. Königreich Polen (unter Romanows), nach Adam Boniecki lautete die Vornamen Józef Wincenty [Quelle: AGAD, 2/3, Seite 291, nach: Sęczys, Elżbieta: Szlachta wylegitymowana w Królestwie Polskim w latach 1836-1861(1867) [Im (III. Königreich Polen in den Jahren 1836 - 1861 (1867) legitimierter Adel], 2. korrigierte Auflage, Warszawa 2007 in: Seria szlachta polska, Seite 376 und Boniecki (h. Bończa), Adam: Herbarz polski, Warszawa 1899 ff, Band 14, Seite 153],
B2. Józef [de Leszno] **Leszczyński h. Wieniawa**, * [1801 <], + [1843 <?],

Dieser historischen Verwischung wird Vorschub geleistet, indem in westlichen Erarbeitungen wie auch modernistischen Publikationen die Zugehörigkeit zu der entsprechenden Wappengenossenschaft unterdrückt wird. Polnischerseits besteht die historische Verwischung dadurch, dass systematisch, auch bei eingewanderten und indigenierten Geschlechtern, dass geführte Adelsprädikat „von" / „de"sowie ggfs. die bestehenden Adelsränge ignoriert und in der Literatur generell nicht die angetroffenen Vornamen, sondern in polonisierter Form aufgeführt werden.

Es kann jedoch als gesichert festgestellt werden, dass quellenmäßig im ausgehenden Mittelalter und der Frühen Neuzeit bekannte Geschlechter, wenn sie im

---

oo ? **? h. ?**, * [1806 <], + [],

C1. Michał Juljan [de Leszno] **Leszczyński h. Wieniawa**, * [1822 <], + [> 1843], Adelslegitimiert im Jahr 1843 im III. Königreich Polen (unter Romanows), nicht erfasst durch Elżbieta Sęczys, [Quelle: Boniecki (h. Bończa), Adam: Herbarz polski, Warszawa 1899 ff, Band 14, Seite 153],

A0. ? **de Leszno Leszczyński h. Wieniawa**, * [1776 <], + [],

oo ? **? h. ?**, * [1781 <], + [],

B1. Ernst Wilhelm Heinrich Ferdinand [de Leszno] **Leszczyński h. Wieniawa**, * Magdeburg 28. X. 1797, + Berlin 23. II. 1863, königlich preussischer Oberstleutnant, [Quelle: Kurt von Priesdorff: Soldatisches Führertum. Band 9, Hanseatische Verlagsanstalt Hamburg, ohne Jahr, Seite 282-287],

oo Laurette Antonie Berta **von Winterfeld eigenen Wappens**, * Stettin 23. X. 1803, + Boostedt 18. V. 1870, [Quelle: Kurt von Priesdorff: Soldatisches Führertum. Band 9, Hanseatische Verlagsanstalt Hamburg, ohne Jahr, Seite 282-287],

C1. Paul Stanislaus Eduard **[de Leszno] von Leszczynski [h. Wieniawa]**, * Stettin 29. XI. 1830, + Repten 12. II. 1918, königlich preussischer General der Infanterie, seit 1905 Mitglied des preussischen Herrenhauses, [Quelle: Kurt von Priesdorff: Soldatisches Führertum. Band 9, Hanseatische Verlagsanstalt Hamburg, ohne Jahr, Seite 282-287],

oo Berlin 19. V. 1862 mt Hedwig Klara **von Winterfeld eigenen Wappens,** * Nieden 14. VI. 1835, + Repten 20. Januar 1901, [Quelle: Kurt von Priesdorff: Soldatisches Führertum. Band 9, Hanseatische Verlagsanstalt Hamburg, ohne Jahr, Seite 282-287],

D1. Paul **[de Leszno] von Leszczynski [h. Wieniawa]**, *Repten 20. VIII. 1863, + Repten 21. V. 1884, [Quelle: Kurt von Priesdorff: Soldatisches Führertum. Band 9, Hanseatische Verlagsanstalt Hamburg, ohne Jahr, Seite 282-287],

D2. Hedwig **[de Leszno] von Leszczynski [h. Wieniawa]**, * Karlsruhe 5. Mai 1872, + [], [Quelle: Kurt von Priesdorff: Soldatisches Führertum. Band 9, Hanseatische Verlagsanstalt Hamburg, ohne Jahr, Seite 282-287],

oo Berlin 5. V. 1872 mit Wolfgang **Gans Edler Herr zu Putlitz eigenen Wappens**, * Retzin 3. I. 1857, + Gundelsheim 31. V. 1931, preußischer Hauptmann a. D., Herr auf Barskewitz, 1907-1918 Reichstagsabgeordnete, [Quelle: Kurt von Priesdorff: Soldatisches Führertum. Band 9, Hansea-tische Verlagsanstalt Hamburg, ohne Jahr, Seite 282-287],

Zeitraum zwischen dem Dreißigjährigen Krieg / den ukrainischen Freiheitskriegen Mitte des XVII. Jhdt. und der Auflösung der Res Publica Serenissima zur Zeit der Französischen Revolution nicht notiert werden, als ausgestorben angesehen werden müssen. Daher ist eine große Anzahl der in den gedruckten heraldisch-genealogischen Sammelwerken erwähnten Geschlechter erloschen, wobei keine wissenschaftlich gesicherten Schätzungen über die Prozentzahl anzutreffen sind.

Völlig anders verhält es sich bei den Geschlechtern, die vielfach als Briefadel bezeichnet werden. Es sind neuadelige Häuser, welche vielfach durch eine Nobilitierung von verdienten Offizieren und Beamten begründet wurden. Bei Militärangehörigen, welche den größten Personenanteil stellten, auf die sich die Standeserhöhungen bezogen, bestanden strikte Restriktionen bei der zur Familiengründung erforderlichen Heiratsgenehmigung des Dienstherrn. Dadurch war die Nachkommenschaft, wenn überhaupt, nicht zahlreich oder das Geschlecht konnte aus biologischen Gründen häufig nicht fortgesetzt werden.

Bei katholischen Würdenträgern, bedingt durch das Zölibat, kam der erblich verliehene Adelstand faktisch einem persönlichen Adel gleich. Bei der Gruppe des Adelstandes mit mosaischem Hintergrund hat die Zeit der totalitären Systeme des XX. Jhdt. zu großen Verlusten geführt.

Ebenfalls scheint die geringere Traditionsbindung der neuadligen Familien zum beschleunigten Verlust des adelständischen Bewusstseins zu führen. Auch der sozialistische Terror sowie von Links als auch von Rechts im XX. Jhdt., sowohl im rechtlichen [69] als auch biologischen Sinne [70], hat tiefe Auswirkungen sowohl bei briefadeligen Familien als auch beim Altadel im östlichen Europa hinterlassen. Der kollektivistische Terror hat, auch ohne einen Verlust des Adelstandes mit sich zu bringen, vielfach zur Flucht geführt. Im Unterschied zum Aufgehen der exilierten ständischen Oposion der Länder der böhmischen Krone zu Beginn des 30-jährigen Krieges in der Bevölkerung der protestantischen Nachbarländer, brachte die erzwungene Emigration des XX. Jhdt. eine Entwurzelung vielfach auch in außereuropäischen Kulturkreisen und damit zum faktischen Erlöschen nicht weniger Geschlechter.

---

[69] Adelsfeindlichen kollektivistischen Gesesetzgebungen nach dem Ersten Weltkrieg wie in Österreich oder der I. Tschechoslowakischen Republik (1918-1938), dort abzielend auf die Namenstradition oder Bodenreformen und Verstaatlichungen in vielen Ländern Mittel- und Osteuropas.

[70] Gezielte Ermordung von Angehörigen des Adelstandes und Klerus während des Roten Terrors im Kaiserreich Russland, Baltikum, Ungarn, und Spanien, oder durch Glodomor in der Ukraine und Holocaust in Europa.

Leider wurde dem Vorschlag des Teilnehmers **rafal1368** auf historiker.org [71] im Jahre 2009 zur Ergänzung von Wappenbüchern durch Angehörige der jeweiligen Familie [72] nicht befolgt. Sein Beitrag gibt ein beredetes Zeichen dafür, wie scheinbar ein Geschlecht pauperisiert resp. erlöschen kann und seine Nachkommen unauffindbar und zum verdunkelten Adel werden. Berücksichtigt wurden nicht:

A0. **? Ciechomski h. Wąż**, * [1743 <], + [],
oo ? **?**, * [1748 <], + [],
  B1. Michał **Ciechomski h. Wąż**, * [1764 <], + [],
  oo ? **? h. ?**, * [1769 <], + [],
    C1. Wincenty **Ciechomski h. Wąż**, * [1785 <], + [],
    oo ? **? h. ?**, * [1790 <], + [],
      D1. Mateusz **Ciechomski h. Wąż**, * [1806 <], + [> 1851],
      oo ? **? h. ?**, * [1811 <], + [> 1851],
        E1. Ludwik **Ciechomski h. Wąż**, * 1827, + [],
        oo **?**
        E4. Feliks **Ciechomski h. Wąż**, * 1833, + [],
        oo **?**
        E2. Jan Kazimierz **Ciechomski h. Wąż**, * 1834, + [],
        oo **?**
        E3. Wojciech Alfred **Ciechomski h. Wąż**, * 1848, + [],
        oo **?**
        E4. Alfred Gustaw Teofil **Ciechomski h. Wąż**, * 1851, + [],
        oo **?**

Allein an diesem Beispiel erfahren wir, wie durch die nicht komplette Wiedergabe vier Söhne "unterschlagen" worden sind, da sie nicht zur Kenntnis der Wappenbuchautoren gelangten. Gerade ab Ende des XVII. und dann verstärkt im XVIII. Jhdt., dem Jahrhundert des Zerfalls durch die Pragmatische Sanktion, Wirren der französischen Revolution und der napoleonischen Kriege bemerken wir Hand in Hand mit der Pauperisierung weiter

[71] 28/06/2010, 9:19 "Ze swej strony mogę wskazać odnośnie rodziny **CIECHOMSKICH**, że: Mateusz CIECHOMSKI, syn Wincentego, a wnuk Michała miał nie tylko syna Feliksa ur. w 1833 r., ale także synów: Ludwika (ur. w 1827 r.), Jana Kazimierza (ur. w 1834 r.), Wojciecha Alfreda (ur. w 1848 r.) oraz Alfreda Gustawa Teofila (ur. w 1851 r.)." Forum historiker.org, http://www.historycy.org/bez_grafik/index.php/t69905.html, Zugang 5. II. 2016.

[72] "Proponuję by w tym wątku osoby zajmujące się genealogią swoich rodzin podawały informa-cje, które stanowią uzupełnienie polskich herbarzy Bonieckiego, Uruskiego, Żychlińskiego, Niesieckiego i innych autorów."

Adelskreise ein öffentliches Vergessen blühender Geschlechter. An diesem Beispiel wird zugleich die praktische Umsetzung der Regeln demonstriert nach denen die Stammfolgenabhandlungen vorgestellt werden.

Die Angaben in dem obigen Beispiel reichen nicht aus um sie als gesicherte Stammfolgenelemente anzuerkennen, denn sie erfüllen nicht die vier Grundmerkmale gesicherter Datenherkunft:

1. fehlende Verwendung von Klarnamen und zumindest der Angabe der e-mail Adresse, d. h. der Möglichkeit zur Verifikation des ermittelnden Forschers,
2. verifizierbare Angabe der Quelle, aus der die Informationen gewonnen wurden,
3. Angabe nicht nur des Jahres der Geburt, sondern der kompletten Geburtsdaten (ein häufig gemachter Fehler),
4. Angabe des Geburtsortes als Grundlage zu einer möglichen Verifizierung.

Dennoch können anhand des obigen Beispiels die demographischen Konsequenzen nachvollzogen werden:
Wies die Res Publica zur Zeit ihrer größten Ausdehnung zu Beginn des XVII. Jhdt. an die 11 Millionen Einwohner auf, so verzeichneten deren Nachfolgerstaaten heute eine Bevölkerung von knapp über 100 Millionen auf. Dies entspricht, trotz der dramatischen Bevölkerungsverluste (wie an anderer Stelle beschrieben wird, allein 60 % bis 1717), des dreißigjährigen Krieges, der napoleonischen Wirren, der Negativselektion seit Ende des XVIII. Jhdt., der Bevölkerungsverlusten durch die polnischen Aufstände, den ersten und zweiten Weltkrieg sowie der Zeit des rechts- und linkssozialistischen Terrors im XX. Jhdt., dem Multiplikationsfaktor 10 in vierhundert Jahren.

Der Zeitraum von 400 Jahren entspricht je nach Lehrmeinung 10 bis 13 Generationsfolgen. Die Konsequenzen: der Verlust von 4 Söhnen bei einer Person (wenn er vor 400 Jahren einträte) würde - alleine statistisch gerechnet - mit zwei reproduktionsfähigen männlichen Nachkommen in einer Generation einem Verlust von 4 Söhnen x Faktor 13 = 52 männlichen Nachkommen in der heutigen Zeit entsprechen! Allein in den 180 vorgestellten Jahren seit 1840 = 6 Generationsfolgen, würde es 24 verdunkelten Söhnen entsprechen.

Über fehlende Komplettheit auch von wichtigen amtlichen Quellen wie den Steuerlisten oder Aufstellungen für das Militäraufgebot [pospolitte ruszenie] führt Andrzej Pszczółkowski [73] beispielhaft an [74]:

In freier Übersetzung: **Mostowy** [Mostowi, Mostowa, Mostowiak, Mostowianka] **h. Jasieńczyk**. Stammsitzdorf: Krajewo-Mostowe (im achtzehnten Jahrhundert wurde es dem Gut Małokrzynowłoga zugeschlagen). 1635 war Erbe eines Anteil an dem Dorf Wojciech **Mostowy h. Jasieńczyk**, Sohn von Jan. Danach gibt es keine Erwähnung der Familie mehr (nicht einmal in der Tabelle der Kopfsteuer der Provinz Wielkopolska von 1676). Dagegen erwähnt die Statistik aus der Mitte des XIX. Jhdt. gleich drei Mostowy-Namensträger: Franciszkus der einen Teil von Kobylak-Konopek erbt, Jan - auf Kobylaki Włódki und Wojciech - auf Ulatowo-Żyły. Im Jahr 1990 bewohnten 18 Personen mit dem Namen **Mostowy / Mostowa** die Wojewodschaft Ciechanów, 26 die Wojewodschaft Ostroleka und 38 die von Allenstein. Insgesamt entsprach dies 22 % der Personen dieses Namens in Polen[75].

Bei dem Namen **Mostowi** handelt es sich um zum Familiennamen verfestigten Beinamen der altadligen Familie **Krajewski h. Jasieńczyk**, möglicher Weise nahm ein Familienmitglied das Amt als Mostowy = Brückenmeister ein, wurde nach diesem Amt gerufen bis sich der Ruf zum Rufnamen und dann zu Familiennamen verfestigte. Auch dieser Namenswandel wurde weder in den Wappenbüchern noch bei dem elektronischen Wappenidentifikationssystem von Tadeusz Gajl erfasst.

Aus diesem Grunde erfolgt in der Serie StudIaS Stammfolgen zu den Stammfolgen auch eine ausführliche Analyse der jeweiligen Namensverteilung, um den Namensträgern eine zielgerichtete Forschung zu erleichtern.

---

[73] Herr Andrzej Pszczółkowski ist Mitglied in der komisja wywodowa des Polnischen Adelsverbandes in Warschau, (vergleichbar dem Deutschen Adelsrechtsausschuß - ARA) spezialisiert auf genealogisch-heraldische Fragen Masowiens.

[74] "**Mostowy** [Mostowi, Mostowa, Mostowiak, Mostowianka]. Wieś gniazdowa: Krajewo-Mostowe (w XVIII w. wchłonięta do dóbr małokrzynowłoskich). W 1635 r. dziedzicem części tej wsi był Wojciech Mostowy syn Jana. Potem o nich głucho (nawet w regestrze pogłównego prowincji wielkopolskiej z 1676 r. Mostowi nie występują w ogóle). Tymczasem statystyki z połowy XIX w. wymieniają trzech Mostowych: Franciszka dziedziczącego na części Kobylak-Konopek, Jana – na Kobylakach Włódkach i Wojciecha – na Ulatowie-Żyłach. W 1990 r. 18 osób o nazwisku Mostowy/Mostowa zamieszkiwało teren województwa ciechanowskiego, 26 - ostrołęckiego, a 38 - olsztyńskiego. Łącznie stanowiło to 22 % osób noszących to nazwisko w Polsce. … Mostowi to usamodzielnione przezwisko KRAJEWSKICH" h. **Jasieńczyk**!]. In: Pszczółkowski, Adam: Herbarz małokrzynowłoski," nach: http://akson.sgh.waw.pl/~apszczol/kmherb.htm, Zugang 5. II. 2016. apszczol@sgh.waw.pl.

[75] Auch hier kam die in den StudIaS Stammfolgen angewendete Methode der Analyse der Namenshäufigkeit zum Einsatz.

Es sind keine wissenschaftlichen Untersuchungen bekannt, die sich mit der statistischen Auswertung des Ausmaßes des Erlöschens des Neuadels befasst haben. Dennoch ist es wahrscheinlich keine Übertreibung, wenn geschätzt wird, dass nicht mehr als 10% der neuadeligen Häuser in der vierten Generation nach der Standeserhebung im Mannesstamm blühen. Obwohl die von Prof Voitowicz geäußerte Hypothese, dass mit einem höheren sozialen Status die Aussterbewahrscheinlichkeit überproportional ansteigt, empirisch bisher nicht belegt werden konnte, verstärken die Forschungsergebnisse auf dem Gebiet der Historischen Grundwissenschaften diese Theorie.

2. Vertretung des historischen Adels in den Gebieten der Res Publica

Cilane - Europäische Adelskommission

Die Europäische Adelskommission genannt Cilane oder C.I. L.A.N. E., „La Commission d'information et de liaison des associations de noblesse d'Europe“, ist eine Austausch- und Vernetzungsorganisation europäischer Adelsverbände. Sie wurde 1959 in Paris gegründet und dient zur Vernetzung der Mitglieder von und Jugendarbeit der Adelsorganisationen, ihre Geschäftssprache ist Französisch.

2.1. Estland

Es besteht eine Regionalabteilung des Russischen Adelsverbandes.

2.2. Lettland

Es besteht eine Regionalabteilung des Russischen Adelsverbandes.

2.3. Altlitauen als heutiger Sammelbegriff für die Gebiete des Großfürstentum Litauen

Die Situation in Litauen ist gekennzeichnet durch die weitgehende Polonisierung des alt-litauischen Adels. Fast alle dynastischen Fürstenhäuser, die polnische Historiographie für sich vereinnahmt hat, sind als litauischer oder zumindest altlitauischer Adel und heute - wenn man die Auswirkungen der Französischen Revolution bei der Umwertung zum neuzeitlichen Nationalitätenbegriffs akzeptiert - als litauische, ukrainische oder weißrussische Szlachta anzusehen.

Vorschub der Polonisierung der altlitauischen Eliten leistete im Kirchenkampf gegen die Orthodoxie ab Ausgang des XVI. Jhdt. die katholische Kirche Polens. Zugleich fanden unter polnischem Einfluss bedeutsame Umdeutungen faktischer Begebenheiten statt – kaum jemanden ist im westlichen Europa bekannt, dass sich unter den "polnischen" Jagiellonen um das dynastische litauische Herrschergeschlecht der Gedimiden versteckt.

Nur so ist es zu verstehen, dass Litauisch als Umgangssprache des Adels und die Amtssprache in den litauischen Stammländern durch die polnische Sprache weitgehend verdrängt wurde. Während jedoch bei den Prusen und Kaschuben diese

Assimilierung in einer fast kompletten Eliminierung einer Ethnie – fast wie bei den lausitzer Sorben in Sachsen – endete, konnten sich Litauer in einem Landesteil noch behaupten. Dennoch bildet Litauen ein Paradebeispiel einer erfolgten Inkulturierung.

Kaum im westlichen Europa notiert wurde das polnische "Husarenstück" der Besetzung von rund einem Drittel litauischen Territoriums nach dem Ersten Weltkrieg um es der II. Republik Polen einzuverleiben. Das II. Königreich Litauen und die danach entstandene Republik Litauen musste darauf hin die Hauptstatt nach Kaunas verlegen, da Vilnius mit den besetzten Gebieten durch die polnische Republik annektiert wurde.

Ebenfalls ist im Westeuropa kaum bewusst, dass die heutige Republik Polen sich auch nach dem Zweiten Weltkrieg trotz dessen Westverschiebung nicht nur bedeutsamere Teile der westlichen Ukraine und Weißrusslands einverleibt habe, sondern dass auch einige Gebiete im nord-östlichen Polen zu historischen Gebieten des Großfürstentums Litauen gehören.

Vor diesem Hintergrund ist auch die Position der heutigen litauischen Eliten zu verstehen, welche bestrebt sind einer weiteren Polonisierung des Landes Einhalt zu gebieten. Die Bildung eines nationalen litauischen Adelsverbandes ist erschwert nicht nur durch die Verluste durch das sozialistische Terrorrregime, sondern auch durch die Abwanderung eines großen Teiles des Adels – entweder auf der Flucht ins Exil oder im nicht geringeren Ausmaß nach Polen.

SOCIETY OF LITHUANIAN NOBLES

Die Gesellschaft des litauischen Adels ist Tochtergesellschaft der in den Vereinigten Staaten eingetragenen **Lietuvos Bajoru Karaliskoji Sajunga (The Royal Society of Litauian Bajorai)**, die in Vilnius am 23. April 1994 gegründet und im Litauen als gemeinnützige Organisation geführt wird. Die LBKS ist die Rechtsnachfolgerin der **Lietuvos Bajoru draugija (Gesellschaft der Litauischen Bojaren)**, die in Litauen von 1928 bis 1940 (Besetzung durch die Sowjetunion) tätig war.

Die LBKS unterstützt Aktivitäten zur Steigerung des Interesses an allen Aspekten des kulturellen und historischen Erbes von Litauen, vor allem der Zeitraum von der Antike zur Auflösung des Großherzogtums Litauen 1795. Um seine Ziele zu fördern, hält die LBKS regelmäßige Treffen ab, organisiert gesellschaftliche Veranstaltungen, öffentliche Vorträge und Fahrten zu historischen Stätten und verlegt die Jahresschrift **Lietuvos Bajoras**.

Die LBKS hat kürzlich mit **Lietuvos Bajoru Palikuoniai** (Nachkommen der litauischen Bajorai) ein Buch über seine derzeitigen Mitglieder mit ihren Wappen veröffentlicht. Die Mitgliedschaft in der LBKS ist offen für Männer und Frauen, die aus der Szlachta des Großherzogtums Litauen abstammen. **Die Abstammung wird von dem Adels-nichtbeanstandungsausschuss des LBKS in Vilnius verifiziert.**

Derzeit haben über fünfhundert Personen alle Voraussetzungen für eine Voll-mitgliedschaft erbracht. Die zertifizierten Personen werden in die LBKS in einer feierlichen Zeremonie, die alljährlich in der Großen Halle in der Burg von Trakai stattfindet, der historischen Wiege Litauens, aufgenommen.

Die LBKS hat Kapiteln in den größten Städten Litauens und ein Affiliate-Kapitel in den Vereinigten Staaten.

Zusammensetzung des Vorstandes:
Vorsitzende: Undine Nasvytyte
Kanzler: Jonas Ragauskas
Marschall des Senats: Donatas Baikštys

2.4. Republik Polen

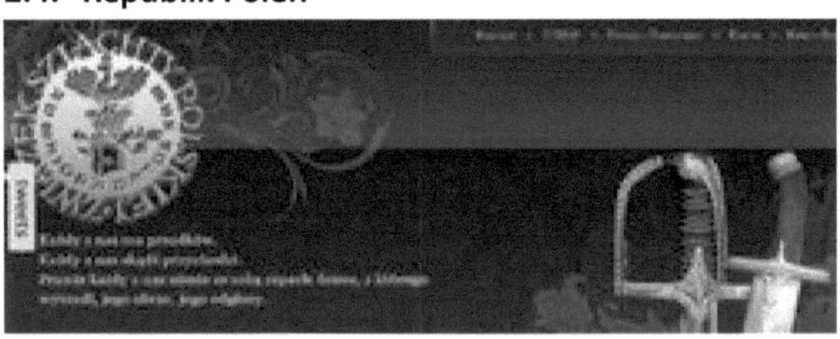

Polnischer Adelsverband - Związek Szlachty Polskiej - Confederation of the Polish Nobility

Verband der Szlachta der Krone Polens.

Daneben besteht noch in Polen der
Związek Szlachty Polskiej Kresów Wschodnich [Verband der Szlachta aus den Ostgebieten]
Bohaterów Warszawy 31, Szczecinek, Tel.: +48 94 712 73 32

Zur zweifelhaften Tätigkeit des **"Verbandes des polnischen Adels aus den Ostgebieten" - Związek Szlachty Polskiej Kresów Wschodnich**, der keine adelsrechtliche Kommission bestellt hat, siehe eigenen Artikel **unter** http://de.szlachta.wikia.com/wiki/Verband_der_Szlachta_aus_den_Ostgebieten.

In USA besteht die **Stiftung Polnischer Adelsgesellschaft - Polish Nobility Association Foundation**, Villa Anneslie, 529 Dunkirk Road, Anneslie, MD 21212-2014, USA.

Es handelt sich um eine obskure Stiftung, die 1960 in den USA als Neugründung der 1918 unter dieser Bezeichnung entstandenen und 1927 restruktuierten Organisation entstand. Die ursprünglich 1918 entstandene Stiftung förderte nach dem ersten Weltkrieg das Ziel der Entstehung einer konstituonellen polnisch-litauischen Monarchie. Die derzeit unter dieser ungeschützten Bezeichnung auftretende Organisation hat die 1960 entstandene Stiftung wenig gemein.

Im Bezug auf einige der dort handelnde Personen siehe „**Zweifelhafter Adelsbezug auf die Szlachta der Adelsrepublik 1385 - 1569 – 1795**" auf dem Wikia Szlachta.

2.5. Ukraine

Es sind bisher keine Verbandsaktivitäten der historischen Szlachta bekannt. Hierzu muss allerdings angemerkt werden, dass in vielen Oblasten der Ukraine Abteilungen des Russischen Adelsverbandes aktiv sind.

2.6. Weißrussland - Geschichte des "Verbandes des weißrussischen Adels" (ZBS)

Weißrussischer Adelsverband - Згуртаванне Беларускай Шляхты - Association of the Bela-rusian Nobility

Ende 1988 trafen sich mehrere Personen, um die Gründung einer Organisation des historischen Adels in Weißrussland zu diskutieren. Besondere Unsicherheit bestand im Bezug auf die Namenswahl des zu gründenden Verbandes. Zur Diskussion standen die Formulierungen “Weißrussische Union des Adels" und "Verband des Weißrussischen Adels".

Ebenfalls wurde diskutiert, ob man sich als Vertretung der Gesamtheit des alt-litauischen Adels, dass heißt in den Grenzen des Großfürstentums Litauen vor 1569 oder in den Grenzen Großfürstentums Litauen während der Realunion der Res Publica nach 1569 konstituieren sollte.

In den Verhandlungen zur Schaffung der Realunion wurde das Gebiet der heutige Ukraine vom Großfürstentums Litauen abgetrennt und zur Provinz Kleinpolen des II. Königreiches Polen in der Res Publica zugeschlagen. Somit bestand das Großfürstentums Litauen in der Realunion aus westlichen Gebieten des heutigen Russlands, Teilen von Estland und durch Polen annektierten Gebieten in den Grenzen des heutigen Polens sowie den heutigen Staaten Lettland, Litauen und Weißrussland.

Zuletzt entschied man sich für die klein-altlitauische Lösung, d. h. der Verband wird sich auf Geschlechter des historischen Adels in den Grenzen Weißrusslands beschränken.

In den Jahren 1989 bis 1991 wurde die Gründung der Organisation vorbereitet. Die Organisationsstruktur wurde konkretisiert und zum Leiter der Organisationsgründung wurde Herr Peter Hushcha bestimmt.

Am 26. Juni 1992 genehmigte das Organisationskomitee den Entwurf der Verbandssatzung und am 1. November 1992 fand der Gründungssejm des Verbandes des weißrussischen Adels statt, an dem das Statut verabschiedet wurde und der Vorstand gewählt wurde. Zum Vorsitzenden des ZBSH wurde für eine vierjährige Amtszeit Dr. Anatoly Gritskevich gewählt.

Der Verband des weißrussischen Adel [Згуртаваньне Беларускай Шляхты (ЗБШ)] wurde 29. Januar 1993 als gemeinnützige Organisation bei dem Justizministerium der Republik Belarus zur Registrierung angemeldet.

Im Jahre 1996 wurde eine Satzungsänderung, insbesondere im Bezug auf die Definition der historischen Begriffe, beschlossen. Als Großmarschall des Verbandes wurde Dr. Anatoly Gritskevich wiedergewählt.

Verband des belarussischen Adels wurde als gemeinnützige Organisation von dem Justizministerium der Republik Belarus am 5. Juli 1996 unter der Registernummer

0727 in das Vereinsverzeichnis eingetragen. Mit der Registrierung wurde auch das Verbandswappen des ZBSH zertifiziert.

2.7. Die Nationalstaaten übergreifende Aktivitäten

Polnisch-Litauisch-Russischer Adelsclub - Adelsvereinigung im Kaiserreich Russland legitimierten Adels

President of nobiliary club:
Arsentij Nilski-Krasnicki - Арсентий Нильский-Красницкий
E-mail: Nilskij@gmail.com, Krasnicki@mail.ru - Russia, Moscow

---

Vice-president of nobiliary club:
Andrej Mikalajev-Paszkiewicz - Андрей Николаев-Пашкевич
E-mail: andrey.nicolaev@gmail.com - Location: Belarus, Minsk

Official club representative in Russia:
Sergey Wojcicki - Сергей Вуйцицкий
E-mail: club.szlachta@gmail.com - Russia, Moscow

Official club representative in Lithuania:
Borislaw Wolk-Niemierzycki - Борислав Волк-Немержицкий
E-mail: borislav-volk@mail.ru - Lithuania, Vilnius

Official club representative in Belarus:
Andrej Mikalajev-Paszkiewicz -ндрей Николаев-Пашкевич
E-mail: andrey.nicolaev@gmail.com - Belarus, Minsk

Official club representative in regional Volga:
Sergey Zhagat-Dadian - Сергей Жагат-Дадиани
E-mail: zhagat@mail.ru - Russia, Tol'yatty

2.8. Editierungsgrundlage zum Eintrag im Adelslexikon und Wappenlexikon

Das Forschungsprojekt **"Eliten der Serenissima Res Publica Coronae Regni Poloniae Magnique Ducatus Lithuaniae 1385-1569-1795 und deren Gebieten bis 1918"** und auf ihm basierende **WIKIa Szlachta** bevollgt nachstehenden Editierungsregeln:

1. Boniecki´s wissenschaftlicher Anspruch, nur Daten anzugeben, die er persönlich in Quellen ermittelt hat, qualifiziert die Angaben in seinem Wappenbuch zum Eintrag im Adelslexikon. Die Folge dieses Vorgehen führte jedoch auch zur Konsequenz, dass frühere Daten und nicht von ihm persönlich verarbeitete Daten von ihm nicht berücksichtigt wurden. Bei der Datenmenge kommen bei Boniecki auch natürlich Fehler vor. Aber diese Fehler beziehen sich nicht auch die Zugehörigkeit zum Adelstand, sondern die Zuordnung von Personen zu Linien oder Familien gleichen Namens der Zugehörigkeit anderen Geschlechtern oder Wappengenossenschaft. Daher können seine Angaben als historisch korrekt angegeben werden, über die Zuordnungen von einzelnen Individuen zu Familien kann und muss ggfs. diskutiert werden.
2. Ähnliche Klassifizierung trifft auch die Publikation von Graf Uruski und für die Provinz Großpolen die Arbeit von Prof. Dworzaczek, der auch ausschließlich Szlachtafamilien erfasste.
3. Dies um so mehr, denn ein Teil der Angaben kann wegen der Quellenverluste der zwischenzeitlich vergangenen 100 Jahre, des I. und II. WK als auch der kommunistischer Herrschaft nicht mehr verifiziert werden können.
4. Vergleichbar mit Abstrichen gilt das vorgesagte für die frühen gedruckten Werke, wobei hier als Zeitobergrenze das Wappenbuches Niesiecki der Ausgabe Bobrowicz anzusehen ist.
5. Die aus diesen Werken in das Adelslexikon eingestellten Angaben erfüllen den Ansatz der Redaktion des WIKIa Szlachta, im Adelslexikon nur klassifizierte Familien der Szlachta aufzunehmen. Dies wäre zu realisieren durch die Einstellung der vorerwähnten Texte in den Bereich des Adelslexikon, die in der originalsprachlichen Version nach Abschluss der Vorbereitungsarbeiten in Angriff genommen wird. Eine schrittweise Umsetzung dieser Texte wäre wünschenswert, ob dies zu realisieren ist, wird sich zeigen. Beginn der Umsetzung in die deutsche Sprache wurde bereits 2013 gestartet mit dem Werk von Prof. Dworzaczek über den Adel Großpolens.
6. Bei neueren Monographien und Publikationen ist im Einzelfall zu Prüfen, ob die in ihnen aufgeführten Daten den Anforderung zur Aufnahmen in das Adelslexikon erfüllen. Über die positiv klassifizierte Titel wird ein Nachweis

durch die im WIKIa Szlachta publizierten Rezensionen geführt.

7. Besondere langfristige Zielsetzung des WIKIa Szlachta ist der Anschluss der so erfassten historischen Geschlechter zu bestehenden blühenden Linien.

2.8.1. Richtlinie für die Fortschreibung des Adelslexikons

1. Die Qualifikation der Familienverbänden ist bei Familien erfüllt, die im Geschlechtshandbuch des deutschen Adels, des Brünner Taschenbuches, der GTÖ, des Almanach der böhmischen Adels- und Rittergeschlechter (Vavřínek) oder des Goldenen Buches des Polnischen Adels oder unter Kapitel 8. genannten Werke erfasst sind. Bei bestehenden Familienverbänden sind diese für die Eintragungen in Eigenverantwortung nach den Maßstäben des GHdA, zuständig.
2. Bei Familienverbänden deren Familien nicht in den obigen Werken erfasst sind, muss die Eigenverantwortung mit der Redaktion geklärt werden.
3. Bei beabsichtigten Einträgen von Familien ohne Familienverband oder durch individuelle Forscher kann ein Eintrag erst nach der Prüfung der Quellenlage erfolgen. Dies könnte bei größerem Anfall ein Problem darstellen, da die Redaktion des WIKIa ehrenamtlich tätig ist, und im größeren Umfang dies deren zeitliche Möglichkeiten übersteigt.
4. Zum System der Darstellung der Stammfolgen bestehen keine Vorgaben. Es wäre jedoch eine einheitliche Präsentationsform erwünscht, entweder in sprachlicher Form wie bei obigen Normwerken oder nach einem bekannten Listungssystem. Die Darstellung nach Listensystemen wird bevorzugt, da die Sprachabhängigkeit vermindert wird und die vorgestellten Daten sprachunabhängig verstanden werden.

Vergleichbares Problem besteht bei eindeutig adligen Geschlechtern, die keiner der bekannten klassifizierten Familie mit Zuordnung zur einer Wappengenossenschaft zugeordnet werden können. Dies trifft manchmal auch Szlachta-Familien mit Eintrag im GHdA. In solchen Fällen wird es erforderlich, ohne eine Anbindung an historisch bekannte Geschlechter einen zusätzlich Eintrag zu generieren,.

2.8.2. Vereinheitlichung der Namensschreibweise

1. Es wird von einer Gleichbürtigkeit des Adels nach dem Adelsrecht der Res Publica verfahren, d. h. in den Indices und Eintragsnamen wird die erkannte gebräuchliche nicht lateinische originalsprachliche Namensform ohne

Adels-ränge jedoch mit Prädikaten angegeben.

2. Einzige Ausnahme – in Übereinstimmung mit den obigen Grundsätzen – Bilden die Fürstentitel dynastischer Familien litauischen, russischen oder tatarischen Ursprungs, die im Lexikoneintragstitel Erwähnung finden. So z. B wird das adlige Haus **Chowański** nicht unter **Chowański-h-Pogoń-Litewska** geführt, sondern unter **Chowański-Fürst-h-Pogoń-Litewska**. Wegen anderen Schreibweisen wird es Verweise geben wie bei diesem Fall **Chowanski-h-Pogoń-Litewska-siehe-Chowański-Fürst-h-Pogoń-Litewska** und **Howanski-h- Pogoń-Litewska-siehe-Chowański-Fürst-h-Pogoń-Litewska** oder **Khovansky-h-Pogoń-Litewska-siehe-Chowański-Fürst-h-Pogoń-Litewska**. Dies bedeutet, dass sämtliche ausländische Gnadenakte (z. B. des Heiligen Römischen Reiches oder die päpstlichen Titel) im **Lexikoneintragstitel** unberücksichtigt werden. Sie finden natürlich ihre Berücksichtigung im Lexikoneintrag. Da in der Adelsrepublik neben Latein die polnische Sprache landesweit Amtsprache war, wird in der Regel der Name in der polnischen Sprachform angegeben. Soweit es möglich ist, werden nach der Grundform alle sprachlichen Namensabwandlungen in alphabetischer Reihenfolge angegeben **(DE für Deutsch, LAT für Lateinisch, LIT für Litauisch, RU für Russisch, UA für Ukrainisch und BY für Weißrusssisch)**. Wünschenswert wäre (zumindest bei großer Namensveränderung wie im Beispiel Chowański auch die EN für englische und FR für französische Namensform anzugeben).
3. Bei **erstmaliger** Standeserhöhung erfolgt im **Lexikoneintragstitel** die Bezeichnung entsprechend der Titulierung im Diplom z. B. bei einer Nobilitierung außerhalb des Geltungsrechtes der Res Publica als Ritter von Xxx oder Edler (Edle) von Xxx.
4. Auf die preußische Form **"v."** wird zu Gunsten des **"von"** verzichtet, da sie amtlich nur regional Verwendung fand und über dies es zu Verwechslungen mit der in der Literatur vielseitigen Abkürzung **"v."** für bei "**voto"** oder "**vel"** kommen kann. Mit dem Vorgenannten wird z. B. das Geschlecht **Wiłucki** unter dem Eintrag **Wiłucki-von-h-Wiłucki** sowie Verweis **Wilucki-von-h-Wilucki-siehe-Wiłucki-von-h-Wiłucki** und nicht unter **Wilucki-v.-h-Wiłucki-siehe-Wiłucki-von-h-Wiłucki** geführt. **Zunamen / Beinname (przydomek)** oder **Rufnamen / Spitznamen (przezwisko)**, auch wenn sie erblich geworden sind, werden generell unter Verweisen auf den Familienanmen geführt. **Ausnahmen bestehen bei den heute noch verwendeter Doppelform wie Dunin-Borkowski, wobei der Verweis auf Borkowski gesetzt wird**.
5. Generell wird bei den Adelshäusern von Familien und nicht von Geschlechtern (ród) gesprochen, denn fast alle uradligen polnischen und

litauischen Adelshäuser sind auf eine Vielzahl von Linien und Zweigen mit unterschiedlichen Familiennamen, aber in der Regel der Zugehörigkeit zu einer und der selben Wappengenossenschaft, aufgespaltet. Zur Vereinfachung wird auch für die blühenden Gechlechterlinien die Bezeichnung Familie geführt wie z. B. für die Familie **Nałęcz des Wappens Nałęcz**, wobei diese Familie das eigentliche (Ur-)Geschlecht für die Mitglieder der Wappengenossenschaft Nałęcz darstellt. Dies gilt auch für nobilitierten oder indigenierten Kernfamilien oder Linien zu, für die ebenfalls eine Bezeichnung als Geschlecht zutreffend wäre. Wegen der Unangebrachtheit im Vergleich zu den vorgenannten altadeligen Familien wird jedoch die einheitliche Klassifizierung als Familie auch für diese Adelsgruppen verwendet.

6. Von Geschlechtern wird nur im Kontext des **polnischen Altadels bis zu dessen Aufgehen in dem einheitlichen Ritterstand der Adelsrepublik gesprochen**, wobei hier als Entstehungsgrenze die Massenadoption im Jahre 1413 in Horodlo angesetzt wird. Hierdurch entstand die Verschmelzung des polnischen mit dem litauischen Altadel zur Szlachta der Res Publica. In der wissenschaftlichen Literatur besteht unentschiedene Diskussion, über die Zeitgrenze sowohl für die definitive Verschmelzung dieser beiden Adelsgruppen als auch über den Zeitpunkt, ab welchem von der Res Publica (Adelsrepublik) gesprochen werden kann. Die diskutierte Zeitspanne umfasst den Zeitraum von 1385 bis zur Umwandlung der Reiches zur Realunion im Jahre 1569. Um eine sprachliche Klarheit bemüht, setzt die Redaktion als Zeitpunkt der Entstehung eines einheitlichen Adels der Res Publica die Massenadoption im Jahre 1413 in Horodlo an. Somit hat die Bezeichnung **„polnischer Adel"** nach diesem Zeitpunkt bis 1772-1795, außerhalb der Reichshälfte der Krone des II. Königreiches Polen keine adelsstandesrechtliche Berechtigung. Ein solcher Fall ist der Redaktion nicht bekannt und war in der Konstruktion des Adelsrechtes des Reiches auch nicht vorgesehen.
7. Der neu kreierter Adel des Herzogtums Warschau mit den Napoleonischen Gnadenakten sowie des III. Königreiches Polen als Personalunion mit Russland und des IV. Königreiches Polen als Regentschaftskönigreich 1916 – 1918 wird wiederum, sofern die Begünstigten nicht älteren adelsrechtlichen Titeln zugeordnet werden können, als Geschlecht des **polnischen Adels (polnische Szlachta oder polnisches Dworjanstwo)** tituliert. Folgelogisch werden die Standeserhöhungen bürgerlicher Familien im **Heiligen Römischen Reich** als **Reichsadel**, **Kaiserthum Österreich / Kaiserreich Österreich / der österreichischen Erbländer** als **österreichischer** und im **Königreich Preußen** als **preußischen Adel** sowie im **Kaiserreich**

Russland als **russischer Adel (Dworjanstwo)** bezeichnet.

8. Erfolgte nach dem Untergang der Res Publica in den Teilungsmächten ein Gnadenakt, so wird versucht, die hiervon betroffenen Kernfamilien ihren Stammfamilien zuzuordnen. Sofern ein Familienzusammenhang nicht erkannt werden kann, und dies trifft z. B. in vielen Fällen des systemmässigen Adelstandes in Österreich und Russland zu, werden diese Standeserhöhungen so lange als eigener Lexikoneintragstitel behandelt bis ein quellenmäßiger Nachweis der Zugehörigkeit erfolgt.
9. Adlige Häuser, die zeitweilig zur Szlachta der Adelsrepublik zugeordnet oder dieser gleichgestellt waren (wie die baltischen Ritterschaften), werden als Szlachta aufgeführt.

Sicherlich sind diese Entscheidungen der Redaktion diskussionswürdig und wir bitten um kritische Diskussionsbeiträge.

2.8.3. Sprachliche Regelungen

1. Es wird angestrebt alle Personennamen im Nominativ Masculin Singular anzugeben. In Fällen, die bedauerlicher Weise bei polnischsprachig aufgeführten Familiennamen gar nicht so selten sind, in den nicht eine eindeutige Rückführung auf Nominativ Masculin Singular herbeigeführt werden kann, wird die Originalangabe der Quelle in eckigen klammern [] neben der vermuteten Nominativform aufgeführt.
2. Wegen internationaler Gepflogenheiten und der Übersichtlichkeit wegen wird im Adelslexikon nicht „des Wappens“ angegeben, sondern die bekannte Abkürzung „h“ für „herb“ verwendet.
3. Abwandlung des Wappen werden als „h. XXX-Abwandlung“ angegeben, es sei den, dass sich in allgemeiner Literatur statt „Wappensabwandlung XXX“ (odmiana herbu xxx) der Familienname für den Wappennamen durchgesetzt habe.
4. Für die Wappennamen (Wappenrufe) wird die vereinheitlichte Nomenklatur gemäß dem Wappenidentifikationssystem nach Tadeusz Gajl & Milewski verwendet.
5. Aus rationellen Gründen wird die Redaktion bei der Kategorie „Genealogien“ bei internationalen Bedeutung der behandelten Familien die englische Namensform verwenden.

2.8.4. Methodisch bedingte Abgrenzungsfehler

A. Seit bald 100 Jahren bestehen die beiden multinationalen Reiche der Habsburger und Romanows nicht mehr und an deren Stelle sind nationalstaatliche Strukturen entstanden. Folglich bestehen Probleme sowohl bei der Bezeichnung als auch bei der Klassifizierung der Szlachtafamilien.

1. Als Beispiel kann man Bukowina nehmen. Erst gehörte es zum Saum der Adelsrepublik. Nach Auflösung der Res Publica wurde es als Kronland zum Königreich Galizien und Lodomerien zugehörig. Wegen dem personellen Wechsel mit den ukrainischen Landesteilen aber auch Bevölkerung aus anderen Kronländern ist eine saubere Trennung nicht möglich. Nach dem Zerfall des Romanow-Reiches muss der dortige Adel wegen der staatlichen Zugehörigkeit zum Königreich Rumänien zuzuordnen werden. Daher wäre er als rumänischer Adel anzusprechen, wegen langer historischen Verbindung **wird er jedoch in den WIKIa Strukturen erfasst**.
2. Als anderes Beispiel kann man das Baltikum nehmen. Nach dem Zerfall des Romanow-Reiches nach 1917 und auf einem Restgebiet der Wiederentstehung der Eigenstaatlichkeit Litauens entstanden auch Estland und Lettland. Die Nationalisierung in diesen Ländern hat dazu geführt, dass die dort vorherrschende adlige Struktur auch aus der Zeit der Adelsrepublik durch den fast vollkommenen Exodus der Ritterschaften verschwunden ist. Verbleiben sind nur Reste der aus kaiserlich-russischen Nobilitierungen für die Letten und Esten sowie eingewanderte Linien des russischen Dworjanstwo. **Diese führen nicht zu einer Erfassung im WIKIa Szlachta**.
3. Die Enklave von Kaliningrad, des ehemaligen Königsberg, erfuhr einen fast 100% Austausch der Bevölkerung, so dass zu Recht für dieses Gebiet eine Regionalgruppe des Russischen Adelsverbandes gebildet wurde. Die dort angesiedelten Adelsfamilien (z. B. Mitglieder der russischen Linien des Fürstenhauses Chowanski) entstammen in der neuen "Nach-Romanow-Zeitrechnung" ebenfalls aus Linien des russischen Dworjanstwo. Sie führen ebenfalls **nicht zur Erfassung im WIKIa Szlachta**.
4. Die westlichen Gebiete der Ukraine gehören eindeutig zum Aufgabengebiet des WIKIa Szlachta. Die Krim hat ebenso wenig zum Gebiet der Adelsrepublik gehört wie die heutigen Ostgebiete der Ukraine, in den sich ebenfalls Regionalgruppen des Russischen Adelsverbandes gebildet haben. Daher muß willkürlich eine Grenze gezogen werden.
5. Nach der Auflösung des Großherzogtums Krakau wurde dieser Landesteil dem Bereich Galizien, Lodomerien/Bukowina zugeordnet. Ethnisch ist jedoch der Adel des westlichen Teiles der ehemaligen Provinz Kleinpolen der Adelsrepublik eindeutig polnisch, so dass die dort vorkommenden

Adelsstrukturen als eindeutig polnisch anzusprechen sind.

B. Bereits bei den Adelslegitimationen und Gnadenakten wird es schwierig, eine künstliche Abgrenzung nach regionalen Aspekten zu durchzuführen.

C. Historisch ist nachgewiesen, dass der Adel sowohl in einer Gesellschaftsform

1. eines Staatswesen in der Form einer Monarchie ohne Adel ebenso denkbar ist,
2. einer ständischen Adelsrepublik wie sie historisch in Venetien, Dalmatien, Novgorod, Pskov oder eben der litauisch-polnischen Adelsrepublik vorkam, wobei wenn im deutschsprachigen Umfeld von einer Adelsrepublik gesprochen wird, die letztere gemeint ist, wie auch
3. eine Nichtmonarchie mit althergebrachten Adelsstrukturen bestehen kann.

So weist die norwegische Monarchie trotz des Fehlens historischer Verwerfungen so gut wie keine Adelsstruktur auf. Ganz abgesehen von der Sonderform der Monarchie ohne einen Monarchen wie in Ungarn nach dem I. Weltkrieg, besteht eine Vielzahl von Staaten in der Form einer bürgerlichen Republik mit gewachsenen und stabilen adligen Strukturen. Sie besteht und ist soziologisch wegen Wegfall der rechtlich authorisierenden Neubildungsmechnismen als eine geschlossene gesellschaftliche Gruppe anzusehen.

Wegen des Galton-Watson Prozesses, adelsfeindlichen Gleichmachungsauswirkungen der Umwelt als auch möglicher Weise der von Prof. Voitovic postulierten besonderen Selektion nimmt sie im Verhältnis zu der Gesamtbevölkerung ab.

Die multi-ethnischen Reiche der Habsburger und Romanows als Vorläufer der Europäischen Union bringen noch eine Besonderheit mit sich. Sowohl Böhmen mit Mähren und Schlesien, Österreich und Ungarn mit Habsburg als auch Russland mit Romanows haben im den bestehenden Dynastien einen möglichen Kristalisierungspunkt.

Diese Frage für Deutschland ist schon schwieriger zu beantworten, denn Wittelsbacher sind für den preußisch-protestantischen Norden ebenso wenig denkbar wie auch das Haus Preußen für den Rest Deutschlands. Ebenso gilt es für die Länder, die auf den Gebieten der Adelsrepublik entstanden sind, wie Litauen, Polen, die Ukraine oder Weißrussland als eine problematische Fragestellung.

Die neu entstandenen Staaten wie die Ukraine und Weißrussland ebenso wie die

Slowakei haben keinen entsprechenden Kristalisierungspunkt. Sogar Litauen [76] (aber ohne Weißrussland) und Polen [77] (hier mit der Westukraine) haben nach einer 400 Jahre dauernden Epoche der Königs- und Großfürstenpräsidentur keine eindeutigen Tronprätendenten.

Eine Ausnahme bildet neben Habsburg auch Russland, welches nicht nur unangefochten Kronprätendenten hat, sondern dessen letzter regierende Zar Michael II. (Nikolaus II. dankte bekanntlich zu Gunsten seines Bruders ab) nicht abgedankt ist, sondern die weiteren Geschicke des Landes in die Hand des Volkssouveräns gelegt habe. Damit ist eine Rechtsnachfolge für die Stammländer mit Grenzen vor 1772 geregelt.

In den folgenden knapp 150 Jahren bildete sich auf der Grundlage des russischen Uradels, der Szlachtafamilien und der Nobilitierungen im Russischen Imperium eine homogene Schicht des Dworjanstwo, die in den westlichen Gebieten von dem Teil der Szlachta, die aus unterschiedlichen Gründen nicht im Dworjanstwo eine Aufnahmen gefunden hat, ergänzt wird. Somit bestehen es in den heutigen Gebieten von Litauen, Weißrussland und der Ukraine adlige Elemente des nicht im Dworjanstwo aufgegangenen Adels der Res Publica als auch dem russisch-imperialen Dworjanstwo.

Bedauerlicher Weise erfolgte die Matrikulierung des Dworjanstwo nicht zentral in St. Petersburg, sondern gesplittert in den Gubernien. In Anbetracht der Weite des Landes als auch der regionalen und ethnischen Unterschiede war es, auch im Hinblick auf die Aufgaben der regionalen Adelsversammlungen, ein Gebot der Stunde. Somit wurden die Geschlechter nicht zentral, sondern in den Gubernien nur die einzelnen Familienzweige erfasst. Diese Regelung war durch die Kommunikationsprobleme früherer Zeiten bedingt und ist im Bezug auf einen Familienzusammenhalt über Jahrhunderte als extrem kontraproduktiv anzusehen.

Dies hat z. B. zur Folge, dass die russischen Linien des Fürstenhauses Chowanski des

---

[76] Mit Herzog Wilhelm Karl von Urach, Graf von Württemberg, dem Haus Urach als designiertem König des II. Königreiches Litauen (1918) hat Litauen in **Herzog Wilhelm Albert von Urach** einen geborenen Tronprätendenten. Am 11. Juli 1918 wurde Herzog Wilhelm II. von Urach von dem litauischen Landesrat der Lietuvos Taryba (DE - Litauischer Staatsrat, PL - Litewska Rada Państwowa), als **Mindaugas II.** zum König von Litauen gewählt. Es kam jedoch wegen nicht zur Investitur und am 2. November 1918 hat die Taryba unter dem militärischen Druck der Sowjets die Wahl widerrief.

[77] Allerdings gibt es nach wie vor Diskussionen über die Rolle der Habsburger als Könige von Galizien und Lodomerien, also großerer Teile der ehemaligen Res Publica hier des polnischen und Ukrainischen Reichsteiles. Zuletzt in: Tracz, Adam: Ostatni król Polski Karol Stefan Habsburg [der letzter polnischer König – Karl Stefan Habsburg, 1916-1918], Historia polskich Habsburgów, Żywiec 2012, 394 Seiten.

Wappens Pogoń Litewska in ingesamt sieben Gubernien (im Zeitraum von 1778 bis kurz vor dem I. Weltkrieg) registriert wurden. Einige Familienlinien schafften es mit der Prozedur in einer Gubernie in die Fürstenkategorie, in einer anderen Gubernie nur in die Adelskategorie (auch einige Linien des Hauses Rurik wurden erst nach fast 150 Jahre dauernder Verifikationsprozedur kurz vor dem I. Weltkrieg registriert). Folge dieser Struktur der Matrikulierung ist, dass die genealogischen Zusammenhänge der Geschlechter häufig ohne intensivste Forschungen nicht mehr erkennbar sind.

Diesem gewichtigen Nachteil steht in der Situation des nachrevolutionären Osteuropa ein praktischer Vorteil entgegen.

Vergleichbar der Regelung in Finnland, welches bis 1917 ebenfalls dem Reich der Romanows angehörte und heute eine eigene geschlossene Ritterschaft aufweist, scheint es gerechtfertigt, vergleichbar Finnlands Vorbild, in nicht russisch-ethnischen Gebieten eine vergleichbare Struktur zu wählen. Somit bietet sich die Gelegenheit, analog zu der Situation in Finnland, die regionalen Strukturen zu nutzen, um die Zugehörigkeit zum polnischen, litauischen, weißrussischen und ukrainischen Adel zu definieren. Wegen der eingangs beschriebenen Situation in Estland, Lettland und dem Kalinigrader Gebiet bietet es sich an, dass die Regionalgruppen des Russischen Adelsverbandes dessen integralen Bestandteil bilden.

Faktisch haben sich auch in Litauen, der Ukraine und Weißrussland Regionalverbände des Russischen Adelsverbandes gebildet. Gleichzeitig besteht in Weißrussland ein Adelsverband, der sich als Vereinigung der Szlachta der Res Publika anssässig im Großfürstentum Litauen versteht. Durch die Leiterinen der Weißrussischen und Ukrainischen Sektionen der RvS Stiftung wurde in der StudIaS Reihe eine Zusammenstellung Weißrussischen Adelsverband als adlig anerkannten Geschlechter Weißrussland in deutscher Sprache publiziert [78].

Die Situation des polnischen Adels ist eindeutig sowohl territorial als auch durch die

---

[78] **GEN 39.** Rozava, Katsiaryna & Schlesinger, Nina von (Hrsg.): **Verzeichnis des alt-litauischen Adels in Weißrussland, Band I**: Zusammenstellung von 238 betitelten Adelshäusern sowie 191 Familien mit dem Prädikat "**фон**" = "**von**"mit Herkunft aus Gebieten des Heiligen Römischen Reiches oder Kaiserreiches Österreich die vom Weißrussischen Adelsverband als alt-litauischer Adel Weißrusslands gezählt werden, VIII + 200 Seiten.

GEN 40. Rozava, Katsiaryna & Schlesinger, Nina von (Hrsg.): **Verzeichnis des alt-litauischen Adels in Weißrussland, Band II:** Zusammenstellung von 12.083 Familien und 2.627 Namensverweisen, welche vom Weißrussischen Adelsverband als alt-litauischer Adel Weißrusslands angesehen werden, VIII+260 Seiten.

Staatenbildung des Herzogtums Warschau und des (III.) Königreiches Polen (entstand gemäß den Beschlüssen des Wiener Kongresses als Personalunion mit dem Kaiserhaus von Russland) als auch des IV. Königreiches Polen von 1916-1918 definiert. Einzige methodische Problematik besteht, wie zuvor aufgeführt, in dem Gebiet um Krakau, das bedingt durch den Anschluss an Österreich und dessen späteren Eingliederung zu Galizien eine eigene Zuordnungsproblematik darstellt.

Daher werden Familien, die im Legitimierungsverfahren als eindeutig dem Adel aus dem Gebiet des Großherzogtums Krakau resp. nach dessen Auflösung aus **diesen Gebieten der ehemaligen Provinz Kleinpolen dem polnischen Adel zugeordnet**. Geschlechter und Familien bei denen **keine solche Herkunft zum Zeitpunkt der Legitimierung oder des Gnadenaktes hervorgeht, werden durch deren Zugehörigkeit zum Galizischer oder Bukowiner Adelsstand als ukrainischer Adels angesprochen.**

D. Im den Preußen zugefallenen Gebieten ergibt sich die Problematik, dass familienindividuell über deren Herkunft entschieden werden müsste. Somit kann man annehmen, dass all die Familien, deren Familienvorstände dem preußischen König huldigten, durch den WIKIa Szlachta zu erfassen sind. Wegen der in den Jahrhunderten entstandenen Familienverbindungen ist eine Trennung schwierig zu bewerkstelligen. Deshalb werden im WIKIa Szlachta alle in den ehemaligen Gebieten und Lehen der Adelsrepublik landsässigen und dort funktionierenden Geschlechter und Familien als Angehörige der Szlachta ohne ethnische Unterscheidung erfasst.

3. Wie starte ich die Suche nach den Familienwurzeln?

Bei manchem beginnt es vielleicht mit einem alten Fotoalbum seiner Großmutter. Ein anderer bestaunt eine Familien-Chronik, geschrieben von einem entfernten Verwandten. Oder die von Opa schon so oft erzählte, langweilige Geschichte wird plötzlich zum zündenden Funken. Irgendwann regt sich in vielen Menschen das Interesse, nach den eigenen Wurzeln zu forschen und mit der Ahnenforschung zu beginnen. Dies ist besonders für Familien mit "Wanderungshintergrund" nicht einfach, da vielfach ab der 2. Generation sich die Auswirkungen des sprachlichen Babylons bemerkbar machen. Dennoch ist die Kenntnis der eigenen Wurzeln eine unverzichtbare Grundlage der Familientradition und des Bewusstseins, ein Mitglied des europäischen historischen Adels zu sein. In unser heutigen kurzlebigen Zeit ist es besonders bedeutsam, sich des eigenen Urprungs nicht im nationalen, sondern im kulturellen Sinne - in Sinne des **Sarmatismus** der **Szlachta** - bewusst zu sein.

Wer sich der Ahnenforschung widmen will, kann dies als lebenslanges Hobby verstehen, denn fertig wird man mit der Erstellung seines Familien-Stammbaumes nie. Je tiefer man in die Vergangenheit zurückgeht, desto mehr "Baustellen" werden sich bilden. Schon nach 10 Generationen ist man bei 1024 Personen angelangt!

3.1. Generation Personenanzahl Bezeichnung und die Kekulé-Nummern

0	1	Proband / selbst
1	2	Eltern
2	4	Großeltern
3	8	Urgroßeltern
4	16	Alteltern
5	32	Altgroßeltern
6	64	Alturgroßeltern
7	128	Obereltern
8	256	Obergroßeltern
9	512	Oberurgroßeltern
10	1024	Stammeltern
11	2048	Stammgroßeltern
12	4096	Stammurgroßeltern
13	8192	Ahneneltern
14	16384	Ahnengroßeltern

15	32768	Ahnenurgroßeltern
16	65536	Urahneneltern
17	131072	Urahnengroßeltern
18	262144	Urahnenurgroßeltern
19	524288	Erzeltern
20	1048576	Erzgroßeltern
21	2097152	Erzurgroßeltern
22	4194304	Erzahneneltern
23	8388608	Erzahnengroßeltern
24	16777216	Erzahnenurgroßeltern

In der Genealogie ist es üblich, die Vorfahren innerhalb eines Stammbaumes mit der sog. Kekulé-Nummerierung zu versehen. Dieses 1898 eingeführte Nummerierungs-System vergibt dem Probanden (Ausgangsperson) die Nr. 1. Jeder Vater einer Person erhält den doppelten Wert, jede Mutter den doppelten Wert plus 1. Alle männlichen Vorfahren eines Probanden haben gerade Zahlen, alle weiblichen Vorfahren ungerade Zahlen.

Nachfolgendes Schema erläutert das System:

```
Generation 0 (Proband)                            1
                                   ________________|________________
                                  |                                 |
Generation I (Eltern)             2                                 3
                           _______|_______                   _______|_______
                          |               |                 |               |
Generation II             4               5                 6               7
                       ___|___         ___|___           ___|___         ___|___
                      |       |       |       |         |       |       |       |
Generation III        8       9       10      11        12      13      14      15
                     _|_     _|_     _|_     _|_       _|_     _|_     _|_     _|_
                    |   |   |   |   |   |   |   |     |   |   |   |   |   |   |   |
Generation IV      16  17  18  19  20  21  22  23    24  25  26  27  28  29  30  31
```

3.2. Wie sehen die Schritte der Ahnenforschung aus?

Zunächst einmal sollte man sich entscheiden, wie man die Ergebnisse seiner Ahnenforschung festhalten will. Wer über keinen Computer verfügt, kann sich Ahnentafel-Vordrucke in vielen Variationen aus dem Handel besorgen. Anbieten tut sich jedoch die Organisation seiner Stammbaum-Daten auf dem PC. Es gibt ene Vielzahl sowohl unentgeldlicher als auch kostenpflichtiger elektronischer Lösungen für den Familienforscher. Die Installation einer Test-Version ist zu empfehlen, da die Programme in ihrer Benutzerfreundlichkeit stark variieren.

Dann kann es mit der Informationsbeschaffung schon losgehen. Zunächst wird man sich in der Familie umhören, die Eltern und Großeltern befragen, vielleicht zusammen in alten Fotos herumstöbern. Das Erinnerungsvermögen der Gesprächspartner entscheidet über das weitere Vorgehen. Nicht selten lernt man auf diesem Wege andere, entfernte Verwandte kennen, die wiederum etwas mehr wissen, andere Fotos zeigen und manche Geschichte erzählen können. Anschließend weiß man dann, warum sich Opa und Oma X und Onkel und Tante Y seit 15 Jahren nicht mehr grün sind. Es ist interessant, auch mal andere Versionen der Verwandtschaftsgeschichten zu hören, das erweitert den Horizont ungemein.

Nach dem Mündlichen das Schriftliche: wo vorhanden, müssen für die genauen Daten Geburts-, Heirats- und Sterbeurkunden her. Wenn nicht oder nicht mehr vorhanden, können diese Urkunden beim jeweiligen Standesamt als Kopie nachgefordert werden, ein entsprechender Verwandtschaftsnachweis ist vorzulegen. Was gibt es noch für Möglichkeiten?

Vielleicht existiert auf irgendeinem Dachboden der Verwandtschaft ein schon mal vor Zeiten angefertigter Stammbaum oder sogar eine Familien-Chronik. Viele Großeltern haben auch noch einen sogenannten Arier-Nachweis in ihrem Besitz, eine Abstammungs-Urkunde aus dem dritten Reich, die Ahnenforschern das Leben sehr erleichtert. Ein wichtiger Faktor bei der Recherche ist natürlich schließlich das Internet.

Es gibt eine Vielzahl von Quellen, die online erkundet werden können. Einige interessante Datenbanken findet man am Ende der Abhandlung unter Materialien gelistet.

Ein wichtiger Tip: notieren Sie zu jeder Information, die Sie in Ihre Unterlagen übertragen, die Quellen-Angabe! Sie wissen nach zwei Jahren garantiert nicht mehr, woher Sie die Geburtsdaten von UrGroßtante haben, ob aus einer Urkunde oder von jemandem, der sich nur vage erinnern konnte. Dies kann später jedoch einmal wichtig sein, z. B. beim Abgleich mit Daten anderer Ahnenforscher.

Da die Personenstandsregister erst seit 1874 in den Standesämtern geführt werden, muss bei allen Recherchen, die darüber hinaus gehen, auf Kirchenbücher oder andere alte Dokumente zurückgegriffen werden. Die Kirchenbücher, in denen Geburts- bzw. Tauf-, Trauungs- und Sterbedaten aufgezeichnet wurden, können bis in den Anfang des XVII. Jh. zurückgehen. Kirchenbücher können auf Anfrage in den Kirchenarchiven eingesehen werden. Alternativ kann man in den Genealogie-Forschungsstellen der Mormonen-Kirche Mikrofilme digitalisiert einsehen, denn ab September 2017 kann man dort keine Kirchenbücher mehr zur Ansicht bestellen. Gerade für die Ahnenforschung im Bereich des östlichen Europa kann sich dies als praktisch erweisen. So spart man sich oft die Fahrt ins Archiv. Erfreulicher Weise werden immer mehr digitalisierte Dokumente im Internet zugänglich, wobei nicht nur Kirchenbücher, sondern auch Grundbücher, Urbare und andere Quellen zugänglich werden, die geeignet sind, das Kulturumfeld der eigenen Familie zu ergründen.

In den Grundbüchern und Grundbuchakten kann man je nach Periode und lokalem Recht vor allem finden: ehe-, erbrechtliche und Erbauseinandersetzungsverträge, Auflassungsverhandlungen, Kauf-, Schenkungs-, Tausch- und Widerkaufverträge, Erbscheine oder Testamente bei Eintragungen eines Eigentümers, Übergabeverträge bzw. Überlassungsverträge. Später Notarurkunden, Eintragungsanträge oder -bewilligungen für die Einräumung von Grunddienstbarkeiten wie Wege-, Überfahrt-, Altenteil-, Wohn- und andere Nutzungsrechte und von Vorkaufsrechten und ferner Auflassungsvormerkungen zur Einschränkung der Verfügungsgewalt des Eigentümers über das Grundstück oder für die Eintragung von Hypotheken und die Bestellung von Grundschulden. Desweiteren umfassen Hypotheken-und Grundakten Anträge und Bewilligungen für die Löschung der im Grundbuch eingetragenen Belastungen, gerichtliche Urteile und Anordnungen etwa zur Zwangsversteigerung und -verwaltung des Grundstücks sowie Mitteilungen des Katasteramtes über die Fortführung des Liegenschaftskatasters in Form von Auszügen aus den Katasterunterlagen.

3.3. Verwendete Nomenklatur der Stammfolgen

Die Angabe **unbekannten Wappens** bei einer Namensnennung bedeutet, dass die Person adlig ist, aber

1. das geführte Wappen nicht überliefert ist (wie häufiger beim alten Adel),
2. bei dem Briefadel im Gnadenakt keine Wappenvergabe erfolgte, der Wappenruf nicht bekannt ist, oder bei systemmässiger Nobilitierung in Österreich [79] oder Russland keine Wappenverleihung [80] erfolgte,

[79] Zum Beispiel bei frühen Verleihungen des Militärischen Maria Theresia Ordens. Für Untertanen der von den Habsburgern regierten Länder war mit der Verleihung des Ritterkreuzes des Militär-Maria-Theresien-Orden bis 1895 die Erhebung in den erblichen österreichischen Ritterstand oder ungarischen Adelstand ver-bunden. Die Verleihung des Großkreuzes brachte bis 1895 den Anspruch auf Erhebung in den

3. bei mehreren Familien gleichen Namens jedoch unterschiedlicher Wappenzugehörigkeit, eine Aussage über das geführte Wappen nach dem derzeitigen Forschungsstand nicht eindeutig getroffen werden kann erfolgt die Angabe **? Wappens / h. ?**. In diesem Fall werden die in Frage kommenden Wappengenossenschaften in der Regel aufgelistet oder auf die Anzahl möglicher Wappengenossenschaften hingewiesen.
4. Die ausschließliche Angabe **? Wappens / h. ?** bei einer Namensnennung bedeutet, dass nicht bekannt ist, ob die Person adlig ist, dies jedoch nicht ausgeschlossen wird.

Als alte [nach preußischer Nomenklatur uradelige] Geschlechter gelten im Bereich des Res Publica die Familien, deren gesicherte Stammfolge vor 1505 (Privileg "Nihil novi") beginnt. Als neuadelig sind Geschlechter anzusehen, welche nach 1505 nobilitiert worden sind. Bei quellenmässig gesichertem Namens- und / oder Wappenwechsel in gesicherter Stammfolge gilt der altadliger Status als gewährt. Adelslegitimationen, Adelsbestätigungen, Indigenats- und Inkolatsverleihungen wie auch vergleichbare Gnadenakte sind **nicht** als Nobilitierungen anzusehen.

Bei Adelsentsetzung oder sonstigem Verlust des Adelstandes ist der Familienname bei den Nachkommen **ohne Wappenzusatz** anzuführen. Namen (sowohl Personen als auch Ortschaftsnamen) sind im **Nominativ maskulin** anzugeben, etwaige Variationen in eckiger Klammer anzugeben [81]. Unbekannter Vorname = unfettes "?", unbekannter Familienname = **fettes "?"**, unbekannte Wappengenossenschaft = **fettes "h. ?"**, Ämter und Funktionsbezeichnungen sind in deutsche Analogbezeichnung zu setzen und die Originalbezeichnung aus der Quelle in eckigen Klammern nachzustellen.

Bei Berechnung von Daten (Hochrechnung von Geburts- und Todesdaten aus den Quellen) ist die Mindestgenerationsfolge männlich 21 Jahre, weiblich 16 Jahre anzusetzen und bei Stammfolgenelementen jeweils eine Generation weiter zurückzuführen, um durch die errechneten frühesten/spätesten Auftretensdaten eine Zuordnung zu erleichtern.

---

erblichen Frei-herrenstand sowie den Geheimratstitel mit der Anrede „Exzellenz“ und Mitgliedschaft im Hofstaat ein. Nach der Statutenänderung vom 8. III. 1895 stand allen inländischen Mitgliedern des Ordens ab der Verleihung der persönliche Ritterstand zu und sie konnten diese zudem um die Erhebung in den erblichen Herrenstand (in Österreich als Frei-herr, in Ungarn als Báró = Baron) unter Ausschluss der sonst üblichen Gebühren und Taxen ansuchen (in diesem Fall wurde im Gnadenakt auch ein Wappen verliehen).

[80] Nach der Rangtabelle, vergleiche hierzu die entsprechende Publikation in der StudIaS Reihe.

[81] Dies gilt auch bei Unsicherheit bei einer Namens-Rückführung aus den kyrillischen Alphabeten.

3.4. Verwendete Generationsbezeichnungen

A - 1. Generation	**B** - 4. Generation	**C** - 3. Generation	**D** - 4. Generation
E - 5. Generation	**F** - 6. Generation	**G** - 7. Generation	**H** - 8. Generation
I - 9. Generation	**J** - 10. Generation	**K** - 11. Generation	**L** - 12. Generation
M - 13. Generation	**N** - 14. Generation	**O** - 15. Generation	**P** - 16. Generation
Q - 17. Generation	**R** - 18. Generation	**S** - 19. Generation	**T** - 20. Generation
U - 21. Generation	**W** - 22. Generation	**V** - 23. Generation	**X** - 24. Generation
	Y - 25. Generation	**Z** - 26. Generation.	

Kurzmuster [um der Redaktion die Datenintegration bei Datennachsendung zu erleichtern]:

A1. ? **Name h. Wappenruf** [bei Individualwappen den Namen unter dem er in der Literatur bekannt ist oder falls kein vergeben mit Anmerkung **eigenen Wappens**], * Geburtsdatum mit Ortsangabe [Tag arabisch, Monat römisch, Jahreszahl, ggfs. in eckiger Klammer errechnetes Datum = früheste Nachkommen, gesichertes Auftreten - 21 Jahre], + Todesdatum mit Ortsangabe [Tag arabisch Monat römisch Jahreszahl, ggfs. in eckiger Klammer errechnetes Datum], sofern bekannt Datum und Ort der Bestattung [Tag arabisch Monat römisch Jahreszahl], Religion, weiterführende Informationen, [Quelle:],

oo Datum der Eheschließung mit Ortsangabe [etwaig **I. voto, II. voto** ...] mit ? **? h. ?** Geburtsdatum mit Ortsangabe wie oben [errechnetes Datum = frühestes Nachkommen - 16 Jahre], + Todesdatum mit Ortsangabe wie oben, Datum und Ort der Bestattung, Religion, Sohn/Tochter des Vorname(n) **Name h. Wappenruf,** Geburtsdatum mit Ortsangabe wie oben, + Todesdatum mit Ortsangabe wie oben, Datum und Ort der Bestattung, und der Vorname(n) **Name h. Wappenruf,** Geburtsdatum mit Ortsangabe wie oben, + Todesdatum mit Ortsangabe wie oben, Datum und Ort der Bestattung, weiterführende Informationen, [Quelle:],

> **B1.** Vorname(n) **Name h. Wappenruf,** wie oben, [Quelle:],
>
> **oo** Datum der Eheschließung mit Ortsangabe [etwaig **I. voto, II. voto** ...] mit Vorname(n) **Name h. Wappenruf,** wie oben, [Quelle:],

Anfragen aller Art sind zu richten an die Deutsche Sektion der gemeinnützigen rechtsfähigen „**Ritter von Schlesinger Stiftung**“ [82], unter rvsf-d@web.de.

---

[82] Selbstdarstellung unter: http://de.szlachta.wikia.com/wiki/Ueber_uns, Zugang 10. 11. 2016.

4. Kartenmaterial zur Darstellung des geschichtlichen Kontextes

Nicht nur an Geschichte Interessierten, sondern auch für Historiker ist es angebracht, Material zur Hand zu haben, mit dem sich die Veränderungen in Europa zwischen 900 – 1900 n. C. abbilden lassen. Es hilft beim Begreifen und richtiger Einordnung der historisch bekannten Prozesse. Dazu dient die nachstehende jahrhundertsweise Zusammenstellung von Übersichtkarten Europas [83]. Zuerst wird im dem jeweiligen Jhdt. eine Übersichtgesamtkarte von Europa vorgestellt um dann auf der nächten Karte die Veränderungen im östlichen Europa detailierter verfolgen zu können.

4.1.1. Europa im Jahr 900

[83] Die Karten werden verwendet nach Zustimmung von http://www.euratlas.net/history/europe/.

4.1.2. Osteuropa im Jahr 900

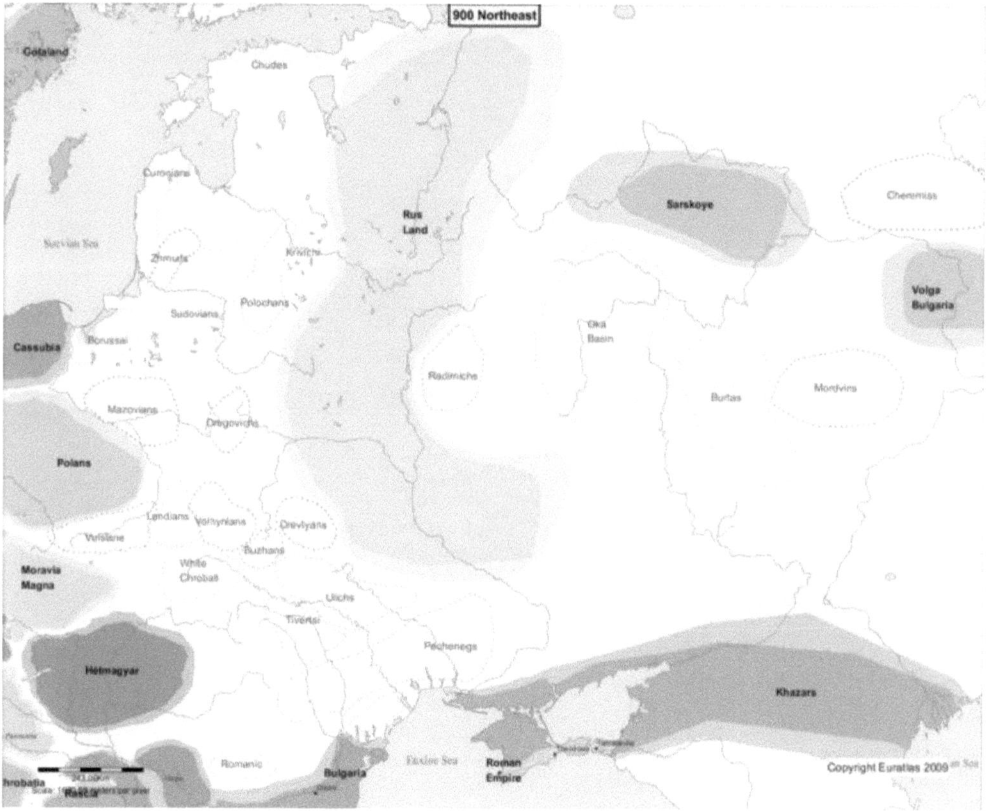

4.2.1. Europa im Jahr 1000

4.2.2. Osteuropa im Jahr 1000

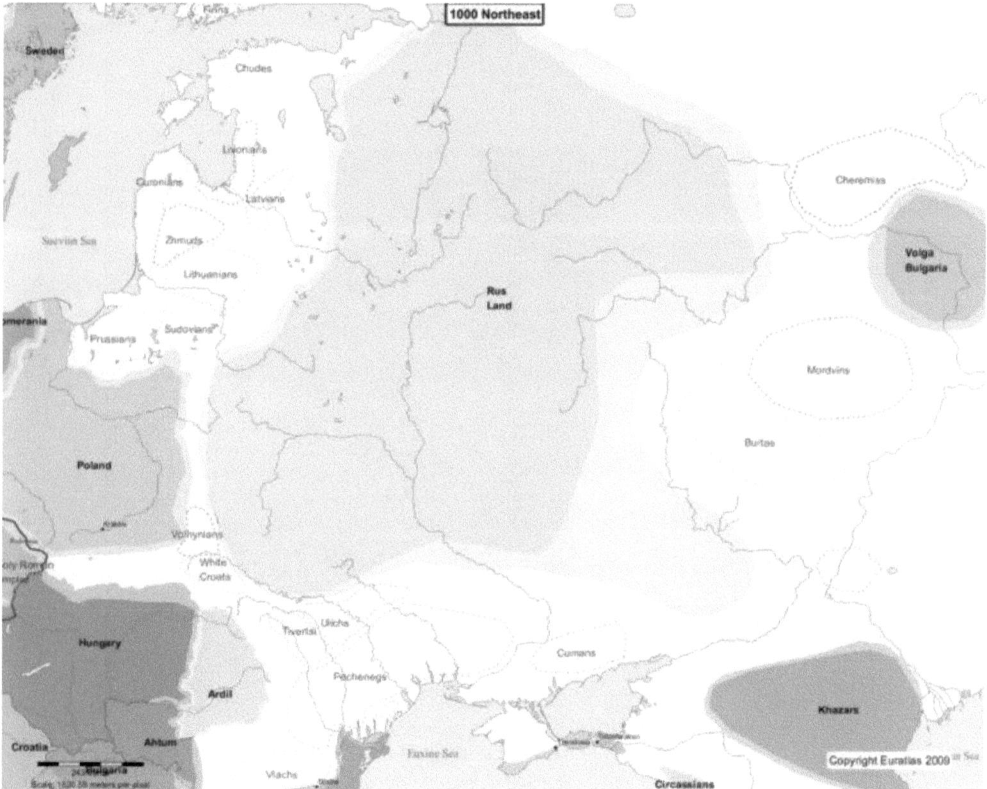

4.3.1. Europa im Jahr 1100

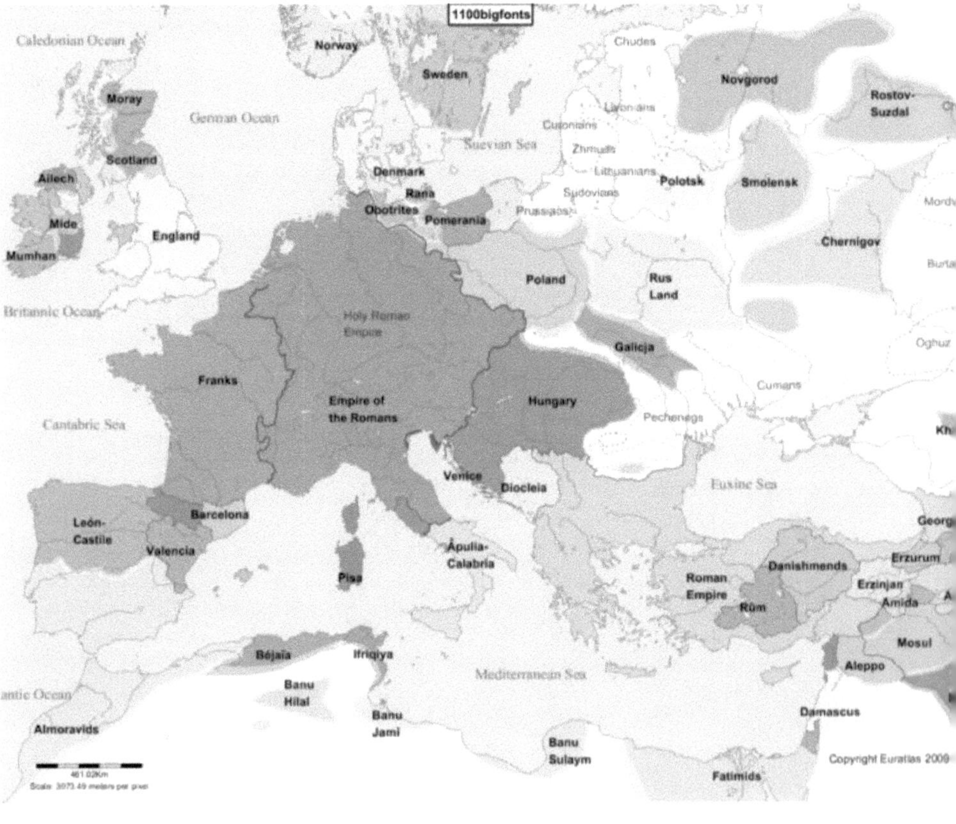

4.3.2. Osteuropa im Jahr 1100

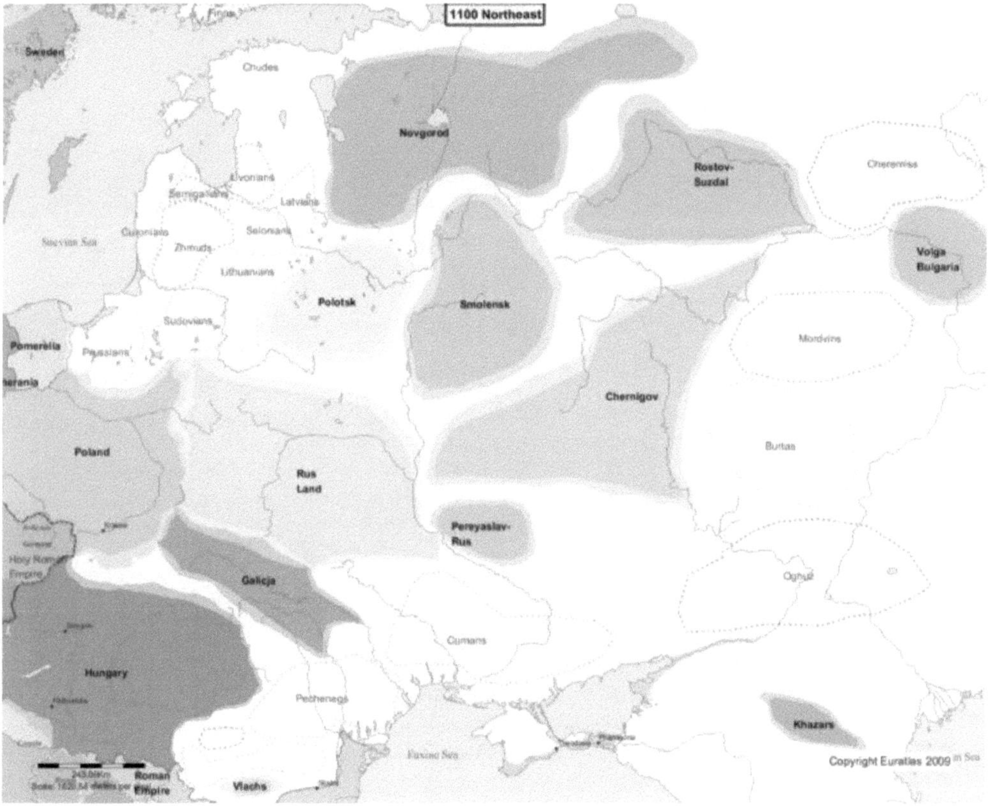

4.4.1. Europa im Jahr 1200

4.4.2. Osteuropa im Jahr 1200

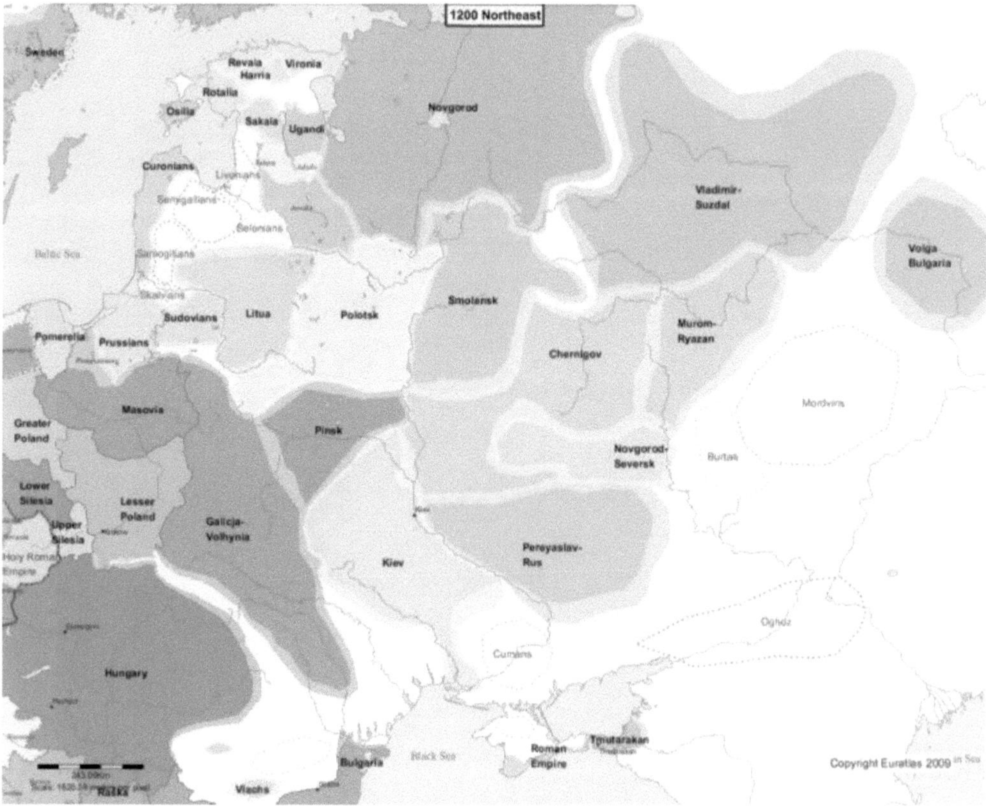

4.5.1. Europa im Jahr 1300

4.5.2. Osteuropa im Jahr 1300

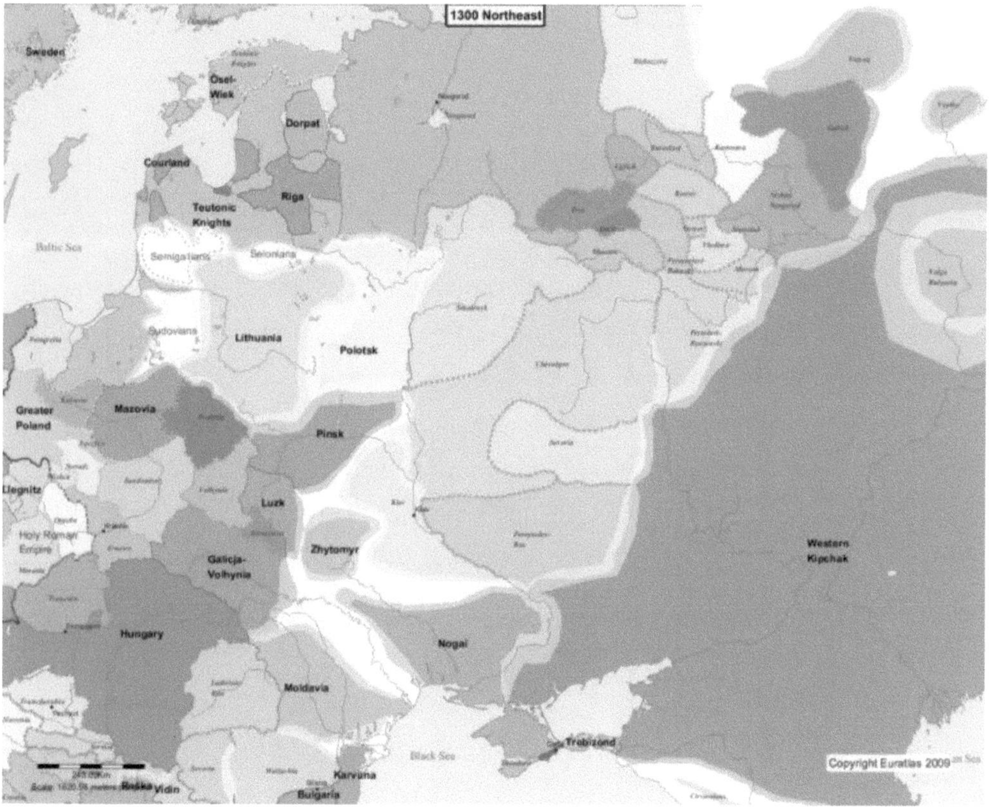

4.6.1. Europa im Jahr 1400

4.6.2. Osteuropa im Jahr 1400

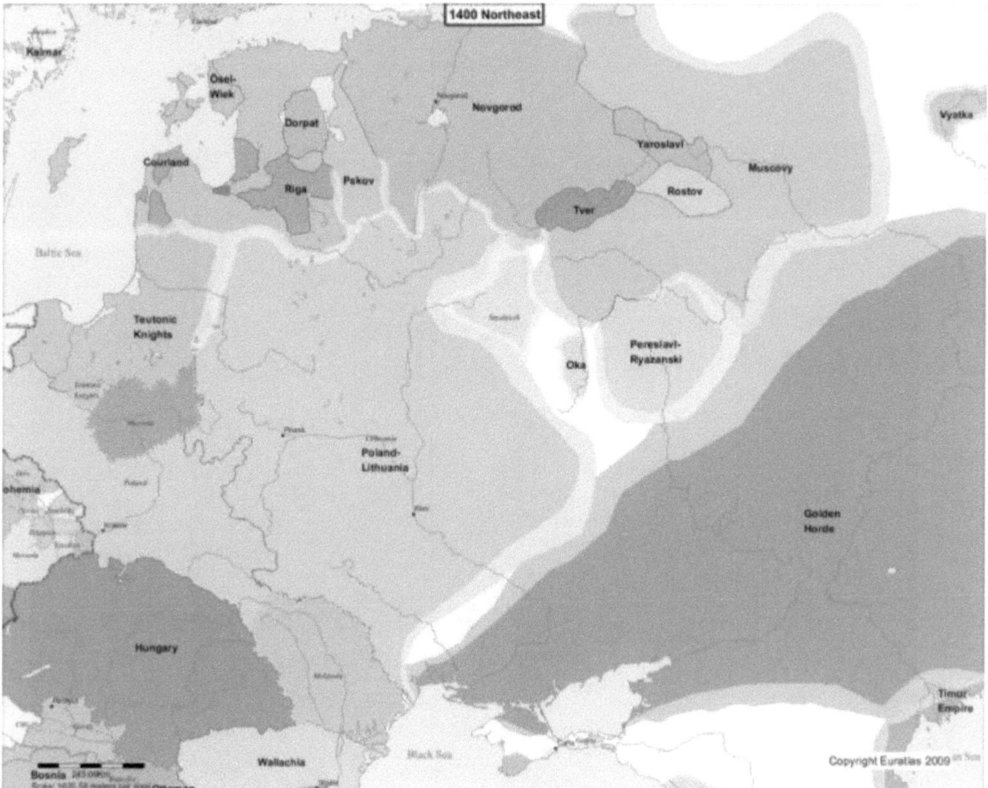

4.7.1. Europa im Jahr 1500

4.7.2. Osteuropa im Jahr 1500

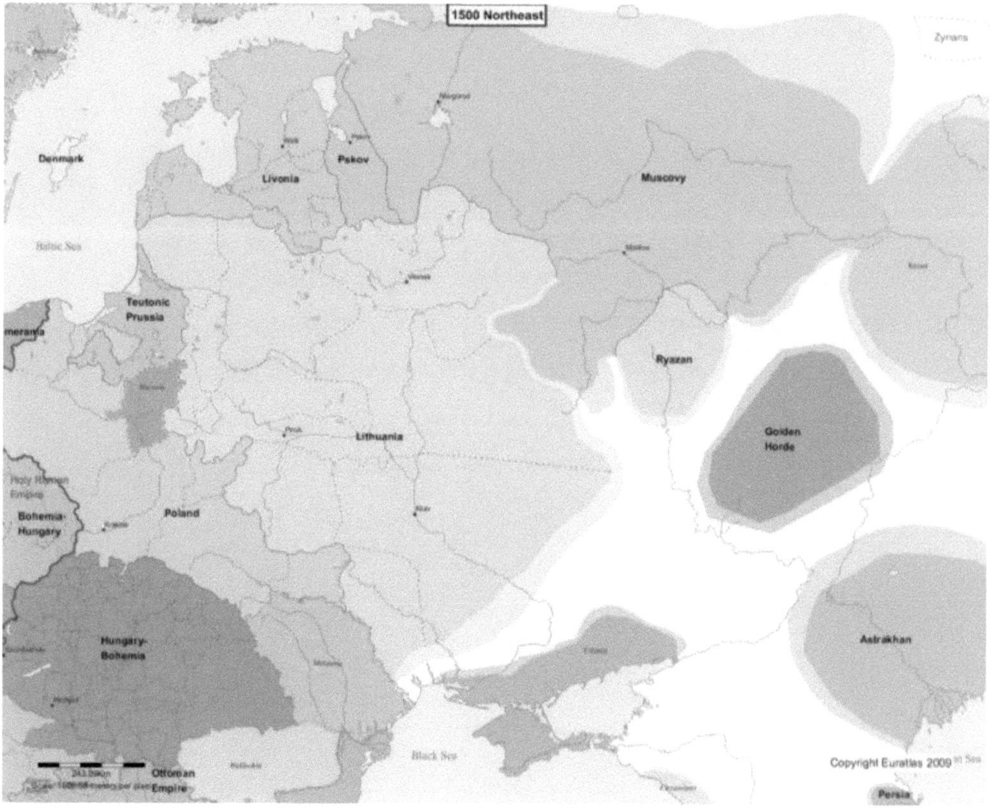

4.8.1. Europa im Jahr 1600

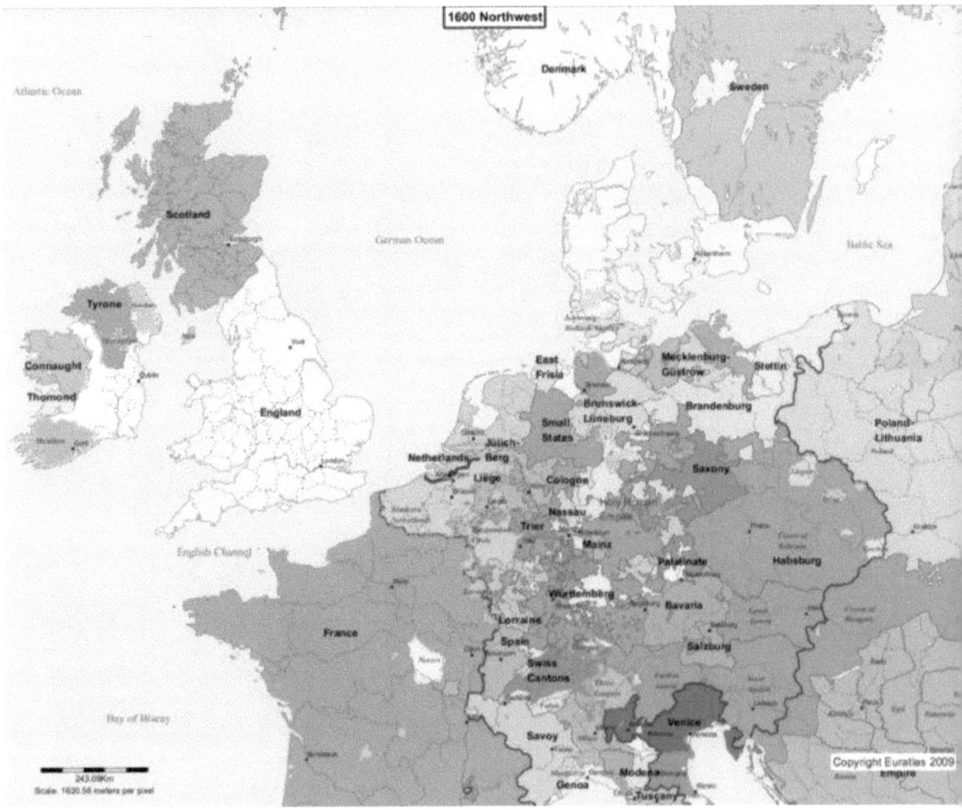

4.8.2. Osteuropa im Jahr 1600

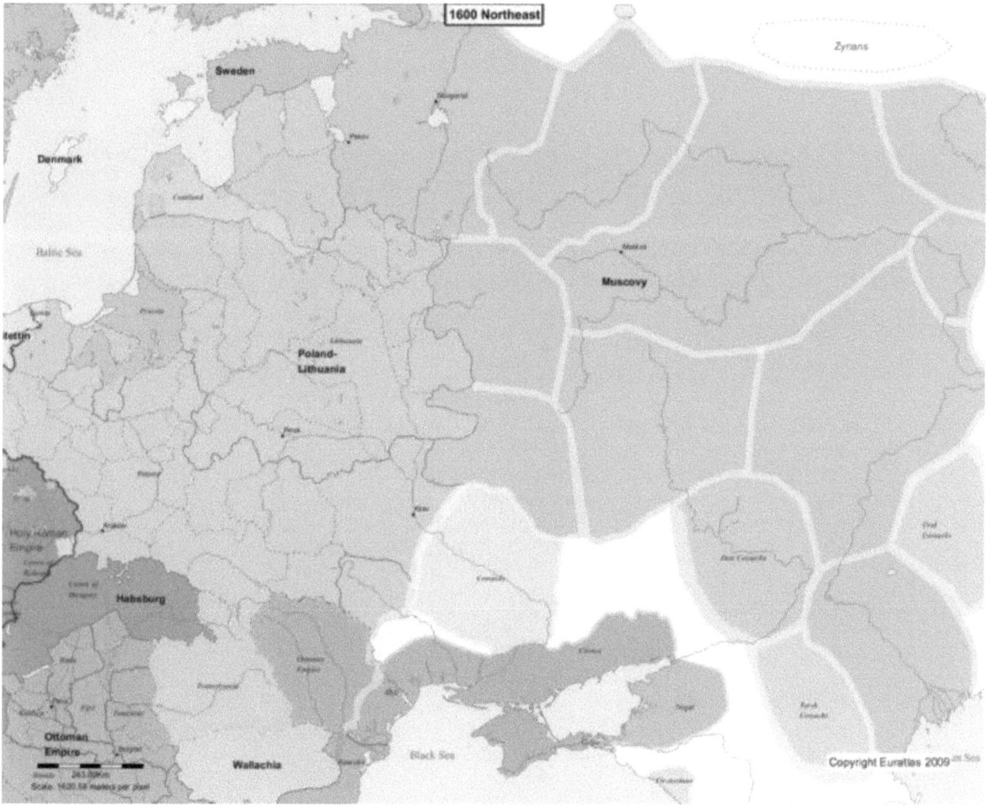

4.9.1. Europa im Jahr 1700

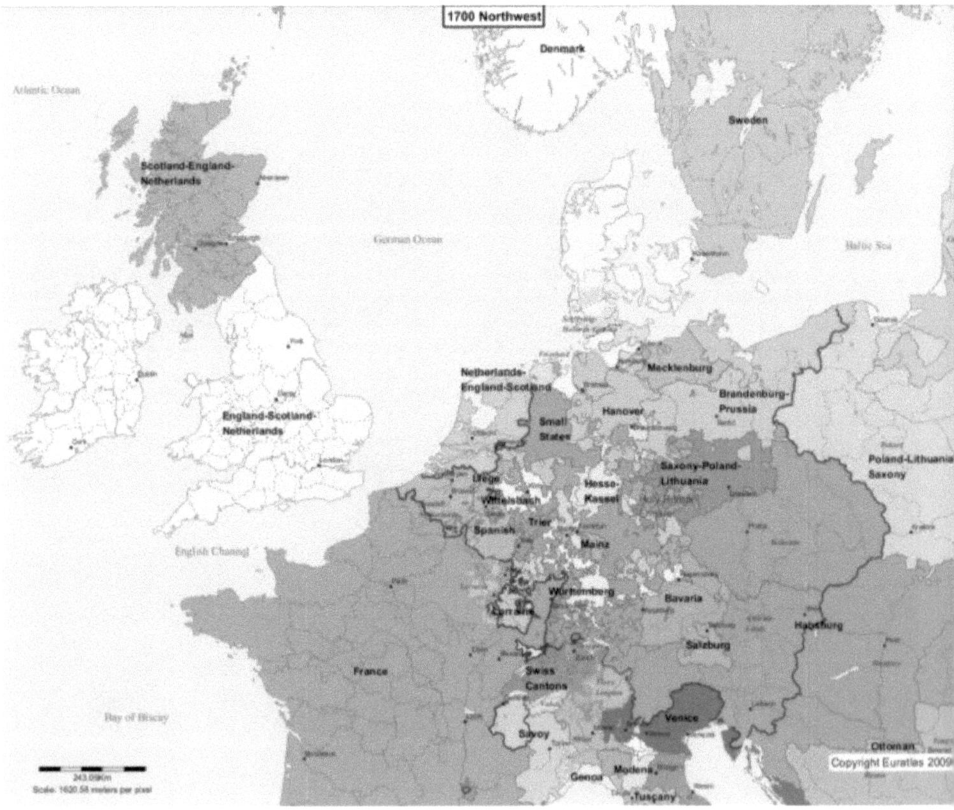

4.9.2. Osteuropa im Jahr 1700

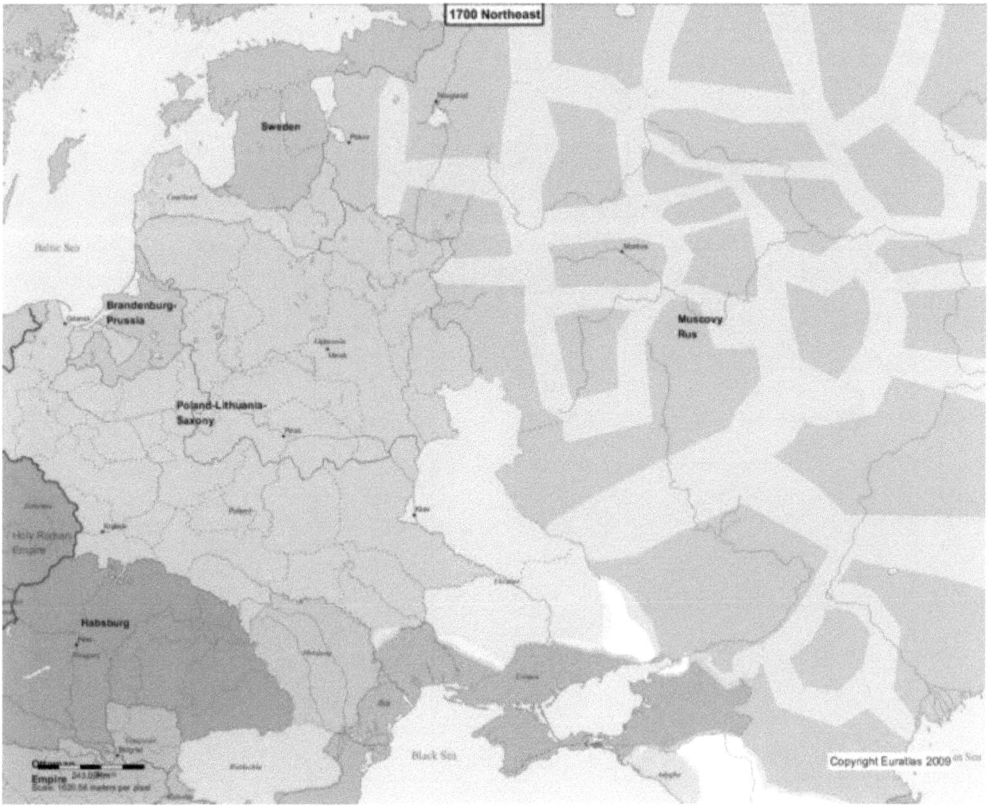

4.10.2 Europa im Jahr 1800

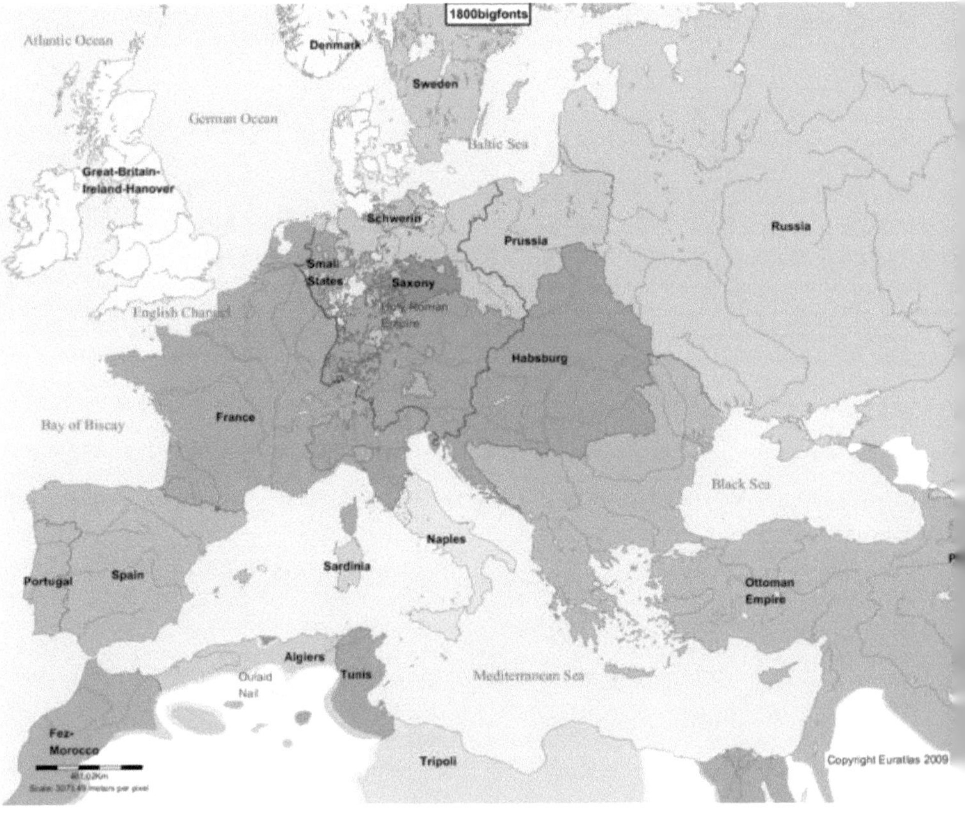

4.10.2 Osteuropa im Jahr 1800

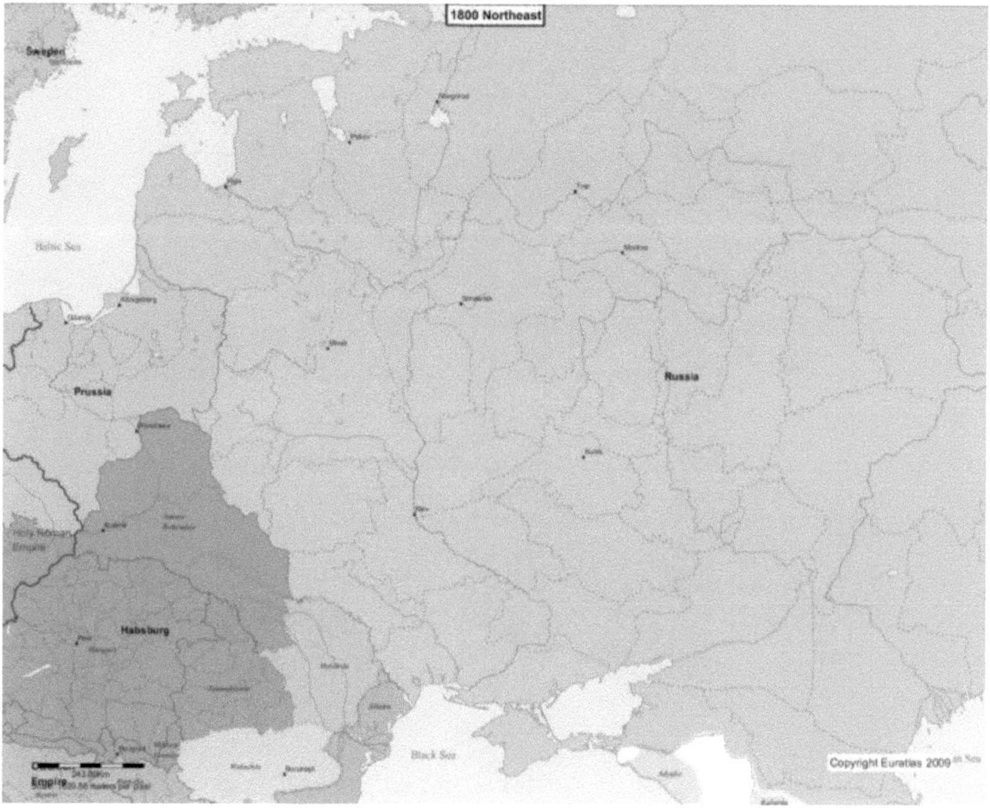

4.11.1 Europa im Jahr 1900

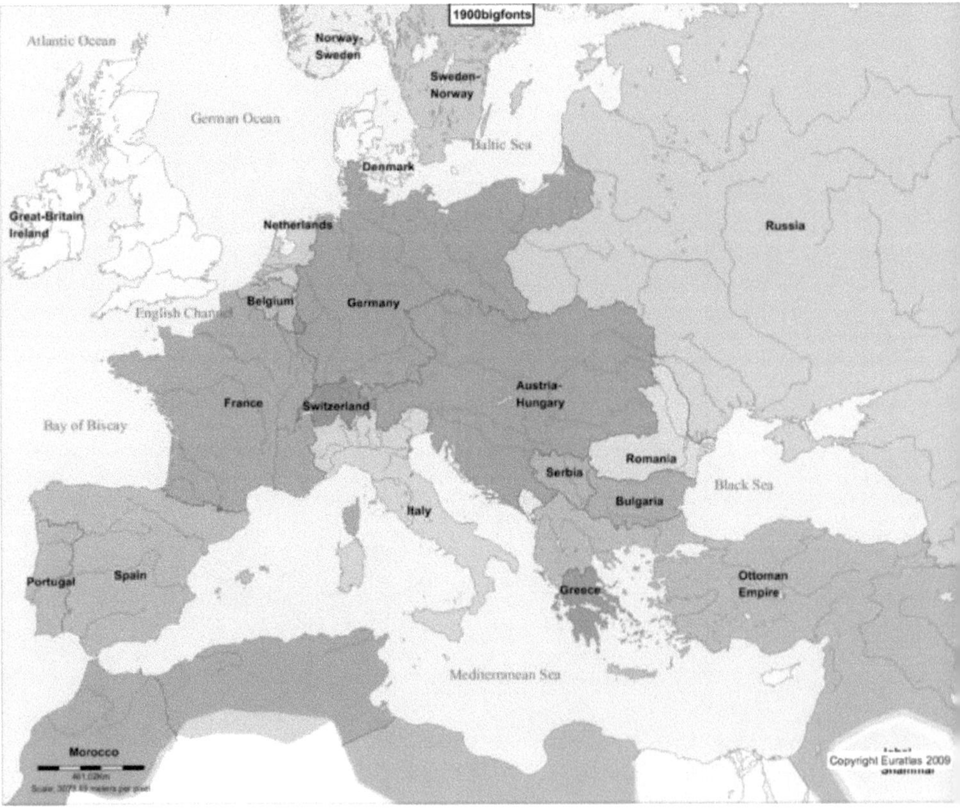

4.11.2 Osteuropa im Jahr 1900

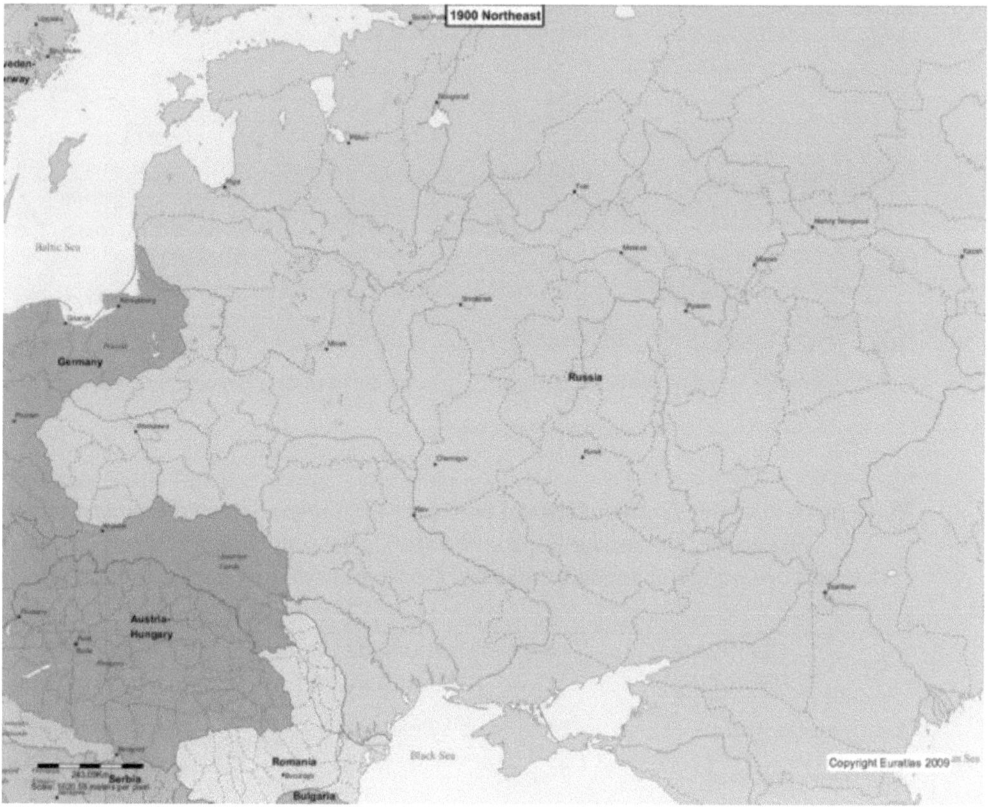

5. Aufstellung der 714 Großgrundbesitzer in der Gubernie Plock für das Jahr 1909

- Alphabetische Sortierung der Grundbesitzer:

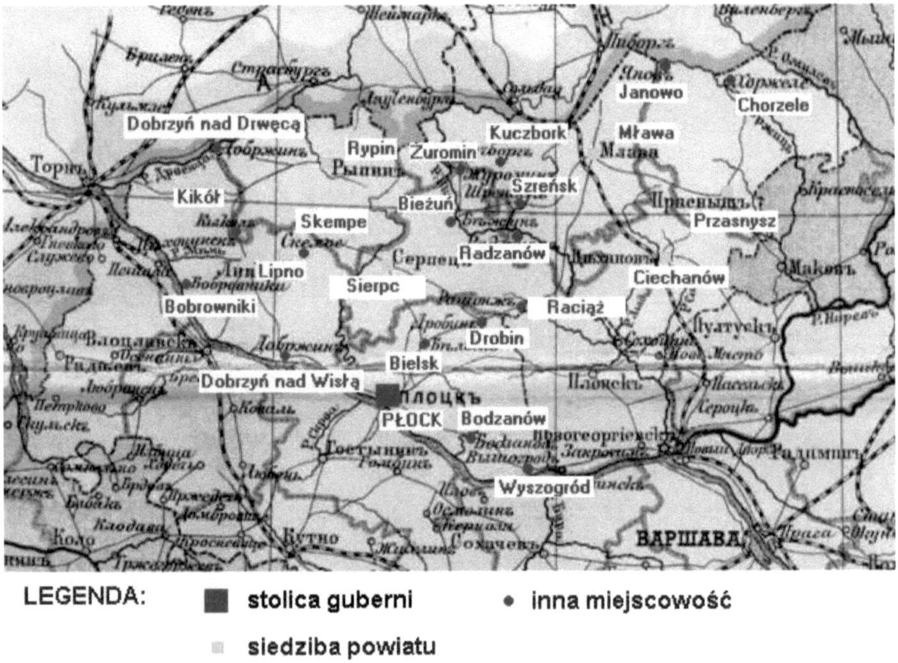

Karte der Gubernie [Wojewodschaft] Plock des III. Königreiches Polen mit original russischer Ortsbescheibung und unterlegten polnischsprachigen Ortsbeschreibungen zum Zeitpunkt der Zusammenstellung der Grundbesitzer

	Eigentümer [Właściciel]	Bezeichnung des Gutes [Dobra ziemskie]	Postamt [Urząd pocztowy]
1	Babecki Antoni	Dłużniewo Wielkie	Starośreby
2	Bagieński Józef	Pieński	Sierpc
3	Bagieński Władysław	Leksyno	Bodzanów
4	Bagieński Zygmunt	Kliczewo	Bieżuń
5	Balcerzak Jan	Borki folwark	Sierpc
6	Bańska Antoni	Osiek Piaseczny	Sierpc

7	Baranowscy A.A.E.J.	Miszewo	Płock
8	Baranowski Eugeniusz	Kłośno	Rypin
9	Baranowski Teodor	Brudnice	Płock
10	Barthel Alfred	Balino, Nadroż	Rypin
11	Bartosiewicz Antoni	Bartniki	Przasnysz
12	Bazański Kacper	Młyniec	Lubicz
13	Bejgier Jan	Głowińsk	Płock
14	Berg Rudolf	Chamsk	Bieżuń
15	Bernbum Chil	Kraszewo Dezerta	Ciechanów
16	Białoskórski Wojciech	Mogielniczka i Leonardy	Bielsk
17	Bigalke Gustaw	Lubowiec	Zbójno
18	Bigoszewski Stanisław	Ruszkowo Małe	Rypin
19	Blank Karol	Pruszczyno	Wyszogród
20	Blas Lejzor	Łążyn, Bendzamin, Wygoda, Dziwy, Rzęzawy, Rozgozin, Rozwozinek, Siemcichy, Cieszki	Żuromin
21	Bniński hr. Witold	Steklinek	Lipno
22	Bogusławski ścibor Jerzy	Lewino, Nakwasino, Wilkanowo	Wyszogród
23	Bojanowski Henryk	Sokołowo, Humięcino, Retki, Sopiłaki	Dobrzyń nad Drwęcą
24	Bojanowski Ignacy	Grudusk	Mława
25	Bojanowski Michał	Klice, Jarluty Małe	Ciechanów
26	Bojanowski Zygmunt	Bądkowo	Ciechanów
27	Bolechowski Bolesław	Świerczyn	Raciąż
28	Bolechowski Kazimierz	Niszczyce	Bielsk
29	Borawski Edward	Mochowo	Sierpc
30	Borkowski Stanisław	Gadomiec Chrzczony	Chorzele
31	Borowy Antoni	Jabłonowo - Dziury	Mława
32	Borszewski Rajmund	Kraszewo Dezerta	Ciechanów
33	Borzewski Antoni	Giżynek Okonin Ugoszcz	Rypin

34	Borzewski Artur	Długie	Rypin
35	Borzuchowski Antoni	Biskupino	Lipno
36	Boski Czesław	Gorzechowo	Dobrzyń nad Wisłą
37	Bosko v. Boszko Antoni	Czerwińsk	Ostrołęka
38	Breńda Piotr Wojciech	Szulbory	Starośreby
39	Broniewski Jakób	Nużewko	Ciechanów
40	Brudnicki Franciszek	Turza Wilcza	Mława
41	Brzuski Alojzy	Brzeszczki Duże i Wielkie	Rypin
42	Budkiewicz Stanisław	Szydłowo	Mława
43	Budny Andrzej	Klonowo	Zbójno
44	Bukowski Edmund	Miłobedzin	Sierpc
45	Buliński Zygmunt	Rybniki	Lipno
46	Burczyński Ignacy	Duszoty	Rypin
47	Bylczyński Antoni	Kulany	Mława
48	Byszowswerder Keszcz	Dąbrówka	Zbójno
49	Chabowski Adam	Zasadki	Rypin
50	Chabowski Anastazy	Borzewo Kmiece	Sierpc
51	Chabowski Wincenty (ksiądz)	Krępice	Płock
52	Chądzyński Antoni i Jan	Wieluń, Pełki	Szreńsk
53	Chądzyński Ksawery	Charzyny, Borzyny	Raciąż
54	Chamski Leon	Strachówko, Siedlino	Dobrzyń nad Drwęcą
55	Chamski Stanisław	Męczenino Wielkie	Bielsk
56	Chaniewski Stanisław	Radzimowice	Strzegowo
57	Charszewski Franciszek	Kiełtyki	Bodzanów
58	Charzyńscy Aleksander i Wincenty	Słomino	Wyszogród
59	Charzyński Adam	Doziny	Szreńsk

60	Charzyński Antoni	Nieborzyn	Wyszogród
61	Charzyński Stanisław	Rostkowo	Starośreby
62	Chcichowski (?) Piotr	Lisiogóra	Przasnysz
63	Chełmicki Adolf	Żale, Okalewo, świętosław	Rypin
64	Chełmicki Bronisław	Kowalki	Rypin
65	Chełmicki Jan	Wyręba	Rypin
66	Chełmicki Ludwik	Dziewanowo, Lasoty, Rejki	Rypin
67	Chełmicki Ludwik	Dziewanowo	Żuromin
68	Chełmicki Stanisław	Zgagowo, Granowo	Sierpc
69	Chiczewski Józef	Turza Wilcza	Dobrzyń nad Wisłą
70	Chmielewski Bolesław	Włoczewo	Płock
71	Chmielewski Feliks	Kossemin	Sierpc
72	Chmielewski Jan	Chmielewo Wielkie i Małe	Mława
73	Chmielewski Kazimierz	Łazy	Sierpc
74	Chmieliński Saturnin	Dąbrówka	Ciechanów
75	Choromański Józef	Żochy Wielkie	Ciechanów
76	Chrzanowski Dominik	Osiek dolny i górny	Ciechanów
77	Chrząszczewski Jan	Miłodróż	Płock
78	Chyczewski Antoni	Krawęczyn v. Kawęczyn	Starośreby
79	Cichocki Jan	Pozarzyn	Wyszogród
80	Cichowiąz Michał	Kobrzeniec	Rypin
81	Cichowski Hipolit	Grabobo, Zawady, Czarzaste Wielkie, Rościszewo, Zamość	Sierpc
82	Cichowski Józef	Bukowiec	Mława
83	Ciechanowski Edward	Komorowo	Płock
84	Ciechomski Konrd i Leon	Działyń	Zbójno
85	Cierpicki Józef	Nowopole	Starośreby
86	Ciesielski Władysław	Września	Sierpc

87	Cieśliński Zygmunt	Cieślino i Obręb Mały	Sierpc
88	Cieszewski Aleksander	Wilamowice	Płońsk
89	Cieszewski Walenty	Piegłowo	Mława
90	Cwierniewski Paweł	Cieśle	Drobin
91	Cyprysiński August	Dzięgielewo	Sierpc
92	Cyprysiński Kazimierz	Kotermań	Ciechanów
93	Cywiński Aleksander	Łukoszyno Borki	Płock
94	Czajkowski Antoni	Lubin, Lubinek, Szczekarzewo	Lipno
95	Czaplicki Antoni	Grąbiec Wielki, Krubice, Osiek	Sierpc
96	Czaplicki Jan	Klewki	Przasnysz
97	Czaplicki Zygmunt	Rakowo, Czyżewo	Rypin
98	Czarnowski Bronisław	Jeżewo, Kopytowo	Sierpc
99	Czartoryski Adam Ks.	Krasne, Suche	Przasnysz
100	Czosnowski Paweł	Rzęgnowo	Przasnysz
101	Dąbrowski Bolesław	Witkowo	Lipno
102	Dąbski Mikołaj	Łubki	Starośreby
103	Dalski Wiktor	Niedziałki	Mława
104	de Thun Ignacy	Koziebrody Kościelne	Raciąż
105	de Thun Rudolf	Lipa	Przasnysz
106	de Thun Wincenty	Drozdowo, Orzeszki, Kodłutowo	Raciąż
107	Dębowski Jan	Przedwojewo- Sona	Ciechanów
108	Dębowski Wiktor	Lipa	Ciechanów
109	Dębski Mieczysław (senior)	Rycice	Chorzele
110	Dejczer Stanisław	Białkowo	Płock
111	Dmochowski Wiktor	Niedświedś, Władysławowo	Lipno
112	Dmowski Wacław	Głowina	Dobrzyń nad Wisłą
113	Doberski Kazimierz	Sławęcin, Dąbek	Bieżuń
114	Dobrzański Ludwik	Rostkowo, Górki	Przasnysz

115	Dobrzeniecki Józef	Zglenice Wielkie	Sierpc
116	Domaszewski Bolesław	Ujazdowo Ochniowe	Ciechanów
117	Dramiński Antoni	Unieck	Raciąż
118	Drewnowski Adam	Czaplice - Furmany	Przasnysz
119	Drojeccy M.S. i W.	Po-Kollegiacki folw.	Płock
120	Duch Stanisław	Zagroba Kościelna	Bielsk
121	Duczymiński Konstanty	Siecienie	Płock
122	Duczymiński Leon	Zawady	Przasnysz
123	Duczymiński Ludwik	Kamień, Międzyles, Szumsk, Krery	Przasnysz
124	Dudziński Marceli	Unieck	Raciąż
125	Duszyński Marjan	Wiktorowo	Rypin
126	Dykał v. Dykau Paweł	Gaj	Dobrzyń nad Drwęcą
127	Dzięciołowski Stanisław	Ickowizna	Płock
128	Dzierzanowski Henryk	Zbójno, Podolino, Laskowiec	Zbójno
129	Dziewanowski Aleksander	Ligowo	Skempe
130	Dziewanowski Henryk	Moszczonne	Zbójno
131	Dziewanowski Jan	Brzuze	Rypin
132	Dziewanowski Kazimierz	Grodkowo, Grodkówno, Bietkowice	Wyszogród
133	Dziewanowski Wacław	Łążek, Mlice, Jarluty	Mława
134	Dzirzbicki Stanisław	Krzywonoś	Mława
135	Ettinger Józef	Wielgie, Bętlewo	Lipno
136	Ferster Adolf	Radziki Wielkie	Rypin
137	Fetting Wilhelm	Wychodś, Kozarzewo	Płock
138	Frejman Janusz	Strzegowo	Strzegowo
139	Fryben Władysław	Borowiczki	Płock
140	Fuhrmann de Jerzy	Brwilno maj.	Płock

141	Gadomski Tomasz	Helenowo - Gadomiec	Przasnysz
142	Galczyński Mieczysław	Chądzyny, Krusze, Zieluminek	Raciąż
143	Gąsiorowski Wacław	Gocłowo, Cybulino	Bodzanów
144	Gerlach Jan	Sąchocino, Badurki	Bodzanów
145	Gierzyński Adolf	Dobrosielice Zalesie	Drobin
146	Gierzyński Antoni	Bełkowo	Drobin
147	Gierzyński Marjan	Szumanie, Bakalary	Sierpc
148	Gierzyński Stanisław	Antoniewo	Rypin
149	Ginter Kazimierz	Blinno	Rypin
150	Giziński Teodozjusz	Łukomie	Sierpc
151	Gładysz Ignacy	Zągoty z częścią na Sękowie	Bielsk
152	Gliński Jan	Duczymin Kościelny	Chorzele
153	Gliński Stanisław	Annowo	Chorzele
154	Gniazdowski Izydor Jan	Wólka Szumińska	Rypin
155	Gniazdowski Stanisław	Nowawieś, Chalinki	Włocławek
156	Gniazdowski Stefan	Świedziebna	Rypin
157	Gniazdowski Teofil	Pniewo	Raciąż
158	Gniewosz Ludwik	Krzynowłoga Mała	Przasnysz
159	Gockowski Józef i Franciszek	Kiełpiny	Rypin
160	Gockowski Wojciech	Rembielino	Dobrzyń nad Wisłą
161	Godlewski Józef	Białoskóry	Sierpc
162	Godlewski Stanisław	Szlasy - Leszcze	Przesnysz
163	Godlewski Zygmunt	Kłokock	Lipno
164	Gołębiewski Kazimierz	Ujazdówko	Ciechanów
165	Gołębiewski vel Goluń Fryderyk	Wrzeszewo, Tomaszewo	Rypin
166	Goleniewicz Franciszek	Wola Szydłowska	Mława
167	Gorczyński Florjan	Ogorzelice	Bielsk

168	Górecki Franciszek	Szczepkowo	Raciąż
169	Górecki Józef	Sarnowo, Grody	Mława
170	Gorzechowski Adam	Dębsk, Baron	Mława
171	Gorzechowski Franciszek	Zygmuntowo, Komonino	Strzegowo
172	Gorzechowski Jan	Słupca Mała	Starośreby
173	Gorzechowski Ludwik	Karsy	Raciąż
174	Gorzechowski Michał	Myśliborzyce	Dobrzyń nad Wisłą
175	Gorzechowski Stanisław	Łukowo, Wawrzonki	Raciąż
176	Gościcki Antoni	Wróblewo	Ciechanów
177	Gościcki Czesław	Nowa Wieś, Piączyno	Bielsk
178	Gościcki Jan	Białusy	Bielsk
179	Gościcki Kazimierz	Cetlino, Lelice, Zbójno, Miodusy	Bielsk
180	Gościcki Stefan	Tulibowo	Dobrzyń nad Wisłą
181	Goślicki Józef	Rękawczyno	Sierpc
182	Goszczyński Stanisław	Podkrajewo, Wojnówka	Sierpc
183	Grabowski Czesław	Kędzierzyno	Bielsk
184	Grabowski Karol	Mokrsk	Bielsk
185	Grabowski Konstanty	Sudragi	Sierpc
186	Grabowski Władysław	Nagórki, Olszyny, Setropie	Starośreby
187	Grabski Czesław	Płonczynek	Lipno
188	Grabski Mikołaj	Stępowo	Rypin
189	Grapatyn Gotfryd	Szynwałd, Tomaszewsko	Rypin
190	Graubart Mosiek	Stanowo	Bodzanów
191	Grauberg Adam	Józefowo	Przasnysz
192	Grendyszyńscy L. i M.	Mierzanowo	Ciechanów
193	Grzybowski Jan	Kraszewo	Płock
194	Grzybowski Julian	Kraszewo	Ciechanów
195	Grzybowski Michał	Gołuszyn	Bieżuń

196	Grzybowski Władysław	Żarnowo	Ciechanów
197	Gumowski Jan	Ruszkowo	Bodzanów
198	Gurbski Ignacy	Ruszkowo	Rypin
199	Gutkowski Ignacy, Brunon	Śmiecino	Ciechanów
200	Gutowski Jan	Grzędowo	Sierpc
201	Halik Bronisław	Mlice-Kostery, Obory	Bielsk
202	Helmerson Konstanty	Pajewo - Rzyski	Ciechanów
203	Henke Robert	Żerniki	Płock
204	Hewel Bolesław	Dzierzno Ziemiańskie	Rypin
205	Hubicki Stefan	Nasierowo - Dziurawieniec	Ciechanów
206	Iłowiecki Janusz	Sulencice	Sierpc
207	Imszenicki Jan	Dzierżanowo	Bielsk
208	Jabs Fryderyk	Kiełpiny	Lipno
209	Jankowski Wacław	Makowo, Wincentowo	Dobrzyń nad Wisłą
210	Janowski Władysław	Gustawin	Ciechanów
211	Jaroszewscy F., W.	Myszewsko-Małoszyno	Sierpc
212	Jaroszewski	Brody Małe i Wielkie	Bodzanów
213	Jaroszewski Gustaw	Olszewo od Olszewka	Mława
214	Jaroszewski Kazimierz	Krawieczyn	Bodzanów
215	Jaroszewski Mieczysław	Glinki	Bieżuń
216	Jasieński Władysław	Po-Benedyktyński fol.	Płock
217	Jaworowski Jan	Unikowo, Unikówko	Ciechanów
218	Jaworski Józef	Cekanowo	Bielsk
219	Jędrzejewski Jan	Cumino	Płońsk
220	Jensz Alfons	Fabianki	Płońsk
221	Judkiewicz Mosiek	Ostrowitko	Lipno
222	Jurzyński Stanisław	Gutowo, Starzyno	Bielsk
223	Kacperkiewicz Jan	Ramutowo Sielskie	Bodzanów

224	Kacperkiewicz Rajmund	Piastowo	Sierpc
225	Kahan Nahemi	Huta Emilia	Strzegowo
226	Kakowski Bronisław	Dzielino	Przasnysz
227	Kakowski Jan	Dąbrówka	Przasnysz
228	Kakowski Józef Andrzej (brat kard.)	Żarnowo – Dębiny	Ciechanów
229	Kalinowski Kazimierz	Łysakowo, Łabuny	Płock
230	Kalinowski Zygmunt	Bronowo	Płock
231	Kalisz Stanisław	Borki	Rypin
232	Kamiński Władysław	Komory Błotne	Ciechanów
233	Kandelszein Josel	Turek	Rypin
234	Kanigowski Bogdan	Mdzewko	Szreńsk
235	Kaniowski Władysław	Luberadz Mały	Szreńsk
236	Karczewski Teodor	Zawidz, Żabowo	Sierpc
237	Karczewski Zdzisław	Główczyn	Wyszogród
238	Karnowski Piotr	Olszewo	Włocławek
239	Karski Jan	Kossemin	Sierpc
240	Karski Julian	Kisielewo	Dobrzyń nad Wisłą
241	Karski Kazimierz	Osiek, Włosbory, Pniewo	Raciąż
242	Karski Maksym	Mogielnica	Bielsk
243	Karwowski Adam	Szamborz	Bodzanów
244	Karzycki Piotr	Osiek nad Wisłą	Lubicz
245	Kasparowicz Ignacy	Zygmuntowo	Lubicz
246	Kawecki Leon	Bombalice	Bielsk
247	Kawiecki Gustaw	Kosiny Bartosowe	Mława
248	Kerner E. J. J. i L.	Chojno	Zbójno
249	Klejn Dobrosław	Czernice Borowe	Przasnysz
250	Kleniewski Bronisław	Rachocin	Sierpc

251	Kleniewski Jan	Smosarz Chruściele	Ciechanów
252	Klicki Bronisław	Grzybowo Windyki	Mława
253	Klicki Dominik	Gródkowo Zawisze vel. Wielkie	Sierpc
254	Kłobukowski Teofil	Kotarczyno	Sierpc
255	Kloczowski Józef	Bogdany Wielkie	Chorzele
256	Klonowski Aleksander	Nowopole	Strzegowo
257	Klonowski Józef	Sokołówek, Baby	Ciechanów
258	Klonowski Stanisław	Karniewo	Ciechanów
259	Knaap Józef	Kamienica	Dobrzyń nad Wisłą
260	Kobuszewski Modest	Łazęki	Wyszogród
261	Kobyliński Aleksander	Zaręby-Kwiatkowo	Chorzele
262	Kohn Majer	Głęboczek	Zbójno
263	Kohn Mojżesz Jakób	Zakrocz	Rypin
264	Kokoszczyński Józef	Kobrzenice	Rypin
265	Kołakowski Wincenty	Chmielewo	Ciechanów
266	Konarski Albin	Kliczki – Patorki	Ciechanów
267	Konarski Ignacy	Borki	Rypin
268	Konczewscy J. I T.	Kozolin	Raciąż
269	Konic H. i J.	Ratowo, Radzanowo	Szreńsk
270	Końkowolski	Wyczałtowo	Dobrzyń nad Wisłą
271	Konopacki Fryderyk	Dębiany	Rypin
272	Koperczyński Tadeusz	Karwosieki, Cholewice, Kotowe, Bronowo Kmiece	Płock
273	Koral Josek	Trzcianka Mała	Dobrzyń nad Wisłą
274	Koral Maues	Babe Rżały	Sierpc
275	Kosiński Adam	Daniszewo, Malenie, Nadółki, Butary	Płońsk
276	Kosiński Andrzej	Gumowo	Płońsk
277	Kosiński Bronisław	Drogiszka	Strzegowo

278	Kosiński Mieczysław	Uniechowo	Lipno
279	Kosiński Wincenty	Zarzyce i Młotkowo	Sierpc
280	Koskowski Stanisław	Stanowo	Bodzanów
281	Kosnkowski Wincenty	Ruszkowo	Rypin
282	Kossobudzki Szymon	Goślice, Leszczyno, Szczyl v. Józinek, Ciachcino	Bielsk
283	Kossowski Jan	Podnietrzeba	Zbójno
284	Kotarski Florentyn	Żółtowo Wielkie	Sierpc
285	Kotarski Władysław	Kuniewo	Sierpc
286	Kowacki Aleksander	Stawkowo	Szreńsk
287	Kowalczyk Józef	Lubianki	Zbójno
288	Kowalkowski Alfons	Czachowo	Bielsk
289	Kowalski Ignacy	Borki	Rypin
290	Kownacki Franciszek	Strzegowo v. Tuchowo	Strzegowo
291	Kownacki Stanisław	Trzcianka	Ciechanów
292	Kownacki Symplicjan	Bronowo, Sady	Płock
293	Kozłowski Jan	Zagróbka, Kleniewo, Dziedzice	Bielsk
294	Kozłowski Piotr Kajetan	Kozłowo	Bielsk
295	Kozłowski Wienczysław	Rokitnica	Rypin
296	Kozłowski Zygmunt	Cieszewo Małe, Brzechowo	Bielsk
297	Krajewscy C.J.M.W.	Krusze, Kownatki	Mława
298	Krajewski Józef	Wola Dębska, Dębsk	Mława
299	Krajewski Nikodem	Otocznia	Mława
300	Krasiński hr. Adam	Pniewo - Czeruchy	Ciechanów
301	Krępeć Szymon	Wildno, Krępa	Zbójno
302	Krępeć Wiktor	Gójsk, Sułocinek, Podlesie, Grondy Stare	Sierpc
303	Krępski Stanisław	Wieczfnia Kościelna, Grzybowo Wielkie	Mława

304	Kruszewski Józef i Szczepan	Warzynko	Sierpc
305	Kruszewski Karol	Pokrzywnica Wielka	Mława
306	Kruszewski Kazimierz	Aleksandrowo	Strzegowo
307	Kruszewski Marjan	Pokrzywnica Wielka	Mława
308	Krygier Piotr	Dzierzączka	Nieszawa
309	Kryński Grzegorz	Dzierżanowo, Rąkcice	Bielsk
310	Kubala Ludwik	Goślice, Ciachcino, Leszczyno, Szczyt vel Józinek	Bielsk
311	Kulesza Władysław	Krzeczanowo	Raciąż
312	Kuncman Teodor pastor	Lisiny	Płock
313	Kuneman Robert	Po-Dominiskański fol.	Płock
314	Kunkiel Eugeniusz	Drobin	Drobin
315	Kuntzel Konrad	Lubowidz, Sarnowo, Nowawieś, Szronka	Skempe
316	Kuskowski Aleksander	Długołęka Mirosy	Ciechanów
317	Kwasieborski Ignacy	Kawęczyn	Lubicz
318	Kwasieborski Zygmunt	Wempiły	Drobin
319	Kwiatek Julian	Wodzymino	Płock
320	Kwiatkowski Ignacy	Nadratowo	Szreńsk
321	Kwiatkowski Józef	Sułkowo Polne, Budy Sułkowskie	Ciechanów
322	Kwiatkowski Ludwik	Milewo, Milewko	Raciąż
323	Kwiatkowski Marjan	Proboszczewice	Raciąż
324	Łaguna Franciszek	Turowo	Przasnysz
325	Łaguna Leon	Pęczki - Kozłowo	Ciechanów
326	Landau Wilhelm	Puszcza Płodownicka	Chorzele
327	Łasiewicki Stanisław	Zdziwój	Chorzele
328	Lasocki Bronisław	Sierakowo, Zawadki	Przasnysz
329	Lasocki Franciszek	Kuskowo, Bogusendy	Bielsk

330	Lasocki Stanisław	Rycharcice, Drozdy	Bielsk
331	Lasocki Tadeusz	Miszewo Murowame	Płock
332	Łazowy Antoni	Szczepkowo - Zalesie	Mława
333	Łebkowski Julian	Czarnocin	Strzegowo
334	Łebkowski Tadeusz	Pawłowo, Pawłówko, Wyszyny Kościelne, Stare Zdroje	Mława
335	Łempicki Józef	Płonne	Dobrzyń nad Wisłą
336	Łempicki Józef	Maluszyn i Sadek	Płońsk
337	Łempicki Karol	Sękowo	Bielsk
338	Łempicki Zygmunt	Warzyno Kmiece	Sierpc
339	Lentz Karol	Kobylino – Gidejty	Ciechanów
340	Leśniewski Kajetan	Rutki-Krupy	Ciechanów
341	Leszczyński Adam	Babc-Wiączanki	Sierpc
342	Lewin Moszek	Stopino, Pianki i Puszcza	Sierpc
343	Libert Wacław	Łękie ABC	Skempe
344	Lindau Karol	Stawiska	Rypin
345	Linowski Ludwik	Steklin, Zgoda, Wylizy	Zbójno
346	Lipski Wacław	Więcławice	Dobrzyń nad Wisłą
347	Lisicki Gracjan	Morkowo	Wyszogród
348	Lisiński Jan	Działyń	Zbójno
349	Lissowski Leon	Kijaszkowo, Kijaszkowie	Lipno
350	Łojewski Konstanty	Szczepkowo - Sołdany	Mława
351	Łopuski Marjan	Rembielino	Chorzele
352	Łopuski Zygmunt	Dobrogosty - Tańsk	Przasnysz
353	Łuniewski Antoni	Żochy - Brodzięcino	Ciechanów
354	Łuszczewski Julian	Kuchary, Skotniki	Zakroczym
355	Lutomscy J.K.S.W.J.	Uniechowo	Włocławek
356	Lutomski Józef	Linne i Stawiska	Włocławek

357	Machciński Józef	Leszczyno Kmiece	Bielsk
358	Machczyński Jan	Przeradz Mały	Bieżuń
359	Mączewski Jan	Szczytno	Płock
360	Majer Edmund	Kobuszyn Trzaski	Szreńsk
361	Majer Ksawery	Mysłakowo Wielkie	Lipno
362	Majeran Lewin	Dylewo	Rypin
363	Majewski Wacław	Waśniewo Gwoździe	Mława
364	Marchwicki Stanisłąw	Naborowiec, Zdunowo	Zakroczym
365	Martynowicz Jan	Kąty	Ciechanów
366	Mażantowicz Władysław	Płonczyn	Dobrzyń nad Wisłą
367	Mazowiecki Bronisław	Umienino, Łubki	Bielsk
368	Mazurkiewicz Wincenty	Biele	Sierpc
369	Mejer Ludwik	Jarczechowo	Lipno
370	Mieczkowski Ksawery	Duczymin - Nowa Wieś	Chorzele
371	Mieczkowski Teofil	Chromakowo	Żuromin
372	Miecznikowscy Tadeusz i Władysław	Kunki	Szreńsk
373	Mieczyński Jan	Strużewo	Dobrzyń nad Wisłą
374	Mieczyński Józef	Łukoszyno Borki, Chudzynko	Płock
375	Mieczyński Stanisław	Rogozino, Rogozinek	Płock
376	Mieszkowski Kazimierz	Humięcino-Klary	Ciechanów
377	Mijakowski Symforjan	Nowopole os.	Mława
378	Mikiewicz Konstanty	Rembowo	Ciechanów
379	Milewski Antoni	Żuromin Kapitulny	Żuromin
380	Milewski Jakób	Załuże - Patory, Rembówko	Ciechanów
381	Milewski Józef	Osiek Dolny i Wólka Osiecka	Ciechanów
382	Milewski Michał	Niestum	Ciechanów
383	Miller Jan	Kołat	Dobrzyń nad Wisłą
384	Miłobędzki Konstanty	Nick	Żuromin

385	Miszewski Tadeusz	Sobowo i Paprotki	Dobrzyń nad Wisłą
386	Młodowski Stefan	Arciszewo	Wyszogród
387	Mokrzycki Ludwik	Starostwo Mława	Mława
388	Molsdorf Bronisław	Piotrkowo	Mława
389	Morawski Anastazy i Antoni	Leśniewo Górne	Ciechanów
390	Morawski Ignacy	Kobylinek	Ciechanów
391	Morawski Paweł	Smosarz - Pianki	Ciechanów
392	Mościcki Jan	Osiek	Ciechanów
393	Mossakowski Józef	Zawidz Mały	Sierpc
394	Mossakowski Modest	Brudzyno	Starośreby
395	Mostowski Marjan	Lipowiec Kościelny, Mostowo	Mława
396	Moszczeński Jan	Miecznikowe - Siwe	Mława
397	Myśliński Stanisław	Września	Sierpc
398	Nabert Gustaw	Gradzanowo Zbąskie	Raciąż
399	Nadratowski Marjan	Rudówko	Bielsk
400	Nadrowski Antoni	Wiechciejewo	Sierpc
401	Nałęcz Jan	Miłoszewiec - Toki	Przasnysz
402	Nałęcz Mścisław	Wolęcin, Radziochy, Ciałuchowo, Gołuchowo	Lipno
403	Nałęcz Szymon	Dzielino	Przasnysz
404	Nałęcz Władysław	Kikół miasto	Lipno
405	Napiórkowski Teodor	Rogówko	Rypin
406	Narbuch von Grzegorz	Chełmica Wielka	Włocławek
407	Nejman Edward	Tomaszewo, Oborki Dębowo	Rypin
408	Nejman Jan	Tadajewo	Rypin
409	Niedświecki Romuald	Wierznica	Dobrzyń nad Wisłą
410	Niedświecki Władysław	Chudzewo, Wierzniczka	Dobrzyń nad Wisłą
411	Nogacki Karol	Grzęby, Jawornica	Rypin

412	Noszarzewski Józef	Skórzno	Lipno
413	Nurgsztaler Fryderyk	Cieszkowo Stare	Drobin
414	Obiedziński Symplicjusz	Grabowo Wielkie	Ciechanów
415	Obrębski Maksymilian	Kamionki	Rypin
416	Ofenbach Icek	Kurowo	Ciechanów
417	Ojrzyński Józef	Zielona	Ciechanów
418	Około-Kujak Władysław	Sadłowo	Rypin
419	Oleksiński Adam	Liberadz	Szreńsk
420	Olesza Edward	Szreńsk, Złotowo, Koziczi	Szreńsk
421	Olszewski Bronisław	Kozły - Janowo	Mława
422	Olszewski Bronisław	Zarzyczewo Nowe	Włocławek
423	Olszewski Franciszek	Szumanie, Postuły vel Kempskie	Sierpc
424	Olszewski Jan	Złotopole, Szapsk, Żabowo	Lipno
425	Olszewski Józef	Jonczewo Abramki	Bielsk
426	Olszewski Konrad	Łomia, Wola Łomska	Mława
427	Olszewski Stanisław	Żmijewo Nowe	Ciechanów
428	Olszewski Sylwester	Gaje	Nasielsk
429	Olszyński Stanisław	Kosiny Kapiczne	Mława
430	Opatowski Mojżesz	Krobia	Lubicz
431	Oppen Karol	Niemczewo	Drobin
432	Orłowski Józef	Makowiec	Lipno
433	Orzechowski Wincenty	Leszczyno Szlacheckie	Bielsk
434	Osiecki Antoni	Wylazłowo	Żuromin
435	Osiecki Franciszek	Goślice, Leszczyno, Szczyt vel Józinek, Ciachcino	Bielsk
436	Osipow Konstanty	Staroguby	Strzegowo
437	Ostrowski Antoni	Ograszka	Lipno
438	Ostrowski Antoni	Leszno, Annopol	Przasnysz

439	Ostrowski Jerzy	Obrebiec	Przasnysz
440	Ostrowski Ludwik	Goszczyno Górne	Starośreby
441	Ostrowski Roman	Złotopole	Lipno
442	Ostrowski Szymon i Wacław	Piskorczyno	Rypin
443	Ostrzeniewscy Ludwik i Konstanty	Łopacin	Ciechanów
444	Ott Fryderyk	Wawrzynkowo, Krzywylas	Lipno
445	Ożarowski Aleksander	Bromierz Wielki	Starośreby
446	Paderewski Julian	Karwowo Szlacheckie	Bodzanów
447	Pajšk Wawrzyniec	Janowo	Mława
448	Pankowski Tomasz	Strzygi	Rypin
449	Pauli Herman	Likiec folw.	Rypin
450	Pełkowski Jan	Boski	Rypin
451	Peterow Konstanty	Podgórze	Wyszogród
452	Piasecki Antoni	Podkowice Przedkościelne	Urzędów
453	Piaseczny Stanisław	Falęcin, Rogowo	Starośreby
454	Piechna Stanisław	Zbyszewo, Reszki	Dobrzyń nad Wisłą
455	Piechowski Kajetan	Liberadz, Dziektarzewo, Rybitwy	Szreńsk
456	Piechowski Stefan	Marjanowo	Mława
457	Piechowski Władysław	Nosarzewo Borowe	Mława
458	Piętka Eugeniusz	Dzierzgówko	Przasnysz
459	Piętka Konstanty	Zakrzewko	Bodzanów
460	Pilitowski Antoni	Chudzyno	Starośreby
461	Pilitowski Józef	Wołowa	Płock
462	Piotrkowski Jan	Szczepkowo Pawełki i Rutki	Mława
463	Piwnicki Ignacy	Cieśle	Bodzanów
464	Piwnicki Marjan	Gulbiny	Rypin
465	Piwnicki Piotr Waldemar	Gilino, Piączyno	Bielsk

	Tytus		
466	Piwnicki Wiktor	Szpaki, Rogale, Szyjki, Blizno, Rusinowo	Przasnysz
467	Piwnicki Zygmunt	Starorypin	Rypin
468	Plewiński Stanisław	Szeligi	Bodzanów
469	Plewkiewicz Bolesław	Kluszewo, Szaje	Ciechanów
470	Płoski Antoni	Purzyce - Trojany	Ciechanów
471	Płoski Bolesław	Bocheniec, Kamionka, Sokołowo	Dobrzyń nad Wisłą
472	Płoski Jan	Wielgie, Dulsk	Lipno
473	Płoski Julian	Kraszewo, Sławęcin	Ciechanów
474	Płoski Karol	Mchówko	Przasnysz
475	Płoski Ludwik	Wróblewo - Zaremby	Ciechanów
476	Płoski Onufry	Pszczółki Górne	Ciechanów
477	Płoski Władysław	Nagórki Dobrski	Drobin
478	Podczaski Józef	Koziróg Leśny	Skempe
479	Podczaski Kazimierz	Olszyny	Włocławek
480	Podgórski Jan	Dzierzno, Kożuchowe	Rypin
481	Podkuliński Adam	Wiksin, Rabież	Ciechanów
482	Pomianowski Antoni	Pomianowo, Dzierki	Starośreby
483	Pomirski Władysław	Borzymin	Rypin
484	Popkowski Antoni	Góra	Starośreby
485	Porzycki Władysław	Kuskowo - Kmiece	Przasnysz
486	Pozner Salomon	Kuchary na Idzikowicach	Ciechanów
487	Prądzyński Bolesław	Sumin	Lipno
488	Prejs Edward	Kwaśno	Sierpc
489	Prusinowski Kajetan	Borowe	Mława
490	Pruski Bolesław	Leszczyno Szlacheckie	Bielsk
491	Pruski Jan	Machcino, Machcinko	Bielsk
492	Pruski Karol	Dyblin, Złowody, Kurowo	Dobrzyń nad Wisłą

493	Przedpełski Jan	Zdziar Mały	Starośreby
494	Przedpełski Władysław	Żochowo	Starośreby
495	Prześdziecki Stanisław	Grodziec	Płock
496	Przybojewski Bronisław	Ciołkowo	Płock
497	Przybylski Ludwik	Krępiny	Włocławek
498	Pszczółkowski Marceli	Czaplice Wielkie	Przasnysz
499	Ptąskowski Karol	Bałdowo, Głodowo	Lipno
500	Puchała Piotr	Giednia, Poręba	Mława
501	Purzycki Władysław	Gościska	Szreńsk
502	Puzyra ks. Stanisław	Zębowo, Zimny Zdrój	Lubicz
503	Pytkowski Zdzisław	Chromakowo	Żuromin
504	Radliński Ignacy	Goślec, Czachcino, Leszczyno, Szczyt vel Józinek	Bielsk
505	Radwan Antoni	Włóki	Starośreby
506	Rainhardt Gustaw	Obręb, Obrębe	Przasnysz
507	Rajchel Marjan	Pączkowo	Szreńsk
508	Rajkowski Franciszek	Proszkowo, Sławogóra, Dręglin	Szreńsk
509	Rajnhardt Tadeusz	Ruda, Dzierzgowo	Przasnysz
510	Ramlau Stanisław	Mierzynek	Lubicz
511	Rapacki Piotr	Humięcino Andrychy	Ciechanów
512	Reinhard Karol	Szydłówko	Mława
513	Riebold Erwin	Piórków	Dobrzyń nad Drwęcą
514	Riemer Henryk	Bachórz	Rypin
515	Rogalewicz Jan	Małomin	Skempe
516	Rokicki Ludwik	Kłobukowo, Molędy	Dobrzyń nad Wisłą
517	Roman Aleksander	Pepłówek	Mława
518	Rościszewski Andrzej	Osmiałowo, Lipno	Lipno
519	Rościszewski Antoni	Rempin	Sierpc

520	Rościszewski Antoni	Bromierzyk	Starośreby
521	Rościszewski Edward	Rokicie Kościelne, Radomin	Dobrzyń nad Wisłą
522	Rościszewski Edward	Borkowo Wielkie	Sierpc
523	Rościszewski Feliks	Podleck Wielki i Mały	Starośreby
524	Rościszewski Jan	Trzcianka, Młodynin	Mława
525	Rościszewski Józef	Sadłowo	Bieżuń
526	Rościszewski Kazimierz	Brudzeń	Dobrzyń nad Wisłą
527	Rościszewski Leon	Czernikowo	Lubicz
528	Rościszewski Seweryn	Niedroż Młody	Drobin
529	Rościszewski Włodzimierz	Dobrzenice Małe	Sierpc
530	Rossal Fryderyk	Rybitwy, Kokoszki	Nieszawa
531	Rozen Mosiek	Józefowo Czarnego	Lipno
532	Różycki Kazimierz	Jastrzębie	Lipno
533	Ruchelski Jan	Węglowo	Lipno
534	Rudowski Edward	Półwiesk Mały	Dobrzyń nad Drwęcą
535	Rudowski Julian	Głużek	Mława
536	Rudowski Michał	Grzebsk	Mława
537	Rudowski Tadeusz	Rumoka	Mława
538	Ruszczyński Emilian	Wólka Łanięcka	Ciechanów
539	Rutkowski Alfred	Jakubkowo	Dobrzyń nad Wisłą
540	Rutkowski Bernard	Mężenino - Węglowice	Ciechanów
541	Rutkowski Witold	Radzynek	Rypin
542	Rutkowski Władysław	Turowo	Starośreby
543	Rutkowski Zdzisław	Kulin, Skórzno, Szpital Górny i Dolny, Bogucin	Włocławek
544	Rybold Adolf	Lądy, Małszyce	Dobrzyń nad Drwęcą
545	Rykaczewski Leon	Parzeń	Chorzele

546	Rymer Henryk	Bachorz	Rypin
547	Rzeczkowski Antoni	Mężenino - Kłoski	Ciechanów
548	Rzeczkowski Witold	Wróblewko	Ciechanów
549	Rzeszotarski Antoni	Wojnowo	Zbójno
550	Rzeszotarski Franciszek	Strachacz vel Pawłowo	Przasnysz
551	Sąchoccy Jan i Stefan	Ostrzykowo, Ostrzykówko	Starośreby
552	Salwowski Feliks	Ozorkowo	Rypin
553	Seczkowski Franciszek	Bielawy Gołuskie	Ciechanów
554	Sędzimir Stanisław	Zawady	Przasnysz
555	Serbikowski Ignacy	Susk	Sierpc
556	Sieklucki Tomasz	Goleszyn, Siekluki	Sierpc
557	Siemiątkowski Józef	Wątpielsk	Rypin
558	Siennicki Stefan	Po-Kollegiacki folw.	Płock
559	Sierakowski hr. Adam	Kretki Małe, Osiek pod Brodnicą	Rypin
560	Singer Adam	Dunaj	Mława
561	Siniarski - Czaplicki Jan	Kowalewko	Płock
562	Skrządziewski Edmund	Grabowiec	Skempe
563	Sławęcki Bonifacy	Stawiszyn, Łaziska	Bieżuń
564	Śliske vel Szliske Robert	Tomaszewo	Lipno
565	śliwowski Władysław	Miączyn Mały i Wielki, Kmiece, Bońkowo	Szreńsk
566	Słomiński Stanisław	Kęsice	Sierpc
567	Słomowski Aleksander	Poniatowo, Krukowice	Żuromin
568	ślubowski Feliks	Szlubowo	Chorzele
569	Słupecki Adolf	Osiek	Lubicz
570	Smoleński Benjamin	Purzyce Pomiany	Ciechanów
571	Smoleński Feliks	Rakowo	Rypin
572	Smoleński Jan	Unierzysz	Strzegowo
573	Smoleński Julian	świerczyno	Raciąż

574	Smoleński Stefan	Nosarzewo Polne	Mława
575	Smoliński Jan	Gostkowo	Ciechanów
576	Smoliński Ludwik	Nasierowo Dolne	Ciechanów
577	Smoliński Michał	Kruszewo	Ciechanów
578	śniechowski Stanisław	Kokoszyn, śmiechy	Sierpc
579	Sobański Jan	Starzyn	Wyszogród
580	Sojkowski Tadeusz	Wkra	Strzegowo
581	Sokolnicki Jan	Krystianowo	Rypin
582	Sonenberg Stanisław	Mała Wieś, Nizdzino i Duplice	Raciąż
583	Sosnowski Aleksander	Dębowa Karczma	Ciechanów
584	Sosnowski Józef	Łaguny – Barańce	Ciechanów
585	Sotrowski Tadeusz	Tłuchowo v. Tłuchówko	Dobrzyń nad Wisłą
586	Sowiński Konrad	Suszewo	Lipno
587	Sponagiel Oskar	Sitno	Dobrzyń nad Drwęcą
588	Stępczyński Hipolit	Lasotki	Dobrzyń nad Wisłą
589	Stobiecki Tomasz	Zakrzewo Kościelne	Bodzanów
590	Studziarski Franciszek	Czarnocin	Ciechanów
591	Studziński Wiktor	Tyszki - Brzegendy	Mława
592	Stumiłło Marceli	Kosiny Stare, Chomentowo	Mława
593	Sulimierski Józef	Dobre	Rypin
594	Sumiński Marceli	Pieczyska	Mława
595	Sumiński Piotr	Nużewo	Ciechanów
596	Swęszkowski Walery	Węgra	Przasnysz
597	Święcicki Henryk	Nowawieś	Lipno
598	święcicki Józef	Obeb Wielki	Dobrzyń nad Wisłą
599	Świecki Tadeusz	Radomice	Lipno
600	świerkocki Józef	Stropkowo	Sierpc
601	Syski Henryk	Aleksandrowo	Raciąż

602	Syski Jan	Zawady	Mława
603	Szałkiewicz Antoni	Maliszewo	Lipno
604	Szarewicz Henryk	Gozdowo	Sierpc
605	Szarewicz Wacław	Psary	Bielsk
606	Szczawiński Adam	Ostrów vel Huta	Szreńsk
607	Szczempliński Mikołaj	Osiek Wielki i Mazowsze	Drobin
608	Szczepkowski Aleksander	Powsino, Florencja	Płock
609	Szmagier Teodor	Borkowo Kościelne, Wilczewo	Sierpc
610	Szmakfefer-Prądzyński Zygmunt	Białebłoto	Rypin
611	Szmitkowski Henryk	Teodorow	Lipno
612	Sztembardt Władysław	Tupadły, Bęklewo	Lipno
613	Sztrej Samuel	Rybitwy, Kokoszki	Nieszawa
614	Szwarski Mateusz	Paprotki Białasy	Sierpc
615	Tabęcki Jacenty i Michał	Gnojno, Gnojenko, Petrykozy B.	Mława
616	Tański Adam	Wiśniewo - Dziarnowo	Ciechanów
617	Tański Adam	Kolczyno Małe	Sierpc
618	Tarnowski Antoni	Kamienna Kościelna, Zarzeczna	Przasnysz
619	Tarnowski Ludwik Józef	Bolesławice	Rypin
620	Tarnowski Stanisław	Barcikowo	Płock
621	Todtleben Henryk	Choczeń	Skempe
622	Tonderung Henryk	Garwarz	Strzegowo
623	Trzciński Adam	Józefowo	Ciechanów
624	Trzciński Feliks	Czarnomin Kmiece	Sierpc
625	Trzciński Franciszek	Kieńczewo B. Cisz A.	Mława
626	Turski Henryk	Kuchary, Krysk, Niedzbórz	Drobin
627	Turski Jan	Żytowo, Maliszewo, Maliszewko	Sierpc
628	Turski Zygmunt	Niedarzyn	Raciąż

629	Tyburski Wincenty	Skaszewo	Dobrzyń nad Wisłą
630	Tyszka Aleksander i Henryk	Garkowo A.	Raciąż
631	Tyszka Józef	Bilino	Ciechanów
632	Ujazdowski Julian	Nagórki, Judyce	Drobin
633	Umiński Zygmunt	Dziembakowo, Reczewo	Sierpc
634	Unierzycki Konrad	Lewiczyn	Mława
635	Waldowski Teofil	Brudnice	Żuromin
636	Wałęsa Mateusz	Strachoń	Dobrzyń nad Wisłą
637	Waleszczyński Jan	Kowalewo	Bielsk
638	Walewska hr. Wanda	Unieszki Gomińskie	Mława
639	Waliński Leon	Mościska	Rypin
640	Waśniewski Florjan	Schabajewo, Makomary	Sierpc
641	Waśniewski Franciszek	Zaborowo	Mława
642	Waśniewski Henryk	Giżyno, Zakrzewo	Bielsk
643	Waśniewski Lucjan	Szczepkowo - Zalesie	Mława
644	Waśniewski Stefan	Tupadły	Lipno
645	Waśniewski Wincenty	Czaplice - Bąki	Przasnysz
646	Wąsowicz Hipolit	Jasienie	Dobrzyń nad Wisłą
647	Wąsowicz Tomasz	Glewo, Zaduszniki	Dobrzyń nad Wisłą
648	Wąsowicz Wacław	Kamień Kmiecy	Dobrzyń nad Wisłą
649	Wąsowski Dyonizy	Tańsk - Kęsocha	Przasnysz
650	Wawrzeński Konstanty	Bledzewo	Sierpc
651	Wawrzyński Adam	Brudnice	Żuromin
652	Wernik Ludomir	Bronowo, Zalesie, Brochocinko, Brochocino, Żukowo, Tchórz, Juryszewo	Płock
653	Węslerski Stanisław	Siecienie	Dobrzyń nad Wisłą
654	Widawski August	Zdziembórz	Dobrzyń nad Wisłą
655	Wiekowicz Chaim	Likiec, Nowiny	Rypin

656	Wielczko Władysław	Żukowo Strusie, Kraszewo Falki, Kroszczewie	Raciąż
657	Wieliczko August	Smoszewo, Krasino	Sierpc
658	Wierzbicki Feliks	Druchowo Myszyno	Raciąż
659	Wierzbicki Jan	Zdziar, Wielki Las	Starośreby
660	Wierzbicki Józef	Łążynek folw.	Lubicz
661	Wilcz Aleksander	Targonie	Ciechanów
662	Wilhelm Michał	Chojnowo	Przasnysz
663	Wilkowski Maksymilian	Długołęka Gębale	Ciechanów
664	Wiloch Franciszek	Rostkowice	Wyszogród
665	Wiórkiewicz Leon	Wiórkowo	Starośreby
666	Wiśniewscy Wincenty, Piotr i Marjan	Wróblewo	Ciechanów
667	Wiśniewski Jan	śniedzanowo	Sierpc
668	Wiśniewski Władysłąw	Zdunowo, Zdunówko, Kossobudy, Sierakowo	Raciąż
669	Wlibner Aleksander	Piotrkowo	Mława
670	Włoczewski Jan	Ciołkówko	Płock
671	Włoczewski Wacław	Żochowo	Starośreby
672	Włoczewski Władysław	ślepkowo	Płock
673	Wodziński Stefan	Karwacz	Przasnysz
674	Woldenberg Dawid	Rudaw	Płock
675	Wolf Ernest	Tomaszewo	Lipno
676	Wolibner Wacław	Gulczewo	Płock
677	Wołowski Ludwik	Krajkowo, Sokolniki	Bielsk
678	Wośnicki Jan	Przeradś Wielki	Żuromin
679	Zaborowski Jerzy	Wola Łaszewska	Raciąż
680	Zakrzewski Edward	Majki, Kosmaciewo, Petrykozy	Bielsk
681	Zakrzewski Józef	Zakrzewo	Mława
682	Zakrzewski Ludwik	Dobrosielice, Imbramy	Drobin

683	Zakrzewski Marceli	Kosmaczewo, Petrykozy	Bielsk
684	Zalęski Aleksander	Łagiewniki	Dobrzyń nad Wisłą
685	Zalęski Bronisław	Rudowo, Brody	Mława
686	Zalęski Franciszek	Rokicie	Dobrzyń nad Wisłą
687	Załuski Jan	Czarnocinek	Ciechanów
688	Załuski Stanisław	Żarnowo	Ciechanów
689	Zapała Zygmunt	Młock, Baraniec	Ciechanów
690	Zaraks-Zarakowski Franciszek	Pręczki	Rypin
691	Zaręba Marjan	Umienino, Żelazki	Bielsk
692	Zawadzki Jan	Łapinóż	Rypin
693	Zawidzki Andrzej	Worowice	Starośreby
694	Zawidzki Edward	Blichowo	Starośreby
695	Zawidzki Fabian	Kraszewo Podborne	Raciąż
696	Zdziarski Bolesław	Zdziar Wielki, Ostrzykowo, Ostrzykówko	Starośreby
697	Zdziarski Kazimierz	Sulocin	Sierpc
698	Zdziarski Tomasz	Julianowo	Ciechanów
699	Zdziarski Władysław	Zasady, Żmijewo Nowe	Rypin
700	Zdziemborski Józef	Przybyszewo	Sierpc
701	Zdziemborski Tomasz	Przeradś Mały	Żuromin
702	Zembrzuski Jan	Chrostowo - Bronki	Przasnysz
703	Żerański Stanisław	Garlino - Zalesie	Ciechanów
704	Zglinicki Paweł	Romatowo	Sierpc
705	Zieliński Jan	Wola Wymysły, Ossówka, Witowąż, Stajenczyny	Lipno
706	Zieliński Konstanty	Srebrna, Łążyn, Sikora	Płock
707	Zieliński Ludwik	Wierzbick, Rątfiny	Lipno
708	Zieliński Władysław	Kukowo, Grabowiec, Koziołek, Skępe, Suminek, Chodorążek	Skempe

709	Zienkiewicz Bolesław	Szelugi Wielkie	Bodzanów
710	Żochowski Teodor	Goszczk	Strzegowo
711	Żółtowski Jan i Antoni	Wieluń, Pełki	Szreńsk
712	Żółtowski Kornel	Sokolniki	Starośreby
713	Żółtowski Władysław	Małąchowice	Starośreby
714	Życki Wacław	Pawłowo Kościelne	Przasnysz

6. **Aufstellung der 714 Großgrundbesitzer in der Gubernie Plock für das Jahr 1909 -** Sortierung nach 1.096 Ortschaften und Verweisen:

#	Bezeichnung des Gutes [Dobra ziemskie]	Eigentümer [WłaŚciciel]	Postamt [Urząd pocztowy]
1	Abramki	Olszewski Józef	Bielsk
2	Aleksandrowo	Syski Henryk	Raciąż
3	Aleksandrowo	Kruszewski Kazimierz	Strzegowo
4	Andrychy	Rapacki Piotr	Ciechanów
5	Annopol	Ostrowski Antoni	Przasnysz
6	Annowo	Gliński Stanisław	Chorzele
7	Antoniewo	Gierzyński Stanisław	Rypin
8	Arciszewo	Młodowski Stefan	Wyszogród
9	Babc	Leszczyński Adam	Sierpc
10	Babe	Koral Maues	Sierpc
11	Baby	Klonowski Józef	Ciechanów
12	Bachorz	Rymer Henryk	Rypin
13	Bachórz	Riemer Henryk	Rypin
14	Bądkowo	Bojanowski Zygmunt	Ciechanów
15	Badurki	Gerlach Jan	Bodzanów
16	Bakalary	Gierzyński Marjan	Sierpc
17	Bąki	Waśniewski Wincenty	Przasnysz
18	Bałdowo	Ptąskowski Karol	Lipno
19	Balino	Barthel Alfred	Rypin
20	Barańce	Sosnowski Józef	Ciechanów
21	Baraniec	Zapała Zygmunt	Ciechanów
22	Barcikowo	Tarnowski Stanisław	Płock
23	Baron	Gorzechowski Adam	Mława

24	Bartniki	Bartosiewicz Antoni	Przasnysz
25	Bartosowe	Kawiecki Gustaw	Mława
26	Bartosowe	Kawiecki Gustaw	Mława
27	Bęklewo	Sztembardt Władysław	Lipno
28	Bełkowo	Gierzyński Antoni	Drobin
29	Bendzamin	Blas Lejzor	Żuromin
30	Benedyktyński, Po- fol.	Jasieński Władysław	Płock
31	Bętlewo	Ettinger Józef	Lipno
32	Białasy	Szwarski Mateusz	Sierpc
33	Białebłoto	Szmakfefer-Prądzyński Zygmunt	Rypin
34	Białkowo	Dejczer Stanisław	Płock
35	Białoskóry	Godlewski Józef	Sierpc
36	Białusy	Gościcki Jan	Bielsk
37	Bielawy	Seczkowski Franciszek	Ciechanów
38	Biele	Mazurkiewicz Wincenty	Sierpc
39	Bietkowice	Dziewanowski Kazimierz	Wyszogród
40	Bilino	Tyszka Józef	Ciechanów
41	Biskupino	Borzuchowski Antoni	Lipno
42	Bledzewo	Wawrzeński Konstanty	Sierpc
43	Blichowo	Zawidzki Edward	Starośreby
44	Blinno	Ginter Kazimierz	Rypin
45	Blizno	Piwnicki Wiktor	Przasnysz
46	Błotne	Kamiński Władysław	Ciechanów
47	Błotne	Kamiński Władysław	Ciechanów
48	Bocheniec	Płoski Bolesław	Dobrzyń nad Wisłą
49	Bogdany Wielkie	Kloczowski Józef	Chorzele
50	Bogucin	Rutkowski Zdzisław	Włocławek

51	Bogusendy	Lasocki Franciszek	Bielsk
52	Bogusendy	Lasocki Franciszek	Bielsk
53	Bolesławice	Tarnowski Ludwik Józef	Rypin
54	Bombalice	Kawecki Leon	Bielsk
55	Bońkowo	Śliwowski Władysław	Szreńsk
56	Borki	Kalisz Stanisław	Rypin
57	Borki	Konarski Ignacy	Rypin
58	Borki	Kowalski Ignacy	Rypin
59	Borki	Mieczyński Józef	Płock
60	Borki	Mieczyński Józef	Płock
61	Borki	Cywiński Aleksander	Płock
62	Borki folwark	Balcerzak Jan	Sierpc
63	Borkowo Kościelne	Szmagier Teodor	Sierpc
64	Borkowo Wielkie	Rościszewski Edward	Sierpc
65	Borowe	Prusinowski Kajetan	Mława
66	Borowe	Piechowski Władysław	Mława
67	Borowe	Klejn Dobrosław	Przasnysz
68	Borowiczki	Fryben Władysław	Płock
69	Borzewo	Chabowski Anastazy	Sierpc
70	Borzymin	Pomirski Władysław	Rypin
71	Borzyny	Chądzyński Ksawery	Raciąż
72	Boski	Pełkowski Jan	Rypin
73	Brochocinko	Wernik Ludomir	Płock
74	Brochocino	Wernik Ludomir	Płock
75	Brodnica	Sierakowski hr. Adam	Rypin
76	Brodnica	Sierakowski hr. Adam	Rypin
77	Brodnicą pod	Sierakowski hr. Adam	Rypin

78	Brody	Zalęski Bronisław	Mława
79	Brody Małe	Jaroszewski	Bodzanów
80	Brody Wielkie	Jaroszewski	Bodzanów
81	Brodzięcino	Łuniewski Antoni	Ciechanów
82	Bromierz Wielki	Ożarowski Aleksander	Starośreby
83	Bromierzyk	Rościszewski Antoni	Starośreby
84	Bronki	Zembrzuski Jan	Przasnysz
85	Bronowo	Kalinowski Zygmunt	Płock
86	Bronowo	Kownacki Symplicjan	Płock
87	Bronowo	Wernik Ludomir	Płock
88	Brudnice	Waldowski Teofil	Żuromin
89	Brudnice	Wawrzyński Adam	Żuromin
90	Brudnice	Baranowski Teodor	Płock
91	Brudzeń	Rościszewski Kazimierz	Dobrzyń nad Wisłą
92	Brudzyno	Mossakowski Modest	Starośreby
93	Brwilno maj.	Fuhrmann Jerzy, de	Płock
94	Brzechowo	Kozłowski Zygmunt	Bielsk
95	Brzegendy	Studziński Wiktor	Mława
96	Brzeszczki Duże	Brzuski Alojzy	Rypin
97	Brzeszczki Wielkie	Brzuski Alojzy	Rypin
98	Brzuze	Dziewanowski Jan	Rypin
99	Budy	Kwiatkowski Józef	Ciechanów
100	Bukowiec	Cichowski Józef	Mława
101	Butary	Kosiński Adam	Płońsk
102	Cekanowo	Jaworski Józef	Bielsk
103	Cetlino	Gościcki Kazimierz	Bielsk
104	Chądzyny	Galczyński Mieczysław	Raciąż

105	Chalinki	Gniazdowski Stanisław	Włocławek
106	Chamsk	Berg Rudolf	Bieżuń
107	Charzyny	Chądzyński Ksawery	Raciąż
108	Chełmica Wielka	Narbuch von Grzegorz	Włocławek
109	Chmielewo	Kołakowski Wincenty	Ciechanów
110	Chmielewo Małe	Chmielewski Jan	Mława
111	Chmielewo Wielkie	Chmielewski Jan	Mława
112	Choczeń	Todtleben Henryk	Skempe
113	Chodorążek	Zieliński Władysław	Skempe
114	Chojno	Kerner E. J. J. i L.	Zbójno
115	Chojnowo	Wilhelm Michał	Przasnysz
116	Chomentowo	Stumiłło Marceli	Mława
117	Chromakowo	Mieczkowski Teofil	Żuromin
118	Chromakowo	Pytkowski Zdzisław	Żuromin
119	Chrostowo	Zembrzuski Jan	Przasnysz
120	Chruściele	Kleniewski Jan	Ciechanów
121	Chrzczony	Borkowski Stanisław	Chorzele
122	Chudzewo	Niedświecki Władysław	Dobrzyń nad Wisłą
123	Chudzynko	Mieczyński Józef	Płock
124	Chudzyno	Pilitowski Antoni	Starośreby
125	Ciałuchowo	Nałęcz Mścisław	Lipno
126	Ciałuchowo	Nałęcz Mścisław	Lipno
127	Cieśle	Piwnicki Ignacy	Bodzanów
128	Cieśle	Cwierniewski Paweł	Drobin
129	Cieślino	Cieśliński Zygmunt	Sierpc
130	Cieszewo Małe	Kozłowski Zygmunt	Bielsk
131	Cieszki	Blas Lejzor	Żuromin

132	Cieszkowo Stare	Nurgsztaler Fryderyk	Drobin
133	Ciołkówko	Włoczewski Jan	Płock
134	Ciołkowo	Przybojewski Bronisław	Płock
135	Cisz A.	Trzciński Franciszek	Mława
136	Cumino	Jędrzejewski Jan	Płońsk
137	Cybulino	Gąsiorowski Wacław	Bodzanów
138	Czachowo	Kowalkowski Alfons	Bielsk
139	Czaplice	Waśniewski Wincenty	Przasnysz
140	Czaplice	Drewnowski Adam	Przasnysz
141	Czaplice Wielkie	Pszczółkowski Marceli	Przasnysz
142	Czarnego	Rozen Mosiek	Lipno
143	Czarnocin	Studziarski Franciszek	Ciechanów
144	Czarnocin	Łebkowski Julian	Strzegowo
145	Czarnocinek	Załuski Jan	Ciechanów
146	Czarnomin	Trzciński Feliks	Sierpc
147	Czarzaste Wielkie	Cichowski Hipolit	Sierpc
148	Czernice	Klejn Dobrosław	Przasnysz
149	Czernikowo	Rościszewski Leon	Lubicz
150	Czeruchy	Krasiński hr. Adam	Ciechanów
151	Czerwińsk	Bosko vel Boszko Antoni	Ostrołęka
152	Czyżewo	Czaplicki Zygmunt	Rypin
153	Dąbek	Doberski Kazimierz	Bieżuń
154	Dąbrówka	Chmieliński Saturnin	Ciechanów
155	Dąbrówka	Byszowswerder Keszcz	Zbójno
156	Dąbrówka	Kakowski Jan	Przasnysz
157	Daniszewo	Kosiński Adam	Płońsk
158	Dębiany	Konopacki Fryderyk	Rypin

159	Dębiny	Kakowski Józef Andrzej (brat kard.)	Ciechanów
160	Dębowa	Sosnowski Aleksander	Ciechanów
161	Dębowo	Nejman Edward	Rypin
162	Dębsk	Gorzechowski Adam	Mława
163	Dębsk	Krajewski Józef	Mława
164	Dębska	Krajewski Józef	Mława
165	Dezerta	Borszewski Rajmund	Ciechanów
166	Dezerta	Bernbum Chil	Ciechanów
167	Długie	Borzewski Artur	Rypin
168	Długołęka	Wilkowski Maksymilian	Ciechanów
169	Długołęka	Kuskowski Aleksander	Ciechanów
170	Dłużniewo Wielkie	Babecki Antoni	Starośreby
171	Dobre	Sulimierski Józef	Rypin
172	Dobrogosty	Łopuski Zygmunt	Przasnysz
173	Dobrosielice	Zakrzewski Ludwik	Drobin
174	Dobrosielice	Gierzyński Adolf	Drobin
175	Dobrski	Płoski Władysław	Drobin
176	Dobrzenice Małe	Rościszewski Włodzimierz	Sierpc
177	Dominikański, Po- folw.	Kuneman Robert	Płock
178	Doziny	Charzyński Adam	Szreńsk
179	Dręglin	Rajkowski Franciszek	Szreńsk
180	Drobin	Kunkiel Eugeniusz	Drobin
181	Drogiszka	Kosiński Bronisław	Strzegowo
182	Drozdowo	Thun Wincenty, de	Raciąż
183	Drozdy	Lasocki Stanisław	Bielsk
184	Druchowo	Wierzbicki Feliks	Raciąż
185	Duczymin	Mieczkowski Ksawery	Chorzele

186	Duczymin Kościelny	Gliński Jan	Chorzele
187	Dulsk	Płoski Jan	Lipno
188	Dunaj	Singer Adam	Mława
189	Duplice	Sonenberg Stanisław	Raciąż
190	Duszoty	Burczyński Ignacy	Rypin
191	Dyblin	Pruski Karol	Dobrzyń nad Wisłą
192	Dylewo	Majeran Lewin	Rypin
193	Działyń	Ciechomski Konrd i Leon	Zbójno
194	Działyń	Lisiński Jan	Zbójno
195	Dziarnowo	Tański Adam	Ciechanów
196	Dziedzice	Kozłowski Jan	Bielsk
197	Dzięgielewo	Cyprysiński August	Sierpc
198	Dziektarzewo	Piechowski Kajetan	Szreńsk
199	Dzielino	Kakowski Bronisław	Przasnysz
200	Dzielino	Nałęcz Szymon	Przasnysz
201	Dziembakowo	Umiński Zygmunt	Sierpc
202	Dzierki	Pomianowski Antoni	Starośreby
203	Dzierzączka	Krygier Piotr	Nieszawa
204	Dzierżanowo	Imszenicki Jan	Bielsk
205	Dzierżanowo	Kryński Grzegorz	Bielsk
206	Dzierzgówko	Piętka Eugeniusz	Przasnysz
207	Dzierzgowo	Rajnhardt Tadeusz	Przasnysz
208	Dzierzno	Hewel Bolesław	Rypin
209	Dzierzno	Podgórski Jan	Rypin
210	Dziewanowo	Chełmicki Ludwik	Rypin
211	Dziewanowo	Chełmicki Ludwik	Żuromin
212	Dziurawieniec	Hubicki Stefan	Ciechanów

213	Dziury	Borowy Antoni	Mława
214	Dziwy	Blas Lejzor	Żuromin
215	Fabianki	Jensz Alfons	Płońsk
216	Falęcin	Piaseczny Stanisław	Starośreby
217	Falki	Wielczko Władysław	Raciąż
218	Florencja	Szczepkowski Aleksander	Płock
219	Furmany	Drewnowski Adam	Przasnysz
220	Gadomiec	Gadomski Tomasz	Przasnysz
221	Gadomiec	Borkowski Stanisław	Chorzele
222	Gaj	Dykał vel Dykau Paweł	Dobrzyń nad Drwęcą
223	Gaje	Olszewski Sylwester	Nasielsk
224	Garkowo A.	Tyszka Aleksander i Henryk	Raciąż
225	Garlino	Żerański Stanisław	Ciechanów
226	Garwarz	Tonderung Henryk	Strzegowo
227	Gębale	Wilkowski Maksymilian	Ciechanów
228	Gidejty	Lentz Karol	Ciechanów
229	Giednia	Puchała Piotr	Mława
230	Gilino	Piwnicki Piotr Waldemar Tytus	Bielsk
231	Giżynek	Borzewski Antoni	Rypin
232	Giżyno	Waśniewski Henryk	Bielsk
233	Głęboczek	Kohn Majer	Zbójno
234	Glewo	Wąsowicz Tomasz	Dobrzyń nad Wisł
235	Glinki	Jaroszewski Mieczysław	Bieżuń
236	Głodowo	Ptąskowski Karol	Lipno
237	Główczyn	Karczewski Zdzisław	Wyszogród
238	Głowina	Dmowski Wacław	Dobrzyń nad Wisł
239	Głowińsk	Bejgier Jan	Płock

240	Głużek	Rudowski Julian	Mława
241	Gnojenko	Tabęcki Jacenty i Michał	Mława
242	Gnojno	Tabęcki Jacenty i Michał	Mława
243	Gocłowo	Gąsiorowski Wacław	Bodzanów
244	Gójsk	Krępeć Wiktor	Sierpc
245	Goleszyn	Sieklucki Tomasz	Sierpc
246	Gołuchowo	Nałęcz Mścisław	Lipno
247	Gołuchowo	Nałęcz Mścisław	Lipno
248	Gołuskie	Seczkowski Franciszek	Ciechanów
249	Gołuszyn	Grzybowski Michał	Bieżuń
250	Gomińskie	Walewska hr. Wanda	Mława
251	Góra	Popkowski Antoni	Starośreby
252	Górki	Dobrzański Ludwik	Przasnysz
253	Górne	Płoski Onufry	Ciechanów
254	Gorzechowo	Boski Czesław	Dobrzyń nad Wisłą
255	Gościska	Purzycki Władysław	Szreńsk
256	Goślec, Czachcino, Leszczyno, Szczyt vel Józinek	Radliński Ignacy	Bielsk
257	Goślice, Ciachcino, Leszczyno, Szczyt vel Józinek	Kubala Ludwik	Bielsk
258	Goślice, Leszczyno, Szczyl vel Józinek, Ciachcino	Kossobudzki Szymon	Bielsk
259	Goślice, Leszczyno, Szczyt vel Józinek, Ciachcino	Osiecki Franciszek	Bielsk
260	Gostkowo	Smoliński Jan	Ciechanów
261	Goszczk	Żochowski Teodor	Strzegowo
262	Goszczyno Górne	Ostrowski Ludwik	Starośreby
263	Gozdowo	Szarewicz Henryk	Sierpc
264	Grąbiec Wielki	Czaplicki Antoni	Sierpc
265	Grabobo	Cichowski Hipolit	Sierpc

266	Grabowiec	Skrządziewski Edmund	Skempe
267	Grabowiec	Zieliński Władysław	Skempe
268	Grabowo Wielkie	Obiedziński Symplicjusz	Ciechanów
269	Gradzanowo	Nabert Gustaw	Raciąż
270	Granowo	Chełmicki Stanisław	Sierpc
271	Grodkówno	Dziewanowski Kazimierz	Wyszogród
272	Grodkowo	Dziewanowski Kazimierz	Wyszogród
273	Gródkowo	Klicki Dominik	Sierpc
274	Grody	Górecki Józef	Mława
275	Grodziec	Prześdziecki Stanisław	Płock
276	Grondy Stare	Krępeć Wiktor	Sierpc
277	Grudusk	Bojanowski Ignacy	Mława
278	Grzebsk	Rudowski Michał	Mława
279	Grzęby	Nogacki Karol	Rypin
280	Grzędowo	Gutowski Jan	Sierpc
281	Grzybowo	Klicki Bronisław	Mława
282	Grzybowo Wielkie	Krępski Stanisław	Mława
283	Gulbiny	Piwnicki Marjan	Rypin
284	Gulczewo	Wolibner Wacław	Płock
285	Gumowo	Kosiński Andrzej	Płońsk
286	Gustawin	Janowski Władysław	Ciechanów
287	Gutowo	Jurzyński Stanisław	Bielsk
288	Gwoździe	Majewski Wacław	Mława
289	Helenowo	Gadomski Tomasz	Przasnysz
290	Humięcino	Rapacki Piotr	Ciechanów
291	Humięcino	Mieszkowski Kazimierz	Ciechanów
292	Humięcino	Bojanowski Henryk	Dobrzyń nad Drwęcą

293	Huta	Szczawiński Adam	Szreńsk
294	Huta Emilia	Kahan Nahemi	Strzegowo
295	Ickowizna	Dzięciołowski Stanisław	Płock
296	Idzikowice	Pozner Salomon	Ciechanów
297	Imbramy	Zakrzewski Ludwik	Drobin
298	Jabłonowo	Borowy Antoni	Mława
299	Jakubkowo	Rutkowski Alfred	Dobrzyń nad Wisłą
300	Janowo	Olszewski Bronisław	Mława
301	Janowo	Pajšk Wawrzyniec	Mława
302	Jarczechowo	Mejer Ludwik	Lipno
303	Jarluty	Dziewanowski Wacław	Mława
304	Jarluty Małe	Bojanowski Michał	Ciechanów
305	Jasienie	Wąsowicz Hipolit	Dobrzyń nad Wisłą
306	Jastrzębie	Różycki Kazimierz	Lipno
307	Jawornica	Nogacki Karol	Rypin
308	Jeżewo	Czarnowski Bronisław	Sierpc
309	Jonczewo	Olszewski Józef	Bielsk
310	Józefowo	Trzciński Adam	Ciechanów
311	Józefowo	Grauberg Adam	Przasnysz
312	Józefowo	Rozen Mosiek	Lipno
313	Judyce	Ujazdowski Julian	Drobin
314	Julianowo	Zdziarski Tomasz	Ciechanów
315	Juryszewo	Wernik Ludomir	Płock
316	Kamień	Duczymiński Ludwik	Przasnysz
317	Kamień	Wąsowicz Wacław	Dobrzyń nad Wisłą
318	Kamienica	Knaap Józef	Dobrzyń nad Wisłą
319	Kamienna	Tarnowski Antoni	Przasnysz

320	Kamionka	Płoski Bolesław	Dobrzyń nad Wisłą
321	Kamionki	Obrębski Maksymilian	Rypin
322	Kapiczne	Olszyński Stanisław	Mława
323	Kapiczne	Olszyński Stanisław	Mława
324	Kapitulny	Milewski Antoni	Żuromin
325	Karczma	Sosnowski Aleksander	Ciechanów
326	Karniewo	Klonowski Stanisław	Ciechanów
327	Karsy	Gorzechowski Ludwik	Raciąż
328	Karwacz	Wodziński Stefan	Przasnysz
329	Karwosieki, Cholewice, Kotowe, Bronowo Kmiece	Koperczyński Tadeusz	Płock
330	Karwowo Szlacheckie	Paderewski Julian	Bodzanów
331	Kąty	Martynowicz Jan	Ciechanów
332	Kawęczyn	Kwasieborski Ignacy	Lubicz
333	Kawęczyn	Chyczewski Antoni	Starośreby
334	Kędzierzyno	Grabowski Czesław	Bielsk
335	Kempskie	Olszewski Franciszek	Sierpc
336	Kęsice	Słomiński Stanisław	Sierpc
337	Kęsocha	Wąsowski Dyonizy	Przasnysz
338	Kiełpiny	Gockowski Józef i Franciszek	Rypin
339	Kiełpiny	Jabs Fryderyk	Lipno
340	Kiełtyki	Charszewski Franciszek	Bodzanów
341	Kieńczewo B.	Trzciński Franciszek	Mława
342	Kijaszkowie	Lissowski Leon	Lipno
343	Kijaszkowo	Lissowski Leon	Lipno
344	Kikół miasto	Nałęcz Władysław	Lipno
345	Kisielewo	Karski Julian	Dobrzyń nad Wisłą

346	Klary	Mieszkowski Kazimierz	Ciechanów
347	Kleniewo	Kozłowski Jan	Bielsk
348	Klewki	Czaplicki Jan	Przasnysz
349	Klice	Bojanowski Michał	
350	Kliczewo	Bagieński Zygmunt	Bieżuń
351	Kliczki	Konarski Albin	Ciechanów
352	Kłobukowo	Rokicki Ludwik	Dobrzyń nad Wisłą
353	Kłokock	Godlewski Zygmunt	Lipno
354	Klonowo	Budny Andrzej	Zbójno
355	Kłoski	Rzeczkowski Antoni	Ciechanów
356	Kłośno	Baranowski Eugeniusz	Rypin
357	Kluszewo	Plewkiewicz Bolesław	Ciechanów
358	Kmiece	Chabowski Anastazy	Sierpc
359	Kmiece	Trzciński Feliks	Sierpc
360	Kmiece	Łempicki Zygmunt	Sierpc
361	Kmiece	Śliwowski Władysław	Szreńsk
362	Kmiece	Porzycki Władysław	Przasnysz
363	Kmiece	Porzycki Władysław	Przasnysz
364	Kmiecy	Wąsowicz Wacław	Dobrzyń nad Wisłą
365	Kobrzenice	Kokoszczyński Józef	Rypin
366	Kobrzeniec	Cichowiąz Michał	Rypin
367	Kobuszyn	Majer Edmund	Szreńsk
368	Kobylinek	Morawski Ignacy	Ciechanów
369	Kobylino	Lentz Karol	Ciechanów
370	Kodłutowo	Thun Wincenty, de	Raciąż
371	Kokoszki	Rossal Fryderyk	Nieszawa
372	Kokoszki	Sztrej Samuel	Nieszawa
373	Kokoszyn	Śniechowski Stanisław	Sierpc

374	Kołat	Miller Jan	Dobrzyń nad Wisłą
375	Kolczyno Małe	Tański Adam	Sierpc
376	Kollegiacki, Po- folw.	Drojeccy M.S. i W.	Płock
377	Kollegiacki, Po- folw.	Siennicki Stefan	Płock
378	Komonino	Gorzechowski Franciszek	Strzegowo
379	Komorowo	Ciechanowski Edward	Płock
380	Komory	Kamiński Władysław	Ciechanów
381	Kopytowo	Czarnowski Bronisław	Sierpc
382	Kościelna	Tarnowski Antoni	Przasnysz
383	Kosiny	Kawiecki Gustaw	Mława
384	Kosiny	Olszyński Stanisław	Mława
385	Kosiny Stare	Stumiłło Marceli	Mława
386	Kosmaciewo	Zakrzewski Edward	Bielsk
387	Kosmaczewo	Zakrzewski Marceli	Bielsk
388	Kossemin	Chmielewski Feliks	Sierpc
389	Kossemin	Karski Jan	Sierpc
390	Kossobudy	Wiśniewski Władysłąw	Raciąż
391	Kostery	Halik Bronisław	Bielsk
392	Kotarczyno	Kłobukowski Teofil	Sierpc
393	Kotermań	Cyprysiński Kazimierz	Ciechanów
394	Kowalewko	Siniarski - Czaplicki Jan	Płock
395	Kowalewo	Waleszczyński Jan	Bielsk
396	Kowalki	Chełmicki Bronisław	Rypin
397	Kownatki	Krajewscy C.J.M.W.	Mława
398	Kozarzewo	Fetting Wilhelm	Płock
399	Koziczi	Olesza Edward	Szreńsk
400	Koziebrody Kościelne	Thun Ignacy, de	Raciąż

401	Koziołek	Zieliński Władysław	Skempe
402	Kozieróg Leśny	Podczaski Józef	Skempe
403	Kozłowo	Kozłowski Piotr Kajetan	Bielsk
404	Kozłowo	Łaguna Leon	Ciechanów
405	Kozły	Olszewski Bronisław	Mława
406	Kozolin	Konczewscy J. I T.	Raciąż
407	Kożuchowe	Podgórski Jan	Rypin
408	Krajkowo	Wołowski Ludwik	Bielsk
409	Krasino	Wieliczko August	Sierpc
410	Krasne	Czartoryski Adam Ks.	Przasnysz
411	Kraszewo	Grzybowski Julian	Ciechanów
412	Kraszewo	Grzybowski Jan	Płock
413	Kraszewo	Wielczko Władysław	Raciąż
414	Kraszewo	Borszewski Rajmund	Ciechanów
415	Kraszewo	Bernbum Chil	Ciechanów
416	Kraszewo	Zawidzki Fabian	Raciąż
417	Kraszewo	Płoski Julian	Ciechanów
418	Krawęczyn	Chyczewski Antoni	Starośreby
419	Krawieczyn	Jaroszewski Kazimierz	Bodzanów
420	Krępa	Krępeć Szymon	Zbójno
421	Krępice	Chabowski Wincenty (ksiądz)	Płock
422	Krępiny	Przybylski Ludwik	Włocławek
423	Krery	Duczymiński Ludwik	Przasnysz
424	Kretki Małe	Sierakowski hr. Adam	Rypin
425	Kretki Małe	Sierakowski hr. Adam	Rypin
426	Krobia	Opatowski Mojżesz	Lubicz
427	Kroszczewie	Wielczko Władysław	Raciąż

428	Krubice	Czaplicki Antoni	Sierpc
429	Krukowice	Słomowski Aleksander	Żuromin
430	Krupy	Leśniewski Kajetan	Ciechanów
431	Krusze	Galczyński Mieczysław	Raciąż
432	Krusze	Krajewscy C.J.M.W.	Mława
433	Kruszewo	Smoliński Michał	Ciechanów
434	Krysk	Turski Henryk	Drobin
435	Krystianowo	Sokolnicki Jan	Rypin
436	Krzeczanowo	Kulesza Władysław	Raciąż
437	Krzynowłoga Mała	Gniewosz Ludwik	Przasnysz
438	Krzywonoś	Dzirzbicki Stanisław	Mława
439	Krzywylas	Ott Fryderyk	Lipno
440	Kuchary	Turski Henryk	Drobin
441	Kuchary	Łuszczewski Julian	Zakroczym
442	Kuchary na Idzikowicach	Pozner Salomon	Ciechanów
443	Kukowo	Zieliński Władysław	Skempe
444	Kulany	Bylczyński Antoni	Mława
445	Kulin	Rutkowski Zdzisław	Włocławek
446	Kuniewo	Kotarski Władysław	Sierpc
447	Kunki	Miecznikowscy Tadeusz i Władysław	Szreńsk
448	Kurowo	Pruski Karol	Dobrzyń nad Wisłą
449	Kurowo	Ofenbach Icek	Ciechanów
450	Kuskowo	Porzycki Władysław	Przasnysz
451	Kuskowo	Lasocki Franciszek	Bielsk
452	Kuskowo	Porzycki Władysław	Przasnysz
453	Kuskowo	Lasocki Franciszek	Bielsk
454	Kwaśno	Prejs Edward	Sierpc

455	Kwiatkowo	Kobyliński Aleksander	Chorzele
456	Łabuny	Kalinowski Kazimierz	Płock
457	Lądy	Rybold Adolf	Dobrzyń nad Drwęcą
458	Łagiewniki	Zalęski Aleksander	Dobrzyń nad Wisłą
459	Łaguny	Sosnowski Józef	Ciechanów
460	Łanięcka	Ruszczyński Emilian	Ciechanów
461	Łapinóż	Zawadzki Jan	Rypin
462	Laskowiec	Dzierzanowski Henryk	Zbójno
463	Lasotki	Stępczyński Hipolit	Dobrzyń nad Wisłą
464	Lasoty	Chełmicki Ludwik	Rypin
465	Łaszewska	Zaborowski Jerzy	Raciąż
466	Łążek	Dziewanowski Wacław	Mława
467	Łazęki	Kobuszewski Modest	Wyszogród
468	Łaziska	Sławęcki Bonifacy	Bieżuń
469	Łaziska	Sławęcki Bonifacy	Bieżuń
470	Łazy	Chmielewski Kazimierz	Sierpc
471	Łążyn	Blas Lejzor	Żuromin
472	Łążyn	Zieliński Konstanty	Płock
473	Łążynek folw.	Wierzbicki Józef	Lubicz
474	Łękie ABC	Libert Wacław	Skempe
475	Leksyno	Bagieński Władysław	Bodzanów
476	Lelice	Gościcki Kazimierz	Bielsk
477	Leonardy	Białoskórski Wojciech	Bielsk
478	Leśniewo Górne	Morawski Anastazy i Antoni	Ciechanów
479	Leszcze	Godlewski Stanisław	Przesnysz
480	Leszczyno Kmiece	Machciński Józef	Bielsk
481	Leszczyno Szlacheckie	Orzechowski Wincenty	Bielsk

482	Leszczyno Szlacheckie	Pruski Bolesław	Bielsk
483	Leszno	Ostrowski Antoni	Przasnysz
484	Lewiczyn	Unierzycki Konrad	Mława
485	Lewino	Bogusławski Ścibor Jerzy	Wyszogród
486	Liberadz	Piechowski Kajetan	Szreńsk
487	Liberadz	Oleksiński Adam	Szreńsk
488	Ligowo	Dziewanowski Aleksander	Skempe
489	Likiec	Wiekowicz Chaim	Rypin
490	Likiec folw.	Pauli Herman	Rypin
491	Linne	Lutomski Józef	Włocławek
492	Lipa	Dębowski Wiktor	Ciechanów
493	Lipa	Thun Rudolf, de	Przasnysz
494	Lipno	Rościszewski Andrzej	Lipno
495	Lipowiec Kościelny	Mostowski Marjan	Mława
496	Lisiny	Kuncman Teodor pastor	Płock
497	Lisiogóra	Chcichowski (?) Piotr	Przasnysz
498	Łomia	Olszewski Konrad	Mława
499	Łomska	Olszewski Konrad	Mława
500	Łopacin	Ostrzeniewscy Ludwik i Konstanty	Ciechanów
501	Luberadz Mały	Kaniowski Władysław	Szreńsk
502	Lubianki	Kowalczyk Józef	Zbójno
503	Lubin	Czajkowski Antoni	Lipno
504	Lubinek	Czajkowski Antoni	Lipno
505	Łubki	Mazowiecki Bronisław	Bielsk
506	Łubki	Dąbski Mikołaj	Starośreby
507	Lubowidz	Kuntzel Konrad	Skempe
508	Lubowiec	Bigalke Gustaw	Zbójno

509	Łukomie	Giziński Teodozjusz	Sierpc
510	Łukoszyno	Cywiński Aleksander	Płock
511	Łukoszyno	Mieczyński Józef	Płock
512	Łukowo	Gorzechowski Stanisław	Raciąż
513	Łysakowo	Kalinowski Kazimierz	Płock
514	Machcinko	Pruski Jan	Bielsk
515	Machcino	Pruski Jan	Bielsk
516	Majki	Zakrzewski Edward	Bielsk
517	Makomary	Waśniewski Florjan	Sierpc
518	Makowiec	Orłowski Józef	Lipno
519	Makowo	Jankowski Wacław	Dobrzyń nad Wisłą
520	Mała Wieś	Sonenberg Stanisław	Raciąż
521	Małąchowice	Żółtowski Władysław	Starośreby
522	Malenie	Kosiński Adam	Płońsk
523	Maliszewko	Turski Jan	Sierpc
524	Maliszewo	Szałkiewicz Antoni	Lipno
525	Maliszewo	Turski Jan	Sierpc
526	Małomin	Rogalewicz Jan	Skempe
527	Małoszyno	Jaroszewscy F., W.	Sierpc
528	Małszyce	Rybold Adolf	Dobrzyń nad Drwęcą
529	Maluszyn	Łempicki Józef	Płońsk
530	Marjanowo	Piechowski Stefan	Mława
531	Mazowsze	Szczempliński Mikołaj	Drobin
532	Mchówko	Płoski Karol	Przasnysz
533	Mdzewko	Kanigowski Bogdan	Szreńsk
534	Męczenino Wielkie	Chamski Stanisław	Bielsk
535	Mężenino	Rutkowski Bernard	Ciechanów

536	Mężenino	Rzeczkowski Antoni	Ciechanów
537	Miączyn Mały	Śliwowski Władysław	Szreńsk
538	Miączyn Wielki	Śliwowski Władysław	Szreńsk
539	Miecznikowe	Moszczeński Jan	Mława
540	Międzyles	Duczymiński Ludwik	Przasnysz
541	Mierzanowo	Grendyszyńscy L. i M.	Ciechanów
542	Mierzynek	Ramlau Stanisław	Lubicz
543	Milewko	Kwiatkowski Ludwik	Raciąż
544	Milewo	Kwiatkowski Ludwik	Raciąż
545	Miłobedzin	Bukowski Edmund	Sierpc
546	Miłodróż	Chrząszczewski Jan	Płock
547	Miłoszewiec	Nałęcz Jan	Przasnysz
548	Miodusy	Gościcki Kazimierz	Bielsk
549	Mirosy	Kuskowski Aleksander	Ciechanów
550	Miszewo	Baranowscy A.A.E.J.	Płock
551	Miszewo	Lasocki Tadeusz	Płock
552	Mława	Mokrzycki Ludwik	Mława
553	Mlice	Dziewanowski Wacław	Mława
554	Mlice-Kostery	Halik Bronisław	Bielsk
555	Młock	Zapała Zygmunt	Ciechanów
556	Młody	Rościszewski Seweryn	Drobin
557	Młodynin	Rościszewski Jan	Mława
558	Młotkowo	Kosiński Wincenty	Sierpc
559	Młyniec	Bazański Kacper	Lubicz
560	Mochowo	Borawski Edward	Sierpc
561	Mogielnica	Karski Maksym	Bielsk
562	Mogielniczka	Białoskórski Wojciech	Bielsk

563	Mokrsk	Grabowski Karol	Bielsk
564	Molędy	Rokicki Ludwik	Dobrzyń nad Wisłą
565	Morkowo	Lisicki Gracjan	Wyszogród
566	MoŚciska	Waliński Leon	Rypin
567	Mostowo	Mostowski Marjan	Mława
568	Moszczonne	Dziewanowski Henryk	Zbójno
569	Murowame	Lasocki Tadeusz	Płock
570	Murowame	Lasocki Tadeusz	Płock
571	Mysłakowo Wielkie	Majer Ksawery	Lipno
572	Myśliborzyce	Gorzechowski Michał	Dobrzyń nad Wisłą
573	Myszewsko	Jaroszewscy F., W.	Sierpc
574	Myszyno	Wierzbicki Feliks	Raciąż
575	Naborowiec	Marchwicki Stanisłąw	Zakroczym
576	Nadółki	Kosiński Adam	Płońsk
577	Nadratowo	Kwiatkowski Ignacy	Szreńsk
578	Nadroż	Barthel Alfred	Rypin
579	Nagórki	Płoski Władysław	Drobin
580	Nagórki	Ujazdowski Julian	Drobin
581	Nagórki	Grabowski Władysław	Starośreby
582	Nakwasino	Bogusławski Ścibor Jerzy	Wyszogród
583	Nasierowo	Hubicki Stefan	Ciechanów
584	Nasierowo Dolne	Smoliński Ludwik	Ciechanów
585	Nick	Miłobędzki Konstanty	Żuromin
586	Nieborzyn	Charzyński Antoni	Wyszogród
587	Niedarzyn	Turski Zygmunt	Raciąż
588	Niedroż	Rościszewski Seweryn	Drobin
589	Niedświedś	Dmochowski Wiktor	Lipno

590	Niedzbórz	Turski Henryk	Drobin
591	Niedziałki	Dalski Wiktor	Mława
592	Niemczewo	Oppen Karol	Drobin
593	Niestum	Milewski Michał	Ciechanów
594	Niszczyce	Bolechowski Kazimierz	Bielsk
595	Nizdzino	Sonenberg Stanisław	Raciąż
596	Nosarzewo	Smoleński Stefan	Mława
597	Nosarzewo	Piechowski Władysław	Mława
598	Nowa Wieś	Mieczkowski Ksawery	Chorzele
599	Nowawieś	Gościcki Czesław	Bielsk
600	Nowawieś	Kuntzel Konrad	Skempe
601	Nowawieś	Gniazdowski Stanisław	Włocławek
602	Nowawieś	Święcicki Henryk	Lipno
603	Nowiny	Wiekowicz Chaim	Rypin
604	Nowopole	Cierpicki Józef	Starośreby
605	Nowopole	Klonowski Aleksander	Strzegowo
606	Nowopole os.	Mijakowski Symforjan	Mława
607	Nużewko	Broniewski Jakób	Ciechanów
608	Nużewo	Sumiński Piotr	Ciechanów
609	Obeb Wielki	Święcicki Józef	Dobrzyń nad Wisłą
610	Oborki	Nejman Edward	Rypin
611	Obory	Halik Bronisław	Bielsk
612	Obręb	Rainhardt Gustaw	Przasnysz
613	Obręb Mały	Cieśliński Zygmunt	Sierpc
614	Obrębe	Rainhardt Gustaw	Przasnysz
615	Obrebiec	Ostrowski Jerzy	Przasnysz
616	Ochniowe	Domaszewski Bolesław	Ciechanów

617	Ogorzelice	Gorczyński Florjan	Bielsk
618	Ograszka	Ostrowski Antoni	Lipno
619	Okalewo	Chełmicki Adolf	Rypin
620	Okonin	Borzewski Antoni	Rypin
621	Olszewka	Jaroszewski Gustaw	Mława
622	Olszewo	Karnowski Piotr	Włocławek
623	Olszewo	Jaroszewski Gustaw	Mława
624	Olszyny	Grabowski Władysław	Starośreby
625	Olszyny	Podczaski Kazimierz	Włocławek
626	Orzeszki	Thun Wincenty, de	Raciąż
627	Osiecka	Milewski Józef	Ciechanów
628	Osiek	Czaplicki Antoni	Sierpc
629	Osiek	MoŚcicki Jan	Ciechanów
630	Osiek	Słupecki Adolf	Lubicz
631	Osiek	Karski Kazimierz	Raciąż
632	Osiek Dolny	Milewski Józef	Ciechanów
633	Osiek Dolny	Chrzanowski Dominik	Ciechanów
634	Osiek Górny	Chrzanowski Dominik	Ciechanów
635	Osiek nad Wisłą	Karzycki Piotr	Lubicz
636	Osiek Piaseczny	Bańska Antoni	Sierpc
637	Osiek pod Brodnicą	Sierakowski hr. Adam	Rypin
638	Osiek Wielki	Szczempliński Mikołaj	Drobin
639	Osmiałowo	Rościszewski Andrzej	Lipno
640	Osmiałowo	Rościszewski Andrzej	Lipno
641	Ossówka	Zieliński Jan	Lipno
642	Ostrów vel Huta	Szczawiński Adam	Szreńsk
643	Ostrowitko	Judkiewicz Mosiek	Lipno

644	Ostrzykówko	Zdziarski Bolesław	Starośreby
645	Ostrzykówko	Sąchoccy Jan i Stefan	Starośreby
646	Ostrzykowo	Zdziarski Bolesław	Starośreby
647	Ostrzykowo	Sąchoccy Jan i Stefan	Starośreby
648	Otocznia	Krajewski Nikodem	Mława
649	Ozorkowo	Salwowski Feliks	Rypin
650	Pączkowo	Rajchel Marjan	Szreńsk
651	Pajewo	Helmerson Konstanty	Ciechanów
652	Paprotki	Szwarski Mateusz	Sierpc
653	Paprotki	Miszewski Tadeusz	Dobrzyń nad Wisłą
654	Parzeń	Rykaczewski Leon	Chorzele
655	Patorki	Konarski Albin	Ciechanów
656	Patory	Milewski Jakób	Ciechanów
657	Pawełki	Piotrkowski Jan	Mława
658	Pawłowo	Rzeszotarski Franciszek	Przasnysz
659	Pawłowo Kościelne	Życki Wacław	Przasnysz
660	Pawłowo, Pawłówko, Wyszyny KoŚcielne, Stare Zdroje	Łebkowski Tadeusz	Mława
661	Pęczki	Łaguna Leon	Ciechanów
662	Pełki	Chądzyński Antoni i Jan	Szreńsk
663	Pełki	Żółtowski Jan i Antoni	Szreńsk
664	Pepłówek	Roman Aleksander	Mława
665	Petrykozy	Zakrzewski Marceli	Bielsk
666	Petrykozy	Zakrzewski Edward	Bielsk
667	Petrykozy B.	Tabęcki Jacenty i Michał	Mława
668	Piączyno	Piwnicki Piotr Waldemar Tytus	Bielsk
669	Piączyno	Gościcki Czesław	Bielsk

670	Pianki	Morawski Paweł	Ciechanów
671	Pianki	Lewin Moszek	Sierpc
672	Piaseczny	Bańska Antoni	Sierpc
673	Piastowo	Kacperkiewicz Rajmund	Sierpc
674	Pieczyska	Sumiński Marceli	Mława
675	Piegłowo	Cieszewski Walenty	Mława
676	Pieński	Bagieński Józef	Sierpc
677	Piórków	Riebold Erwin	Dobrzyń nad Drwęcą
678	Piotrkowo	Molsdorf Bronisław	Mława
679	Piotrkowo	Wlibner Aleksander	Mława
680	Piskorczyno	Ostrowski Szymon i Wacław	Rypin
681	Płodownicka	Landau Wilhelm	Chorzele
682	Płonczyn	Mażantowicz Władysław	Dobrzyń nad Wisłą
683	Płonczynek	Grabski Czesław	Lipno
684	Płonne	Łempicki Józef	Dobrzyń nad Wisłą
685	Pniewo	Karski Kazimierz	Raciąż
686	Pniewo	Krasiński hr. Adam	Ciechanów
687	Pniewo	Gniazdowski Teofil	Raciąż
688	Podborne	Zawidzki Fabian	Raciąż
689	Podgórze	Peterow Konstanty	Wyszogród
690	Podkowice	Piasecki Antoni	Urzędów
691	Podkrajewo	Goszczyński Stanisław	Sierpc
692	Podleck Mały	Rościszewski Feliks	Starośreby
693	Podleck Wielki	Rościszewski Feliks	Starośreby
694	Podlesie	Krępeć Wiktor	Sierpc
695	Podnietrzeba	Kossowski Jan	Zbójno
696	Podolino	Dzierzanowski Henryk	Zbójno

697	Pokrzywnica Wielka	Kruszewski Karol	Mława
698	Pokrzywnica Wielka	Kruszewski Marjan	Mława
699	Polne	Smoleński Stefan	Mława
700	Polne	Kwiatkowski Józef	Ciechanów
701	Półwiesk Mały	Rudowski Edward	Dobrzyń nad Drwęcą
702	Pomianowo	Pomianowski Antoni	Starośreby
703	Pomiany	Smoleński Benjamin	Ciechanów
704	Poniatowo	Słomowski Aleksander	Żuromin
705	Poręba	Puchała Piotr	Mława
706	Postuły vel Kempskie	Olszewski Franciszek	Sierpc
707	Powsino	Szczepkowski Aleksander	Płock
708	Pozarzyn	Cichocki Jan	Wyszogród
709	Pręczki	Zaraks-Zarakowski Franciszek	Rypin
710	Proboszczewice	Kwiatkowski Marjan	Raciąż
711	Proszkowo	Rajkowski Franciszek	Szreńsk
712	Pruszczyno	Blank Karol	Wyszogród
713	Przedkościelne	Piasecki Antoni	Urzędów
714	Przedwojewo	Dębowski Jan	Ciechanów
715	Przeradz Mały	Zdziemborski Tomasz	Żuromin
716	Przeradz Mały	Machczyński Jan	Bieżuń
717	Przeradz Wielki	Wośnicki Jan	Żuromin
718	Przybyszewo	Zdziemborski Józef	Sierpc
719	Psary	Szarewicz Wacław	Bielsk
720	Pszczółki	Płoski Onufry	Ciechanów
721	Purzyce	Smoleński Benjamin	Ciechanów
722	Purzyce	Płoski Antoni	Ciechanów
723	Puszcza	Landau Wilhelm	Chorzele

724	Puszcza	Lewin Moszek	Sierpc
725	Rabież	Podkuliński Adam	Ciechanów
726	Rachocin	Kleniewski Bronisław	Sierpc
727	Radomice	Świecki Tadeusz	Lipno
728	Radomin	Rościszewski Edward	Dobrzyń nad Wisłą
729	Radzanowo	Konic H. i J.	Szreńsk
730	Radziki Wielkie	Ferster Adolf	Rypin
731	Radzimowice	Chaniewski Stanisław	Strzegowo
732	Radziochy	Nałęcz Mścisław	Lipno
733	Radziochy	Nałęcz Mścisław	Lipno
734	Radzynek	Rutkowski Witold	Rypin
735	Rąkcice	Kryński Grzegorz	Bielsk
736	Rakowo	Smoleński Feliks	Rypin
737	Rakowo	Czaplicki Zygmunt	Rypin
738	Ramutowo	Kacperkiewicz Jan	Bodzanów
739	Rątfiny	Zieliński Ludwik	Lipno
740	Ratowo	Konic H. i J.	Szreńsk
741	Reczewo	Umiński Zygmunt	Sierpc
742	Rejki	Chełmicki Ludwik	Rypin
743	Rękawczyno	Goślicki Józef	Sierpc
744	Rembielino	Łopuski Marjan	Chorzele
745	Rembielino	Gockowski Wojciech	Dobrzyń nad Wisłą
746	Rembówko	Milewski Jakób	Ciechanów
747	Rembowo	Mikiewicz Konstanty	Ciechanów
748	Rempin	Rościszewski Antoni	Sierpc
749	Reszki	Piechna Stanisław	Dobrzyń nad Wisłą
750	Retki	Bojanowski Henryk	Dobrzyń nad Drwęcą

751	Rogale	Piwnicki Wiktor	Przasnysz
752	Rogówko	Napiórkowski Teodor	Rypin
753	Rogowo	Piaseczny Stanisław	Starośreby
754	Rogozinek	Mieczyński Stanisław	Płock
755	Rogozino	Mieczyński Stanisław	Płock
756	Rokicie	Zalęski Franciszek	Dobrzyń nad Wisłą
757	Rokicie Kościelne	Rościszewski Edward	Dobrzyń nad Wisłą
758	Rokitnica	Kozłowski Wienczysław	Rypin
759	Romatowo	Zglinicki Paweł	Sierpc
760	Rościszewo	Cichowski Hipolit	Sierpc
761	Rostkowice	Wiloch Franciszek	Wyszogród
762	Rostkowo	Charzyński Stanisław	Starośreby
763	Rostkowo	Dobrzański Ludwik	Przasnysz
764	Rozgozin	Blas Lejzor	Żuromin
765	Rozwozinek	Blas Lejzor	Żuromin
766	Ruda	Rajnhardt Tadeusz	Przasnysz
767	Rudaw	Woldenberg Dawid	Płock
768	Rudówko	Nadratowski Marjan	Bielsk
769	Rudowo	Zalęski Bronisław	Mława
770	Rumoka	Rudowski Tadeusz	Mława
771	Rusinowo	Piwnicki Wiktor	Przasnysz
772	Ruszkowo	Gumowski Jan	Bodzanów
773	Ruszkowo	Gurbski Ignacy	Rypin
774	Ruszkowo	Kosnkowski Wincenty	Rypin
775	Ruszkowo Małe	Bigoszewski Stanisław	Rypin
776	Rutki	Piotrkowski Jan	Mława
777	Rutki-Krupy	Leśniewski Kajetan	Ciechanów

778	Rybitwy	Piechowski Kajetan	Szreńsk
779	Rybitwy	Rossal Fryderyk	Nieszawa
780	Rybitwy	Sztrej Samuel	Nieszawa
781	Rybniki	Buliński Zygmunt	Lipno
782	Rycharcice	Lasocki Stanisław	Bielsk
783	Rycice	Dębski Mieczysław (senior)	Chorzele
784	Rżały	Koral Maues	Sierpc
785	Rzęgnowo	Czosnowski Paweł	Przasnysz
786	Rzężawy	Blas Lejzor	Żuromin
787	Rzyski	Helmerson Konstanty	Ciechanów
788	Sąchocino	Gerlach Jan	Bodzanów
789	Sadek	Łempicki Józef	Płońsk
790	Sadłowo	Rościszewski Józef	Bieżuń
791	Sadłowo	Około-Kujak Władysław	Rypin
792	Sady	Kownacki Symplicjan	Płock
793	Sarnowo	Kuntzel Konrad	Skempe
794	Sarnowo	Górecki Józef	Mława
795	Schabajewo	Waśniewski Florjan	Sierpc
796	Sękowo	Łempicki Karol	Bielsk
797	Sękowo	Gładysz Ignacy	Bielsk
798	Sękowo	Gładysz Ignacy	Bielsk
799	Setropie	Grabowski Władysław	Starośreby
800	Siecienie	Węslerski Stanisław	Dobrzyń nad Wisłą
801	Siecienie	Duczymiński Konstanty	Płock
802	Siedlino	Chamski Leon	Dobrzyń nad Drwęcą
803	Siekluki	Sieklucki Tomasz	Sierpc
804	Sielskie	Kacperkiewicz Jan	Bodzanów

805	Siemcichy	Blas Lejzor	Żuromin
806	Sierakowo	Wiśniewski Władysłąw	Raciąż
807	Sierakowo	Lasocki Bronisław	Przasnysz
808	Sikora	Zieliński Konstanty	Płock
809	Sitno	Sponagiel Oskar	Dobrzyń nad Drwęcą
810	Siwe	Moszczeński Jan	Mława
811	Skaszewo	Tyburski Wincenty	Dobrzyń nad Wisłą
812	Skępe	Zieliński Władysław	Skempe
813	Skórzno	Rutkowski Zdzisław	Włocławek
814	Skórzno	Noszarzewski Józef	Lipno
815	Skotniki	Łuszczewski Julian	Zakroczym
816	Sławęcin	Płoski Julian	Ciechanów
817	Sławęcin	Doberski Kazimierz	Bieżuń
818	Sławogóra	Rajkowski Franciszek	Szreńsk
819	Ślepkowo	Włoczewski Władysław	Płock
820	Słomino	Charzyńscy Aleksander i Wincenty	Wyszogród
821	Słupca Mała	Gorzechowski Jan	Starośreby
822	Śmiechy	Śniechowski Stanisław	Sierpc
823	Śmiecino	Gutkowski Ignacy, Brunon	Ciechanów
824	Smosarz	Kleniewski Jan	Ciechanów
825	Smosarz	Morawski Paweł	Ciechanów
826	Smoszewo	Wieliczko August	Sierpc
827	Śniedzanowo	Wiśniewski Jan	Sierpc
828	Sobowo	Miszewski Tadeusz	Dobrzyń nad Wisłą
829	Sokolniki	Wołowski Ludwik	Bielsk
830	Sokolniki	Żółtowski Kornel	Starośreby
831	Sokołówek	Klonowski Józef	Ciechanów

832	Sokołowo	Płoski Bolesław	Dobrzyń nad Wisłą
833	Sokołowo	Bojanowski Henryk	Dobrzyń nad Drwęcą
834	Sołdany	Łojewski Konstanty	Mława
835	Sona	Dębowski Jan	Ciechanów
836	Sopiłaki	Bojanowski Henryk	Dobrzyń nad Drwęcą
837	Srebrna	Zieliński Konstanty	Płock
838	Stajenczyny	Zieliński Jan	Lipno
839	Stanowo	Graubart Mosiek	Bodzanów
840	Stanowo	Koskowski Stanisław	Bodzanów
841	Staroguby	Osipow Konstanty	Strzegowo
842	Starorypin	Piwnicki Zygmunt	Rypin
843	Starostwo	Mokrzycki Ludwik	Mława
844	Starzyn	Sobański Jan	Wyszogród
845	Starzyno	Jurzyński Stanisław	Bielsk
846	Stawiska	Lutomski Józef	Włocławek
847	Stawiska	Lindau Karol	Rypin
848	Stawkowo	Kowacki Aleksander	Szreńsk
849	Steklin	Linowski Ludwik	Zbójno
850	Steklinek	Bniński hr. Witold	Lipno
851	Stępowo	Grabski Mikołaj	Rypin
852	Stopino	Lewin Moszek	Sierpc
853	Strachacz vel Pawłowo	Rzeszotarski Franciszek	Przasnysz
854	Strachoń	Wałęsa Mateusz	Dobrzyń nad Wisłą
855	Strachówko	Chamski Leon	Dobrzyń nad Drwęcą
856	Stropkowo	Świerkocki Józef	Sierpc
857	Strusie	Wielczko Władysław	Raciąż

858	Strużewo	Mieczyński Jan	Dobrzyń nad Wisłą
859	Strzegowo	Frejman Janusz	Strzegowo
860	Strzegowo vel Tuchowo	Kownacki Franciszek	Strzegowo
861	Strzygi	Pankowski Tomasz	Rypin
862	Suche	Czartoryski Adam Ks.	Przasnysz
863	Sudragi	Grabowski Konstanty	Sierpc
864	Sulencice	Iłowiecki Janusz	Sierpc
865	Sułkowo Polne	Kwiatkowski Józef	Ciechanów
866	Sułkowskie	Kwiatkowski Józef	Ciechanów
867	Sułkowskie	Kwiatkowski Józef	Ciechanów
868	Sulocin	Zdziarski Kazimierz	Sierpc
869	Sułocinek	Krępeć Wiktor	Sierpc
870	Sumin	Prądzyński Bolesław	Lipno
871	Suminek	Zieliński Władysław	Skempe
872	Susk	Serbikowski Ignacy	Sierpc
873	Suszewo	Sowiński Konrad	Lipno
874	Świedziebna	Gniazdowski Stefan	Rypin
875	Świerczyn	Bolechowski Bolesław	Raciąż
876	Świerczyno	Smoleński Julian	Raciąż
877	Świętosław	Chełmicki Adolf	Rypin
878	Szaje	Plewkiewicz Bolesław	Ciechanów
879	Szamborz	Karwowski Adam	Bodzanów
880	Szapsk	Olszewski Jan	Lipno
881	Szczekarzewo	Czajkowski Antoni	Lipno
882	Szczepkowo	Łojewski Konstanty	Mława
883	Szczepkowo	Łazowy Antoni	Mława
884	Szczepkowo	Waśniewski Lucjan	Mława

885	Szczepkowo	Piotrkowski Jan	Mława
886	Szczepkowo	Górecki Franciszek	Raciąż
887	Szczytno	Mączewski Jan	Płock
888	Szeligi	Plewiński Stanisław	Bodzanów
889	Szelugi Wielkie	Zienkiewicz Bolesław	Bodzanów
890	Szlasy	Godlewski Stanisław	Przesnysz
891	Szlubowo	Ślubowski Feliks	Chorzele
892	Szpaki	Piwnicki Wiktor	Przasnysz
893	Szpital Dolny	Rutkowski Zdzisław	Włocławek
894	Szpital Górny	Rutkowski Zdzisław	Włocławek
895	Szreńsk	Olesza Edward	Szreńsk
896	Szronka	Kuntzel Konrad	Skempe
897	Szulbory	Breńda Piotr Wojciech	Starośreby
898	Szumanie	Olszewski Franciszek	Sierpc
899	Szumanie	Gierzyński Marjan	Sierpc
900	Szumińska	Gniazdowski Izydor Jan	Rypin
901	Szumsk	Duczymiński Ludwik	Przasnysz
902	Szydłówko	Reinhard Karol	Mława
903	Szydłowo	Budkiewicz Stanisław	Mława
904	Szydłowska	Goleniewicz Franciszek	Mława
905	Szyjki	Piwnicki Wiktor	Przasnysz
906	Szynwałd	Grapatyn Gotfryd	Rypin
907	Tadajewo	Nejman Jan	Rypin
908	Tańsk	Łopuski Zygmunt	Przasnysz
909	Tańsk	Wąsowski Dyonizy	Przasnysz
910	Targonie	Wilcz Aleksander	Ciechanów
911	Tchórz	Wernik Ludomir	Płock

912	Teodorow	Szmitkowski Henryk	Lipno
913	Tłuchówko	Sotrowski Tadeusz	Dobrzyń nad Wisłą
914	Tłuchowo vel Tłuchówko	Sotrowski Tadeusz	Dobrzyń nad Wisłą
915	Toki	Nałęcz Jan	Przasnysz
916	Tomaszewo	Śliske vel Szliske Robert	Lipno
917	Tomaszewo	Wolf Ernest	Lipno
918	Tomaszewo	Gołębiewski vel Goluń Fryderyk	Rypin
919	Tomaszewo	Nejman Edward	Rypin
920	Tomaszewsko	Grapatyn Gotfryd	Rypin
921	Trojany	Płoski Antoni	Ciechanów
922	Trzaski	Majer Edmund	Szreńsk
923	Trzcianka	Kownacki Stanisław	Ciechanów
924	Trzcianka	Rościszewski Jan	Mława
925	Trzcianka Mała	Koral Josek	Dobrzyń nad Wisłą
926	Tulibowo	Gościcki Stefan	Dobrzyń nad Wisłą
927	Tupadły	Waśniewski Stefan	Lipno
928	Tupadły	Sztembardt Władysław	Lipno
929	Turek	Kandelszein Josel	Rypin
930	Turowo	Łaguna Franciszek	Przasnysz
931	Turowo	Rutkowski Władysław	Starośreby
932	Turza Wilcza	Chiczewski Józef	Dobrzyń nad Wisłą
933	Turza Wilcza	Brudnicki Franciszek	Mława
934	Tyszki	Studziński Wiktor	Mława
935	Ugoszcz	Borzewski Antoni	Rypin
936	Ujazdówko	Gołębiewski Kazimierz	Ciechanów
937	Ujazdowo	Domaszewski Bolesław	Ciechanów
938	Umienino	Mazowiecki Bronisław	Bielsk

939	Umienino	Zaręba Marjan	Bielsk
940	Uniechowo	Kosiński Mieczysław	Lipno
941	Uniechowo	Lutomscy J.K.S.W.J.	Włocławek
942	Unieck	Dramiński Antoni	Raciąż
943	Unieck	Dudziński Marceli	Raciąż
944	Unierzysz	Smoleński Jan	Strzegowo
945	Unieszki	Walewska hr. Wanda	Mława
946	Unikówko	Jaworowski Jan	Ciechanów
947	Unikowo	Jaworowski Jan	Ciechanów
948	Warzynko	Kruszewski Józef i Szczepan	Sierpc
949	Warzyno	Łempicki Zygmunt	Sierpc
950	Waśniewo	Majewski Wacław	Mława
951	Wątpielsk	Siemiątkowski Józef	Rypin
952	Wawrzonki	Gorzechowski Stanisław	Raciąż
953	Wawrzynkowo	Ott Fryderyk	Lipno
954	Węglowice	Rutkowski Bernard	Ciechanów
955	Węglowo	Ruchelski Jan	Lipno
956	Węgra	Swęszkowski Walery	Przasnysz
957	Wempiły	Kwasieborski Zygmunt	Drobin
958	Wiączanki	Leszczyński Adam	Sierpc
959	Wiechciejewo	Nadrowski Antoni	Sierpc
960	Więcławice	Lipski Wacław	Dobrzyń nad Wisłą
961	Wieczfnia Kościelna	Krępski Stanisław	Mława
962	Wielgie	Płoski Jan	Lipno
963	Wielgie	Ettinger Józef	Lipno
964	Wielki Las	Wierzbicki Jan	Starośreby
965	Wielkie	Klicki Dominik	Sierpc

966	Wieluń	Chądzyński Antoni i Jan	Szreńsk
967	Wieluń	Żółtowski Jan i Antoni	Szreńsk
968	Wierzbick	Zieliński Ludwik	Lipno
969	Wierznica	Niedświecki Romuald	Dobrzyń nad Wisłą
970	Wierzniczka	Niedświecki Władysław	Dobrzyń nad Wisłą
971	Wiksin	Podkuliński Adam	Ciechanów
972	Wiktorowo	Duszyński Marjan	Rypin
973	Wilamowice	Cieszewski Aleksander	Płońsk
974	Wilcza	Chiczewski Józef	Dobrzyń nad Wisłą
975	Wilcza	Brudnicki Franciszek	Mława
976	Wilczewo	Szmagier Teodor	Sierpc
977	Wildno	Krępeć Szymon	Zbójno
978	Wilkanowo	Bogusławski Ścibor Jerzy	Wyszogród
979	Wincentowo	Jankowski Wacław	Dobrzyń nad Wisłą
980	Windyki	Klicki Bronisław	Mława
981	Wiórkowo	Wiórkiewicz Leon	Starośreby
982	Wiśniewo	Tański Adam	Ciechanów
983	Witkowo	Dąbrowski Bolesław	Lipno
984	Witowąż	Zieliński Jan	Lipno
985	Wkra	Sojkowski Tadeusz	Strzegowo
986	Władysławowo	Dmochowski Wiktor	Lipno
987	Włoczewo	Chmielewski Bolesław	Płock
988	Włóki	Radwan Antoni	Starośreby
989	Włosbory	Karski Kazimierz	Raciąż
990	Wodzymino	Kwiatek Julian	Płock
991	Wojnówka	Goszczyński Stanisław	Sierpc
992	Wojnowo	Rzeszotarski Antoni	Zbójno

993	Wola Dębska	Krajewski Józef	Mława
994	Wola Łaszewska	Zaborowski Jerzy	Raciąż
995	Wola Łomska	Olszewski Konrad	Mława
996	Wola Szydłowska	Goleniewicz Franciszek	Mława
997	Wola Wymysły	Zieliński Jan	Lipno
998	Wolęcin	Nałęcz Mścisław	Lipno
999	Wolęcin	Nałęcz Mścisław	Lipno
1000	Wólka	Milewski Józef	Ciechanów
1001	Wólka Łanięcka	Ruszczyński Emilian	Ciechanów
1002	Wólka Szumińska	Gniazdowski Izydor Jan	Rypin
1003	Wołowa	Pilitowski Józef	Płock
1004	Worowice	Zawidzki Andrzej	Starośreby
1005	Wróblewko	Rzeczkowski Witold	Ciechanów
1006	Wróblewo	WiŚniewscy Wincenty, Piotr i Marjan	Ciechanów
1007	Wróblewo	Płoski Ludwik	Ciechanów
1008	Wróblewo	Gościcki Antoni	Ciechanów
1009	Września	Ciesielski Władysław	Sierpc
1010	Września	Myśliński Stanisław	Sierpc
1011	Wrzeszewo	Gołębiewski vel Goluń Fryderyk	Rypin
1012	Wychodś	Fetting Wilhelm	Płock
1013	Wyczałtowo	Końkowolski	Dobrzyń nad Wisłą
1014	Wygoda	Blas Lejzor	Żuromin
1015	Wylazłowo	Osiecki Antoni	Żuromin
1016	Wylizy	Linowski Ludwik	Zbójno
1017	Wymysły	Zieliński Jan	Lipno
1018	Wyręba	Chełmicki Jan	Rypin
1019	Zaborowo	Waśniewski Franciszek	Mława

1020	Żabowo	Karczewski Teodor	Sierpc
1021	Żabowo	Olszewski Jan	Lipno
1022	Zaduszniki	Wąsowicz Tomasz	Dobrzyń nad Wisłą
1023	Ząbgoty z częścią na Sękowie	Gładysz Ignacy	Bielsk
1024	Zagroba Kościelna	Duch Stanisław	Bielsk
1025	Zagróbka	Kozłowski Jan	Bielsk
1026	Zakrocz	Kohn Mojżesz Jakób	Rypin
1027	Zakrzewko	Piętka Konstanty	Bodzanów
1028	Zakrzewo	Waśniewski Henryk	Bielsk
1029	Zakrzewo	Zakrzewski Józef	Mława
1030	Zakrzewo Kościelne	Stobiecki Tomasz	Bodzanów
1031	Żale	Chełmicki Adolf	Rypin
1032	Zalesie	Wernik Ludomir	Płock
1033	Zalesie	Gierzyński Adolf	Drobin
1034	Zalesie	Żerański Stanisław	Ciechanów
1035	Zalesie	Łazowy Antoni	Mława
1036	Zalesie	Waśniewski Lucjan	Mława
1037	Załuże	Milewski Jakób	Ciechanów
1038	Zamość	Cichowski Hipolit	Sierpc
1039	Zaręby	Kobyliński Aleksander	Chorzele
1040	Zaremby	Płoski Ludwik	Ciechanów
1041	Żarnowo	Grzybowski Władysław	Ciechanów
1042	Żarnowo	Załuski Stanisław	Ciechanów
1043	Żarnowo	Kakowski Józef Andrzej (brat kard.)	Ciechanów
1044	Zarzeczna	Tarnowski Antoni	Przasnysz
1045	Zarzyce	Kosiński Wincenty	Sierpc

1046	Zarzyczewo Nowe	Olszewski Bronisław	Włocławek
1047	Zasadki	Chabowski Adam	Rypin
1048	Zasady	Zdziarski Władysław	Rypin
1049	Zawadki	Lasocki Bronisław	Przasnysz
1050	Zawady	Cichowski Hipolit	Sierpc
1051	Zawady	Syski Jan	Mława
1052	Zawady	Sędzimir Stanisław	Przasnysz
1053	Zawady	Duczymiński Leon	Przasnysz
1054	Zawidz	Karczewski Teodor	Sierpc
1055	Zawidz Mały	Mossakowski Józef	Sierpc
1056	Zawisze	Klicki Dominik	Sierpc
1057	Zbąskie	Nabert Gustaw	Raciąż
1058	Zbójno	Gościcki Kazimierz	Bielsk
1059	Zbójno	Dzierzanowski Henryk	Zbójno
1060	Zbyszewo	Piechna Stanisław	Dobrzyń nad Wisłą
1061	Zdrój	Puzyra ks. Stanisław	Lubicz
1062	Zdunówko	Wiśniewski Władysłąw	Raciąż
1063	Zdunowo	Marchwicki Stanisłąw	Zakroczym
1064	Zdunowo	Wiśniewski Władysłąw	Raciąż
1065	Zdziar	Wierzbicki Jan	Starośreby
1066	Zdziar Mały	Przedpełski Jan	Starośreby
1067	Zdziar Wielki	Zdziarski Bolesław	Starośreby
1068	Zdziembórz	Widawski August	Dobrzyń nad Wisłą
1069	Zdziwój	Łasiewicki Stanisław	Chorzele
1070	Zębowo	Puzyra ks. Stanisław	Lubicz
1071	Żelazki	Zaręba Marjan	Bielsk
1072	Żerniki	Henke Robert	Płock

1073	Zgagowo	Chełmicki Stanisław	Sierpc
1074	Zglenice Wielkie	Dobrzeniecki Józef	Sierpc
1075	Zgoda	Linowski Ludwik	Zbójno
1076	Zielona	Ojrzyński Józef	Ciechanów
1077	Zieluminek	Galczyński Mieczysław	Raciąż
1078	Ziemiańskie	Hewel Bolesław	Rypin
1079	Zimny Zdrój	Puzyra ks. Stanisław	Lubicz
1080	Złotopole	Ostrowski Roman	Lipno
1081	Złotopole	Olszewski Jan	Lipno
1082	Złotowo	Olesza Edward	Szreńsk
1083	Złowody	Pruski Karol	Dobrzyń nad Wisłą
1084	Żmijewo Nowe	Zdziarski Władysław	Rypin
1085	Żmijewo Nowe	Olszewski Stanisław	Ciechanów
1086	Żochowo	Przedpełski Władysław	Starośreby
1087	Żochowo	Włoczewski Wacław	Starośreby
1088	Żochy	Łuniewski Antoni	Ciechanów
1089	Żochy Wielkie	Choromański Józef	Ciechanów
1090	Żółtowo Wielkie	Kotarski Florentyn	Sierpc
1091	Żukowo	Wernik Ludomir	Płock
1092	Żukowo	Wielczko Władysław	Raciąż
1093	Żuromin	Milewski Antoni	Żuromin
1094	Zygmuntowo	Kasparowicz Ignacy	Lubicz
1095	Zygmuntowo	Gorzechowski Franciszek	Strzegowo
1096	Żytowo	Turski Jan	Sierpc

7. Sortierung nach Postämtern:

7.1. Bielsk, Bieżuń, Bodzanów, Chorzele, Ciechanów, Dobrzyń nad Drwęcą, Dobrzyń nad Wisłą, Drobin, Lipno, Lubicz

Postamt [Urząd pocztowy]	Bezeichnung des Gutes [Dobra ziemskie]	Eigentümer [Właściciel]
Bielsk	Białusy	Gościcki Jan
Bielsk	Bombalice	Kawecki Leon
Bielsk	Cekanowo	Jaworski Józef
Bielsk	Cetlino, Lelice, Zbójno, Miodusy	Gościcki Kazimierz
Bielsk	Cieszewo Małe, Brzechowo	Kozłowski Zygmunt
Bielsk	Czachowo	Kowalkowski Alfons
Bielsk	Dzierżanowo	Imszenicki Jan
Bielsk	Dzierżanowo, Rąkcice	Kryński Grzegorz
Bielsk	Gilino, Piączyno	Piwnicki Piotr Waldemar Tytus
Bielsk	Giżyno, Zakrzewo	Waśniewski Henryk
Bielsk	Goślec, Czachcino, Leszczyno, Szczyt vel Józinek	Radliński Ignacy
Bielsk	Goślice, Ciachcino, Leszczyno, Szczyt vel Józinek	Kubala Ludwik
Bielsk	Goślice, Leszczyno, Szczyl v. Józinek, Ciachcino	Kossobudzki Szymon
Bielsk	Goślice, Leszczyno, Szczyt vel Józinek, Ciachcino	Osiecki Franciszek
Bielsk	Gutowo, Starzyno	Jurzyński Stanisław
Bielsk	Jonczewo Abramki	Olszewski Józef
Bielsk	Kędzierzyno	Grabowski Czesław
Bielsk	Kosmaczewo, Petrykozy	Zakrzewski Marceli
Bielsk	Kowalewo	Waleszczyński Jan
Bielsk	Kozłowo	Kozłowski Piotr Kajetan

Bielsk	Krajkowo, Sokolniki	Wołowski Ludwik
Bielsk	Kuskowo, Bogusendy	Lasocki Franciszek
Bielsk	Leszczyno Kmiece	Machciński Józef
Bielsk	Leszczyno Szlacheckie	Orzechowski Wincenty
Bielsk	Leszczyno Szlacheckie	Pruski Bolesław
Bielsk	Machcino, Machcinko	Pruski Jan
Bielsk	Majki, Kosmaciewo, Petrykozy	Zakrzewski Edward
Bielsk	Męczenino Wielkie	Chamski Stanisław
Bielsk	Mlice-Kostery, Obory	Halik Bronisław
Bielsk	Mogielnica	Karski Maksym
Bielsk	Mogielniczka i Leonardy	Białoskórski Wojciech
Bielsk	Mokrsk	Grabowski Karol
Bielsk	Niszczyce	Bolechowski Kazimierz
Bielsk	Nowa Wieś, Piączyno	Gościcki Czesław
Bielsk	Ogorzelice	Gorczyński Florjan
Bielsk	Psary	Szarewicz Wacław
Bielsk	Rudówko	Nadratowski Marjan
Bielsk	Rycharcice, Drozdy	Lasocki Stanisław
Bielsk	Sękowo	Łempicki Karol
Bielsk	Umienino, Łubki	Mazowiecki Bronisław
Bielsk	Umienino, Żelazki	Zaręba Marjan
Bielsk	Zagroba Kościelna	Duch Stanisław
Bielsk	Zagróbka, Kleniewo, Dziedzice	Kozłowski Jan
Bielsk	Ząbgoty z częścią na Sękowie	Gładysz Ignacy
Bieżuń	Chamsk	Berg Rudolf
Bieżuń	Glinki	Jaroszewski Mieczysław
Bieżuń	Gołuszyn	Grzybowski Michał
Bieżuń	Kliczewo	Bagieński Zygmunt
Bieżuń	Przeradz Mały	Machczyński Jan

Bieżuń	Sadłowo	Rościszewski Józef
Bieżuń	Sławęcin, Dąbek	Doberski Kazimierz
Bieżuń	Stawiszyn, Łaziska	Sławęcki Bonifacy
Bodzanów	Brody Małe i Wielkie	Jaroszewski
Bodzanów	Cieśle	Piwnicki Ignacy
Bodzanów	Gocłowo, Cybulino	Gąsiorowski Wacław
Bodzanów	Karwowo Szlacheckie	Paderewski Julian
Bodzanów	Kiełtyki	Charszewski Franciszek
Bodzanów	Krawieczyn	Jaroszewski Kazimierz
Bodzanów	Leksyno	Bagieński Władysław
Bodzanów	Ramutowo Sielskie	Kacperkiewicz Jan
Bodzanów	Ruszkowo	Gumowski Jan
Bodzanów	Sąchocino, Badurki	Gerlach Jan
Bodzanów	Stanowo	Graubart Mosiek
Bodzanów	Stanowo	Koskowski Stanisław
Bodzanów	Szamborz	Karwowski Adam
Bodzanów	Szeligi	Plewiński Stanisław
Bodzanów	Szelugi Wielkie	Zienkiewicz Bolesław
Bodzanów	Zakrzewko	Piętka Konstanty
Bodzanów	Zakrzewo Kościelne	Stobiecki Tomasz
Chorzele	Annowo	Gliński Stanisław
Chorzele	Bogdany Wielkie	Kloczowski Józef
Chorzele	Duczymin Kościelny	Gliński Jan
Chorzele	Duczymin - Nowa Wieś	Mieczkowski Ksawery
Chorzele	Gadomiec Chrzczony	Borkowski Stanisław
Chorzele	Parzeń	Rykaczewski Leon
Chorzele	Puszcza Płodownicka	Landau Wilhelm
Chorzele	Rembielino	Łopuski Marjan
Chorzele	Rycice	Dębski Mieczysław (senior)

Chorzele	Szlubowo	ślubowski Feliks
Chorzele	Zaręby-Kwiatkowo	Kobyliński Aleksander
Chorzele	Zdziwój	Łasiewicki Stanisław
Ciechanów	Łaguny – Barańce	Sosnowski Józef
Ciechanów	Bądkowo	Bojanowski Zygmunt
Ciechanów	Bielawy Gołuskie	Seczkowski Franciszek
Ciechanów	Bilino	Tyszka Józef
Ciechanów	Chmielewo	Kołakowski Wincenty
Ciechanów	Czarnocin	Studziarski Franciszek
Ciechanów	Czarnocinek	Załuski Jan
Ciechanów	Dąbrówka	Chmieliński Saturnin
Ciechanów	Żarnowo – Dębiny	Kakowski Józef Andrzej (brat kard.)
Ciechanów	Dębowa Karczma	Sosnowski Aleksander
Ciechanów	Długołęka Gębale	Wilkowski Maksymilian
Ciechanów	Długołęka Mirosy	Kuskowski Aleksander
Ciechanów	Garlino - Zalesie	Żerański Stanisław
Ciechanów	Gostkowo	Smoliński Jan
Ciechanów	Grabowo Wielkie	Obiedziński Symplicjusz
Ciechanów	Gustawin	Janowski Władysław
Ciechanów	Humięcino Andrychy	Rapacki Piotr
Ciechanów	Humięcino-Klary	Mieszkowski Kazimierz
Ciechanów	Józefowo	Trzciński Adam
Ciechanów	Julianowo	Zdziarski Tomasz
Ciechanów	Karniewo	Klonowski Stanisław
Ciechanów	Kąty	Martynowicz Jan
Ciechanów	Klice, Jarluty Małe	Bojanowski Michał
Ciechanów	Kliczki – Patorki	Konarski Albin
Ciechanów	Kluszewo, Szaje	Plewkiewicz Bolesław

Ciechanów	Kobylinek	Morawski Ignacy
Ciechanów	Kobylino – Gidejty	Lentz Karol
Ciechanów	Komory Błotne	Kamiński Władysław
Ciechanów	Kotermań	Cyprysiński Kazimierz
Ciechanów	Kraszewo	Grzybowski Julian
Ciechanów	Kraszewo Dezerta	Borszewski Rajmund
Ciechanów	Kraszewo Dezerta	Bernbum Chil
Ciechanów	Kraszewo, Sławęcin	Płoski Julian
Ciechanów	Kruszewo	Smoliński Michał
Ciechanów	Kuchary na Idzikowicach	Pozner Salomon
Ciechanów	Kurowo	Ofenbach Icek
Ciechanów	Leśniewo Górne	Morawski Anastazy i Antoni
Ciechanów	Lipa	Dębowski Wiktor
Ciechanów	Łopacin	Ostrzeniewscy Ludwik i Konstanty
Ciechanów	Mężenino - Kłoski	Rzeczkowski Antoni
Ciechanów	Mężenino - Węglowice	Rutkowski Bernard
Ciechanów	Mierzanowo	Grendyszyńscy L. i M.
Ciechanów	Młock, Baraniec	Zapała Zygmunt
Ciechanów	Nasierowo Dolne	Smoliński Ludwik
Ciechanów	Nasierowo - Dziurawieniec	Hubicki Stefan
Ciechanów	Niestum	Milewski Michał
Ciechanów	Nużewo	Sumiński Piotr
Ciechanów	Nużewko	Broniewski Jakób
Ciechanów	Osiek	Mościcki Jan
Ciechanów	Osiek dolny i górny	Chrzanowski Dominik
Ciechanów	Osiek Dolny i Wólka Osiecka	Milewski Józef
Ciechanów	Pajewo - Rzyski	Helmerson Konstanty
Ciechanów	Pęczki - Kozłowo	Łaguna Leon

Ciechanów	Pniewo - Czeruchy	Krasiński hr. Adam
Ciechanów	Przedwojewo- Sona	Dębowski Jan
Ciechanów	Pszczółki Górne	Płoski Onufry
Ciechanów	Purzyce Pomiany	Smoleński Benjamin
Ciechanów	Purzyce - Trojany	Płoski Antoni
Ciechanów	Rembowo	Mikiewicz Konstanty
Ciechanów	Rutki-Krupy	Leśniewski Kajetan
Ciechanów	Smosarz Chruściele	Kleniewski Jan
Ciechanów	Smosarz - Pianki	Morawski Paweł
Ciechanów	Sokołówek, Baby	Klonowski Józef
Ciechanów	Sułkowo Polne, Budy Sułkowskie	Kwiatkowski Józef
Ciechanów	śmiecino	Gutkowski Ignacy, Brunon
Ciechanów	Targonie	Wilcz Aleksander
Ciechanów	Trzcianka	Kownacki Stanisław
Ciechanów	Ujazdowo Ochniowe	Domaszewski Bolesław
Ciechanów	Ujazdówko	Gołębiewski Kazimierz
Ciechanów	Unikowo, Unikówko	Jaworowski Jan
Ciechanów	Wiksin, Rabież	Podkuliński Adam
Ciechanów	Wiśniewo - Dziarnowo	Tański Adam
Ciechanów	Wólka Łanięcka	Ruszczyński Emilian
Ciechanów	Wróblewo	Gościcki Antoni
Ciechanów	Wróblewko	Rzeczkowski Witold
Ciechanów	Wróblewo	Wiśniewscy Wincenty, Piotr i Marjan
Ciechanów	Wróblewo - Zaremby	Płoski Ludwik
Ciechanów	Załuże - Patory, Rembówko	Milewski Jakób
Ciechanów	Zielona	Ojrzyński Józef
Ciechanów	Żarnowo	Grzybowski Władysław
Ciechanów	Żarnowo	Załuski Stanisław

Ciechanów	Żmijewo Nowe	Olszewski Stanisław
Ciechanów	Żochy Wielkie	Choromański Józef
Ciechanów	Żochy - Brodzięcino	Łuniewski Antoni
Dobrzyń nad Drwęcą	Gaj	Dykał v. Dykau Paweł
Dobrzyń nad Drwęcą	Lądy, Małszyce	Rybold Adolf
Dobrzyń nad Drwęcą	Piórków	Riebold Erwin
Dobrzyń nad Drwęcą	Półwiesk Mały	Rudowski Edward
Dobrzyń nad Drwęcą	Sitno	Sponagiel Oskar
Dobrzyń nad Drwęcą	Sokołowo, Humięcino, Retki, Sopiłaki	Bojanowski Henryk
Dobrzyń nad Drwęcą	Strachówko, Siedlino	Chamski Leon
Dobrzyń nad Wisłą	Bocheniec, Kamionka, Sokołowo	Płoski Bolesław
Dobrzyń nad Wisłą	Brudzeń	Rościszewski Kazimierz
Dobrzyń nad Wisłą	Chudzewo, Wierzniczka	Niedświecki Władysław
Dobrzyń nad Wisłą	Dyblin, Złowody, Kurowo	Pruski Karol
Dobrzyń nad Wisłą	Glewo, Zaduszniki	Wąsowicz Tomasz
Dobrzyń nad Wisłą	Głowina	Dmowski Wacław
Dobrzyń nad Wisłą	Gorzechowo	Boski Czesław
Dobrzyń nad Wisłą	Jakubkowo	Rutkowski Alfred
Dobrzyń nad Wisłą	Jasienie	Wąsowicz Hipolit
Dobrzyń nad Wisłą	Kamienica	Knaap Józef
Dobrzyń nad Wisłą	Kamień Kmiecy	Wąsowicz Wacław
Dobrzyń nad Wisłą	Kisielewo	Karski Julian
Dobrzyń nad Wisłą	Kłobukowo, Molędy	Rokicki Ludwik
Dobrzyń nad Wisłą	Kołat	Miller Jan
Dobrzyń nad Wisłą	Lasotki	Stępczyński Hipolit
Dobrzyń nad Wisłą	Łagiewniki	Zalęski Aleksander
Dobrzyń nad Wisłą	Makowo, Wincentowo	Jankowski Wacław
Dobrzyń nad Wisłą	Myśliborzyce	Gorzechowski Michał

Dobrzyń nad Wisłą	Obeb Wielki	święcicki Józef
Dobrzyń nad Wisłą	Płonczyn	Mażantowicz Władysław
Dobrzyń nad Wisłą	Płonne	Łempicki Józef
Dobrzyń nad Wisłą	Rembielino	Gockowski Wojciech
Dobrzyń nad Wisłą	Rokicie	Zalęski Franciszek
Dobrzyń nad Wisłą	Rokicie Kościelne, Radomin	Rościszewski Edward
Dobrzyń nad Wisłą	Siecienie	Węslerski Stanisław
Dobrzyń nad Wisłą	Skaszewo	Tyburski Wincenty
Dobrzyń nad Wisłą	Sobowo i Paprotki	Miszewski Tadeusz
Dobrzyń nad Wisłą	Strachoń	Wałęsa Mateusz
Dobrzyń nad Wisłą	Strużewo	Mieczyński Jan
Dobrzyń nad Wisłą	Tłuchowo v. Tłuchówko	Sotrowski Tadeusz
Dobrzyń nad Wisłą	Trzcianka Mała	Koral Josek
Dobrzyń nad Wisłą	Tulibowo	Gościcki Stefan
Dobrzyń nad Wisłą	Turza Wilcza	Chiczewski Józef
Dobrzyń nad Wisłą	Wierznica	Niedświecki Romuald
Dobrzyń nad Wisłą	Więcławice	Lipski Wacław
Dobrzyń nad Wisłą	Wyczałtowo	Końkowolski
Dobrzyń nad Wisłą	Zbyszewo, Reszki	Piechna Stanisław
Dobrzyń nad Wisłą	Zdziembórz	Widawski August
Drobin	Bełkowo	Gierzyński Antoni
Drobin	Cieszkowo Stare	Nurgsztaler Fryderyk
Drobin	Cieśle	Cwierniewski Paweł
Drobin	Dobrosielice Zalesie	Gierzyński Adolf
Drobin	Dobrosielice, Imbramy	Zakrzewski Ludwik
Drobin	Drobin	Kunkiel Eugeniusz
Drobin	Kuchary, Krysk, Niedzbórz	Turski Henryk
Drobin	Nagórki Dobrski	Płoski Władysław
Drobin	Nagórki, Judyce	Ujazdowski Julian

Drobin	Niedroż Młody	Rościszewski Seweryn
Drobin	Niemczewo	Oppen Karol
Drobin	Osiek Wielki i Mazowsze	Szczempliński Mikołaj
Drobin	Wempiły	Kwasieborski Zygmunt
Lipno	Bałdowo, Głodowo	Ptąskowski Karol
Lipno	Biskupino	Borzuchowski Antoni
Lipno	Jarczechowo	Mejer Ludwik
Lipno	Jastrzębie	Różycki Kazimierz
Lipno	Józefowo Czarnego	Rozen Mosiek
Lipno	Kiełpiny	Jabs Fryderyk
Lipno	Kijaszkowo, Kijaszkowie	Lissowski Leon
Lipno	Kikół miasto	Nałęcz Władysław
Lipno	Kłokock	Godlewski Zygmunt
Lipno	Lubin, Lubinek, Szczekarzewo	Czajkowski Antoni
Lipno	Makowiec	Orłowski Józef
Lipno	Maliszewo	Szałkiewicz Antoni
Lipno	Mysłakowo Wielkie	Majer Ksawery
Lipno	Niedświedś, Władysławowo	Dmochowski Wiktor
Lipno	Nowawieś	Święcicki Henryk
Lipno	Ograszka	Ostrowski Antoni
Lipno	Osmiałowo, Lipno	Rościszewski Andrzej
Lipno	Ostrowitko	Judkiewicz Mosiek
Lipno	Płonczynek	Grabski Czesław
Lipno	Radomice	Świecki Tadeusz
Lipno	Rybniki	Buliński Zygmunt
Lipno	Skórzno	Noszarzewski Józef
Lipno	Steklinek	Bniński hr. Witold
Lipno	Sumin	Prądzyński Bolesław
Lipno	Suszewo	Sowiński Konrad

Lipno	Teodorow	Szmitkowski Henryk
Lipno	Tomaszewo	Śliske vel Szliske Robert
Lipno	Tomaszewo	Wolf Ernest
Lipno	Tupadły	Waśniewski Stefan
Lipno	Tupadły, Bęklewo	Sztembardt Władysław
Lipno	Uniechowo	Kosiński Mieczysław
Lipno	Wawrzynkowo, Krzywylas	Ott Fryderyk
Lipno	Węglowo	Ruchelski Jan
Lipno	Wielgie, Bętlewo	Ettinger Józef
Lipno	Wielgie, Dulsk	Płoski Jan
Lipno	Wierzbick, Rątfiny	Zieliński Ludwik
Lipno	Witkowo	Dąbrowski Bolesław
Lipno	Wola Wymysły, Ossówka, Witowąż, Stajenczyny	Zieliński Jan
Lipno	Wolęcin, Radziochy, Ciałuchowo, Gołuchowo	Nałęcz Mścisław
Lipno	Złotopole	Ostrowski Roman
Lipno	Złotopole, Szapsk, Żabowo	Olszewski Jan
Lubicz	Czernikowo	Rościszewski Leon
Lubicz	Kawęczyn	Kwasieborski Ignacy
Lubicz	Krobia	Opatowski Mojżesz
Lubicz	Łążynek folw.	Wierzbicki Józef
Lubicz	Mierzynek	Ramlau Stanisław
Lubicz	Młyniec	Bazański Kacper
Lubicz	Osiek	Słupecki Adolf
Lubicz	Osiek nad Wisłą	Karzycki Piotr
Lubicz	Zębowo, Zimny Zdrój	Puzyra ks. Stanisław
Lubicz	Zygmuntowo	Kasparowicz Ignacy

7.2. Aufstellung der Großgrundbesitzer in der Gubernie Plock für das Jahr 1909

Sortierung nach Postämtern:
Mława, Nasielsk, Nieszawa, Ostrołęka, Płock, Płońsk, Przasnysz, Raciąż

Postamt [Urząd pocztowy]	Bezeichnung des Gutes [Dobra ziemskie]	Eigentümer [Właściciel]
Mława	Borowe	Prusinowski Kajetan
Mława	Bukowiec	Cichowski Józef
Mława	Chmielewo Wielkie i Małe	Chmielewski Jan
Mława	Dębsk, Baron	Gorzechowski Adam
Mława	Dunaj	Singer Adam
Mława	Giednia, Poręba	Puchała Piotr
Mława	Głużek	Rudowski Julian
Mława	Gnojno, Gnojenko, Petrykozy B.	Tabęcki Jacenty i Michał
Mława	Grudusk	Bojanowski Ignacy
Mława	Grzebsk	Rudowski Michał
Mława	Grzybowo Windyki	Klicki Bronisław
Mława	Jabłonowo - Dziury	Borowy Antoni
Mława	Janowo	Pajšk Wawrzyniec
Mława	Kieńczewo B. Cisz A.	Trzciński Franciszek
Mława	Kosiny Bartosowe	Kawiecki Gustaw
Mława	Kosiny Kapiczne	Olszyński Stanisław
Mława	Kosiny Stare, Chomentowo	Stumiłło Marceli
Mława	Kozły - Janowo	Olszewski Bronisław
Mława	Krusze, Kownatki	Krajewscy C.J.M.W.
Mława	Krzywonoś	Dzirzbicki Stanisław
Mława	Kulany	Bylczyński Antoni
Mława	Lewiczyn	Unierzycki Konrad
Mława	Lipowiec Kościelny, Mostowo	Mostowski Marjan

Mława	Łążek, Mlice, Jarluty	Dziewanowski Wacław
Mława	Łomia, Wola Łomska	Olszewski Konrad
Mława	Marjanowo	Piechowski Stefan
Mława	Miecznikowe - Siwe	Moszczeński Jan
Mława	Niedziałki	Dalski Wiktor
Mława	Nosarzewo Borowe	Piechowski Władysław
Mława	Nosarzewo Polne	Smoleński Stefan
Mława	Nowopole os.	Mijakowski Symforjan
Mława	Olszewo od Olszewka	Jaroszewski Gustaw
Mława	Otocznia	Krajewski Nikodem
Mława	Pawłowo, Pawłówko, Wyszyny Kościelne, Stare Zdroje	Łebkowski Tadeusz
Mława	Pepłówek	Roman Aleksander
Mława	Pieczyska	Sumiński Marceli
Mława	Piegłowo	Cieszewski Walenty
Mława	Piotrkowo	Molsdorf Bronisław
Mława	Piotrkowo	Wlibner Aleksander
Mława	Pokrzywnica Wielka	Kruszewski Karol
Mława	Pokrzywnica Wielka	Kruszewski Marjan
Mława	Rudowo, Brody	Zalęski Bronisław
Mława	Rumoka	Rudowski Tadeusz
Mława	Sarnowo, Grody	Górecki Józef
Mława	Starostwo Mława	Mokrzycki Ludwik
Mława	Szczepkowo Pawełki i Rutki	Piotrkowski Jan
Mława	Szczepkowo - Sołdany	Łojewski Konstanty
Mława	Szczepkowo - Zalesie	Łazowy Antoni
Mława	Szczepkowo - Zalesie	Waśniewski Lucjan
Mława	Szydłowo	Budkiewicz Stanisław
Mława	Szydłówko	Reinhard Karol

Mława	Trzcianka, Młodynin	Rościszewski Jan
Mława	Turza Wilcza	Brudnicki Franciszek
Mława	Tyszki - Brzegendy	Studziński Wiktor
Mława	Unieszki Gomińskie	Walewska hr. Wanda
Mława	Waśniewo Gwoździe	Majewski Wacław
Mława	Wieczfnia Kościelna, Grzybowo Wielkie	Krępski Stanisław
Mława	Wola Dębska, Dębsk	Krajewski Józef
Mława	Wola Szydłowska	Goleniewicz Franciszek
Mława	Zaborowo	Waśniewski Franciszek
Mława	Zakrzewo	Zakrzewski Józef
Mława	Zawady	Syski Jan
Nasielsk	Gaje	Olszewski Sylwester
Nieszawa	Dzierzączka	Krygier Piotr
Nieszawa	Rybitwy, Kokoszki	Rossal Fryderyk
Nieszawa	Rybitwy, Kokoszki	Sztrej Samuel
Ostrołęka	Czerwińsk	Bosko v. Boszko Antoni
Płock	Barcikowo	Tarnowski Stanisław
Płock	Białkowo	Dejczer Stanisław
Płock	Borowiczki	Fryben Władysław
Płock	Bronowo	Kalinowski Zygmunt
Płock	Bronowo, Sady	Kownacki Symplicjan
Płock	Bronowo, Zalesie, Brochocinko, Brochocino, Żukowo, Tchórz, Juryszewo	Wernik Ludomir
Płock	Brudnice	Baranowski Teodor
Płock	Brwilno maj.	Fuhrmann de Jerzy
Płock	Ciołkowo	Przybojewski Bronisław
Płock	Ciołkówko	Włoczewski Jan
Płock	Głowińsk	Bejgier Jan

Płock	Grodziec	Prześdziecki Stanisław
Płock	Gulczewo	Wolibner Wacław
Płock	Ickowizna	Dzięciołowski Stanisław
Płock	Karwosieki, Cholewice, Kotowe, Bronowo Kmiece	Koperczyński Tadeusz
Płock	Komorowo	Ciechanowski Edward
Płock	Kowalewko	Siniarski - Czaplicki Jan
Płock	Kraszewo	Grzybowski Jan
Płock	Krępice	Chabowski Wincenty (ksiądz)
Płock	Lisiny	Kuncman Teodor pastor
Płock	Łukoszyno Borki	Cywiński Aleksander
Płock	Łukoszyno Borki, Chudzynko	Mieczyński Józef
Płock	Łysakowo, Łabuny	Kalinowski Kazimierz
Płock	Miłodróż	Chrząszczewski Jan
Płock	Miszewo	Baranowscy A.A.E.J.
Płock	Miszewo Murowame	Lasocki Tadeusz
Płock	Po-Benedyktyński fol.	Jasieński Władysław
Płock	Po-Dominiskański fol.	Kuneman Robert
Płock	Po-Kollegiacki folw.	Drojeccy M.S. i W.
Płock	Po-Kollegiacki folw.	Siennicki Stefan
Płock	Powsino, Florencja	Szczepkowski Aleksander
Płock	Rogozino, Rogozinek	Mieczyński Stanisław
Płock	Rudaw	Woldenberg Dawid
Płock	Siecienie	Duczymiński Konstanty
Płock	Srebrna, Łążyn, Sikora	Zieliński Konstanty
Płock	Szczytno	Mączewski Jan
Płock	ślepkowo	Włoczewski Władysław
Płock	Włoczewo	Chmielewski Bolesław
Płock	Wodzymino	Kwiatek Julian

Płock	Wołowa	Pilitowski Józef
Płock	Wychodś, Kozarzewo	Fetting Wilhelm
Płock	Żerniki	Henke Robert
Płońsk	Cumino	Jędrzejewski Jan
Płońsk	Daniszewo, Malenie, Nadółki, Butary	Kosiński Adam
Płońsk	Fabianki	Jensz Alfons
Płońsk	Gumowo	Kosiński Andrzej
Płońsk	Maluszyn i Sadek	Łempicki Józef
Płońsk	Wilamowice	Cieszewski Aleksander
Przasnysz	Bartniki	Bartosiewicz Antoni
Przasnysz	Chojnowo	Wilhelm Michał
Przasnysz	Chrostowo - Bronki	Zembrzuski Jan
Przasnysz	Czaplice Wielkie	Pszczółkowski Marceli
Przasnysz	Czaplice - Bąki	Waśniewski Wincenty
Przasnysz	Czaplice - Furmany	Drewnowski Adam
Przasnysz	Czernice Borowe	Klejn Dobrosław
Przasnysz	Dąbrówka	Kakowski Jan
Przasnysz	Dobrogosty - Tańsk	Łopuski Zygmunt
Przasnysz	Dzierzgówko	Piętka Eugeniusz
Przasnysz	Dzielino	Kakowski Bronisław
Przasnysz	Dzielino	Nałęcz Szymon
Przasnysz	Helenowo - Gadomiec	Gadomski Tomasz
Przasnysz	Józefowo	Grauberg Adam
Przasnysz	Kamienna Kościelna, Zarzeczna	Tarnowski Antoni
Przasnysz	Kamień, Międzyles, Szumsk, Krery	Duczymiński Ludwik
Przasnysz	Karwacz	Wodziński Stefan
Przasnysz	Tańsk - Kęsocha	Wąsowski Dyonizy
Przasnysz	Klewki	Czaplicki Jan

Przasnysz	Krasne, Suche	Czartoryski Adam Ks.
Przasnysz	Krzynowłoga Mała	Gniewosz Ludwik
Przasnysz	Kuskowo - Kmiece	Porzycki Władysław
Przasnysz	Leszno, Annopol	Ostrowski Antoni
Przasnysz	Lipa	de Thun Rudolf
Przasnysz	Lisiogóra	Chcichowski (?) Piotr
Przasnysz	Mchówko	Płoski Karol
Przasnysz	Miłoszewiec - Toki	Nałęcz Jan
Przasnysz	Obrebiec	Ostrowski Jerzy
Przasnysz	Obręb, Obrębe	Rainhardt Gustaw
Przasnysz	Pawłowo Kościelne	Życki Wacław
Przasnysz	Rostkowo, Górki	Dobrzański Ludwik
Przasnysz	Ruda, Dzierzgowo	Rajnhardt Tadeusz
Przasnysz	Rzęgnowo	Czosnowski Paweł
Przasnysz	Sierakowo, Zawadki	Lasocki Bronisław
Przasnysz	Strachacz vel Pawłowo	Rzeszotarski Franciszek
Przasnysz	Szpaki, Rogale, Szyjki, Blizno, Rusinowo	Piwnicki Wiktor
Przasnysz	Turowo	Łaguna Franciszek
Przasnysz	Węgra	Swęszkowski Walery
Przasnysz	Zawady	Sędzimir Stanisław
Przasnysz	Zawady	Duczymiński Leon
Przesnysz	Szlasy - Leszcze	Godlewski Stanisław
Raciąż	Aleksandrowo	Syski Henryk
Raciąż	Charzyny, Borzyny	Chądzyński Ksawery
Raciąż	Chądzyny, Krusze, Zieluminek	Galczyński Mieczysław
Raciąż	Drozdowo, Orzeszki, Kodłutowo	de Thun Wincenty
Raciąż	Druchowo Myszyno	Wierzbicki Feliks
Raciąż	Garkowo A.	Tyszka Aleksander i Henryk

Raciąż	Gradzanowo Zbąskie	Nabert Gustaw
Raciąż	Karsy	Gorzechowski Ludwik
Raciąż	Koziebrody Kościelne	de Thun Ignacy
Raciąż	Kozolin	Konczewscy J. I T.
Raciąż	Kraszewo Podborne	Zawidzki Fabian
Raciąż	Krzeczanowo	Kulesza Władysław
Raciąż	Łukowo, Wawrzonki	Gorzechowski Stanisław
Raciąż	Mała Wieś, Nizdzino i Duplice	Sonenberg Stanisław
Raciąż	Milewo, Milewko	Kwiatkowski Ludwik
Raciąż	Niedarzyn	Turski Zygmunt
Raciąż	Osiek, Włosbory, Pniewo	Karski Kazimierz
Raciąż	Pniewo	Gniazdowski Teofil
Raciąż	Proboszczewice	Kwiatkowski Marjan
Raciąż	Szczepkowo	Górecki Franciszek
Raciąż	świerczyn	Bolechowski Bolesław
Raciąż	świerczyno	Smoleński Julian
Raciąż	Unieck	Dramiński Antoni
Raciąż	Unieck	Dudziński Marceli
Raciąż	Wola Łaszewska	Zaborowski Jerzy
Raciąż	Zdunowo, Zdunówko, Kossobudy, Sierakowo	Wiśniewski Władysłąw
Raciąż	Żukowo Strusie, Kraszewo Falki, Kroszczewie	Wielczko Władysław

7.3. Aufstellung der Großgrundbesitzer in der Gubernie Plock für das Jahr 1909:

Sortierung nach Postämtern:
Rypin, Sierpc, Skempe, Staroźreby, Strzegowo, Szreńsk, Urzędów, Włocławek, Wyszogród, Zakroczym, Zbójno, Żuromin

Postamt [Urząd pocztowy]	Bezeichnung des Gutes [Dobra ziemskie]	Eigentümer [Właściciel]
Rypin	Antoniewo	Gierzyński Stanisław
Rypin	Bachorz	Rymer Henryk
Rypin	Bachórz	Riemer Henryk
Rypin	Balino, Nadroż	Barthel Alfred
Rypin	Białebłoto	Szmakfefer-Prądzyński Zygmunt
Rypin	Blinno	Ginter Kazimierz
Rypin	Bolesławice	Tarnowski Ludwik Józef
Rypin	Borki	Kalisz Stanisław
Rypin	Borki	Konarski Ignacy
Rypin	Borki	Kowalski Ignacy
Rypin	Borzymin	Pomirski Władysław
Rypin	Boski	Pełkowski Jan
Rypin	Brzeszczki Duże i Wielkie	Brzuski Alojzy
Rypin	Brzuze	Dziewanowski Jan
Rypin	Dębiany	Konopacki Fryderyk
Rypin	Długie	Borzewski Artur
Rypin	Dobre	Sulimierski Józef
Rypin	Duszoty	Burczyński Ignacy
Rypin	Dylewo	Majeran Lewin
Rypin	Dzierzno Ziemiańskie	Hewel Bolesław
Rypin	Dzierzno, Kożuchowe	Podgórski Jan
Rypin	Dziewanowo, Lasoty, Rejki	Chełmicki Ludwik

Rypin	Giżynek Okonin Ugoszcz	Borzewski Antoni
Rypin	Grzęby, Jawornica	Nogacki Karol
Rypin	Gulbiny	Piwnicki Marjan
Rypin	Kamionki	Obrębski Maksymilian
Rypin	Kiełpiny	Gockowski Józef i Franciszek
Rypin	Kłośno	Baranowski Eugeniusz
Rypin	Kobrzenice	Kokoszczyński Józef
Rypin	Kobrzeniec	Cichowiąz Michał
Rypin	Kowalki	Chełmicki Bronisław
Rypin	Kretki Małe, Osiek pod Brodnicą	Sierakowski hr. Adam
Rypin	Krystianowo	Sokolnicki Jan
Rypin	Likiec folw.	Pauli Herman
Rypin	Likiec, Nowiny	Wiekowicz Chaim
Rypin	Łapinóż	Zawadzki Jan
Rypin	Mościska	Waliński Leon
Rypin	Ozorkowo	Salwowski Feliks
Rypin	Piskorczyno	Ostrowski Szymon i Wacław
Rypin	Pręczki	Zaraks-Zarakowski Franciszek
Rypin	Radziki Wielkie	Ferster Adolf
Rypin	Radzynek	Rutkowski Witold
Rypin	Rakowo	Smoleński Feliks
Rypin	Rakowo, Czyżewo	Czaplicki Zygmunt
Rypin	Rogówko	Napiórkowski Teodor
Rypin	Rokitnica	Kozłowski Wienczysław
Rypin	Ruszkowo	Gurbski Ignacy
Rypin	Ruszkowo	Kosnkowski Wincenty
Rypin	Ruszkowo Małe	Bigoszewski Stanisław
Rypin	Sadłowo	Około-Kujak Władysław
Rypin	Starorypin	Piwnicki Zygmunt

Rypin	Stawiska	Lindau Karol
Rypin	Stępowo	Grabski Mikołaj
Rypin	Strzygi	Pankowski Tomasz
Rypin	Szynwałd, Tomaszewsko	Grapatyn Gotfryd
Rypin	świedziebna	Gniazdowski Stefan
Rypin	Tadajewo	Nejman Jan
Rypin	Tomaszewo, Oborki Dębowo	Nejman Edward
Rypin	Turek	Kandelszein Josel
Rypin	Wątpielsk	Siemiątkowski Józef
Rypin	Wiktorowo	Duszyński Marjan
Rypin	Wólka Szumińska	Gniazdowski Izydor Jan
Rypin	Wrzeszewo, Tomaszewo	Gołębiewski vel Goluń Fryderyk
Rypin	Wyręba	Chełmicki Jan
Rypin	Zakrocz	Kohn Mojżesz Jakób
Rypin	Zasadki	Chabowski Adam
Rypin	Zasady, Żmijewo Nowe	Zdziarski Władysław
Rypin	Żale, Okalewo, świętosław	Chełmicki Adolf
Sierpc	Babc-Wiączanki	Leszczyński Adam
Sierpc	Babe Rżały	Koral Maues
Sierpc	Białoskóry	Godlewski Józef
Sierpc	Biele	Mazurkiewicz Wincenty
Sierpc	Bledzewo	Wawrzeński Konstanty
Sierpc	Borki folwark	Balcerzak Jan
Sierpc	Borkowo Kościelne, Wilczewo	Szmagier Teodor
Sierpc	Borkowo Wielkie	Rościszewski Edward
Sierpc	Borzewo Kmiece	Chabowski Anastazy
Sierpc	Cieślino i Obręb Mały	Cieśliński Zygmunt
Sierpc	Czarnomin Kmiece	Trzciński Feliks
Sierpc	Dobrzenice Małe	Rościszewski Włodzimierz

Sierpc	Dziembakowo, Reczewo	Umiński Zygmunt
Sierpc	Dzięgielewo	Cyprysiński August
Sierpc	Goleszyn, Siekluki	Sieklucki Tomasz
Sierpc	Gozdowo	Szarewicz Henryk
Sierpc	Gójsk, Sułocinek, Podlesie, Grondy Stare	Krępeć Wiktor
Sierpc	Grabobo, Zawady, Czarzaste Wielkie, Rościszewo, Zamość	Cichowski Hipolit
Sierpc	Grąbiec Wielki, Krubice, Osiek	Czaplicki Antoni
Sierpc	Gródkowo Zawisze vel. Wielkie	Klicki Dominik
Sierpc	Grzędowo	Gutowski Jan
Sierpc	Jeżewo, Kopytowo	Czarnowski Bronisław
Sierpc	Kęsice	Słomiński Stanisław
Sierpc	Kokoszyn, śmiechy	śniechowski Stanisław
Sierpc	Kolczyno Małe	Tański Adam
Sierpc	Kossemin	Chmielewski Feliks
Sierpc	Kossemin	Karski Jan
Sierpc	Kotarczyno	Kłobukowski Teofil
Sierpc	Kuniewo	Kotarski Władysław
Sierpc	Kwaśno	Prejs Edward
Sierpc	Łazy	Chmielewski Kazimierz
Sierpc	Łukomie	Giziński Teodozjusz
Sierpc	Miłobedzin	Bukowski Edmund
Sierpc	Mochowo	Borawski Edward
Sierpc	Myszewsko-Małoszyno	Jaroszewscy F., W.
Sierpc	Osiek Piaseczny	Bańska Antoni
Sierpc	Paprotki Białasy	Szwarski Mateusz
Sierpc	Piastowo	Kacperkiewicz Rajmund
Sierpc	Pieński	Bagieński Józef
Sierpc	Podkrajewo, Wojnówka	Goszczyński Stanisław

Sierpc	Przybyszewo	Zdziemborski Józef
Sierpc	Rachocin	Kleniewski Bronisław
Sierpc	Rempin	Rościszewski Antoni
Sierpc	Rękawczyno	Goślicki Józef
Sierpc	Romatowo	Zglinicki Paweł
Sierpc	Schabajewo, Makomary	Waśniewski Florjan
Sierpc	Smoszewo, Krasino	Wieliczko August
Sierpc	Stopino, Pianki i Puszcza	Lewin Moszek
Sierpc	Stropkowo	świerkocki Józef
Sierpc	Sudragi	Grabowski Konstanty
Sierpc	Sulencice	Iłowiecki Janusz
Sierpc	Sulocin	Zdziarski Kazimierz
Sierpc	Susk	Serbikowski Ignacy
Sierpc	Szumanie, Bakalary	Gierzyński Marjan
Sierpc	Szumanie, Postuły vel Kempskie	Olszewski Franciszek
Sierpc	śniedzanowo	Wiśniewski Jan
Sierpc	Warzynko	Kruszewski Józef i Szczepan
Sierpc	Warzyno Kmiece	Łempicki Zygmunt
Sierpc	Wiechciejewo	Nadrowski Antoni
Sierpc	Wreśnia	Ciesielski Władysław
Sierpc	Wreśnia	Myśliński Stanisław
Sierpc	Zarzyce i Młotkowo	Kosiński Wincenty
Sierpc	Zawidz Mały	Mossakowski Józef
Sierpc	Zawidz, Żabowo	Karczewski Teodor
Sierpc	Zgagowo, Granowo	Chełmicki Stanisław
Sierpc	Zglenice Wielkie	Dobrzeniecki Józef
Sierpc	Żółtowo Wielkie	Kotarski Florentyn
Sierpc	Żytowo, Maliszewo, Maliszewko	Turski Jan
Skempe	Choczeń	Todtleben Henryk

Skempe	Grabowiec	Skrządziewski Edmund
Skempe	Kozirόg Leśny	Podczaski Józef
Skempe	Kukowo, Grabowiec, Koziołek, Skępe, Suminek, Chodorążek	Zieliński Władysław
Skempe	Ligowo	Dziewanowski Aleksander
Skempe	Lubowidz, Sarnowo, Nowawieś, Szronka	Kuntzel Konrad
Skempe	Łękie ABC	Libert Wacław
Skempe	Małomin	Rogalewicz Jan
Starośreby	Blichowo	Zawidzki Edward
Starośreby	Bromierz Wielki	Ożarowski Aleksander
Starośreby	Bromierzyk	Rościszewski Antoni
Starośreby	Brudzyno	Mossakowski Modest
Starośreby	Chudzyno	Pilitowski Antoni
Starośreby	Dłużniewo Wielkie	Babecki Antoni
Starośreby	Falęcin, Rogowo	Piaseczny Stanisław
Starośreby	Goszczyno Górne	Ostrowski Ludwik
Starośreby	Góra	Popkowski Antoni
Starośreby	Krawęczyn v. Kawęczyn	Chyczewski Antoni
Starośreby	Łubki	Dąbski Mikołaj
Starośreby	Małąchowice	Żółtowski Władysław
Starośreby	Nagórki, Olszyny, Setropie	Grabowski Władysław
Starośreby	Nowopole	Cierpicki Józef
Starośreby	Ostrzykowo, Ostrzykówko	Sąchoccy Jan i Stefan
Starośreby	Podleck Wielki i Mały	Rościszewski Feliks
Starośreby	Pomianowo, Dzierki	Pomianowski Antoni
Starośreby	Rostkowo	Charzyński Stanisław
Starośreby	Słupca Mała	Gorzechowski Jan
Starośreby	Sokolniki	Żółtowski Kornel
Starośreby	Szulbory	Breńda Piotr Wojciech

Starośreby	Turowo	Rutkowski Władysław
Starośreby	Wiórkowo	Wiórkiewicz Leon
Starośreby	Włóki	Radwan Antoni
Starośreby	Worowice	Zawidzki Andrzej
Starośreby	Zdziar Mały	Przedpełski Jan
Starośreby	Zdziar Wielki, Ostrzykowo, Ostrzykówko	Zdziarski Bolesław
Starośreby	Zdziar, Wielki Las	Wierzbicki Jan
Starośreby	Żochowo	Przedpełski Władysław
Starośreby	Żochowo	Włoczewski Wacław
Strzegowo	Aleksandrowo	Kruszewski Kazimierz
Strzegowo	Czarnocin	Łebkowski Julian
Strzegowo	Drogiszka	Kosiński Bronisław
Strzegowo	Garwarz	Tonderung Henryk
Strzegowo	Goszczk	Żochowski Teodor
Strzegowo	Huta Emilia	Kahan Nahemi
Strzegowo	Nowopole	Klonowski Aleksander
Strzegowo	Radzimowice	Chaniewski Stanisław
Strzegowo	Staroguby	Osipow Konstanty
Strzegowo	Strzegowo	Frejman Janusz
Strzegowo	Strzegowo v. Tuchowo	Kownacki Franciszek
Strzegowo	Unierzysz	Smoleński Jan
Strzegowo	Wkra	Sojkowski Tadeusz
Strzegowo	Zygmuntowo, Komonino	Gorzechowski Franciszek
Szreńsk	Doziny	Charzyński Adam
Szreńsk	Gościska	Purzycki Władysław
Szreńsk	Kobuszyn Trzaski	Majer Edmund
Szreńsk	Kunki	Miecznikowscy Tadeusz i Władysław
Szreńsk	Liberadz	Oleksiński Adam

Szreńsk	Liberadz, Dziektarzewo, Rybitwy	Piechowski Kajetan
Szreńsk	Luberadz Mały	Kaniowski Władysław
Szreńsk	Mdzewko	Kanigowski Bogdan
Szreńsk	Miączyn Mały i Wielki, Kmiece, Bońkowo	śliwowski Władysław
Szreńsk	Nadratowo	Kwiatkowski Ignacy
Szreńsk	Ostrów vel Huta	Szczawiński Adam
Szreńsk	Pączkowo	Rajchel Marjan
Szreńsk	Proszkowo, Sławogóra, Dręglin	Rajkowski Franciszek
Szreńsk	Ratowo, Radzanowo	Konic H. i J.
Szreńsk	Stawkowo	Kowacki Aleksander
Szreńsk	Szreńsk, Złotowo, Koziczi	Olesza Edward
Szreńsk	Wieluń, Pełki	Chądzyński Antoni i Jan
Szreńsk	Wieluń, Pełki	Żółtowski Jan i Antoni
Urzędów	Podkowice Przedkościelne	Piasecki Antoni
Włocławek	Chełmica Wielka	Narbuch von Grzegorz
Włocławek	Krępiny	Przybylski Ludwik
Włocławek	Kulin, Skórzno, Szpital Górny i Dolny, Bogucin	Rutkowski Zdzisław
Włocławek	Linne i Stawiska	Lutomski Józef
Włocławek	Nowawieś, Chalinki	Gniazdowski Stanisław
Włocławek	Olszewo	Karnowski Piotr
Włocławek	Olszyny	Podczaski Kazimierz
Włocławek	Uniechowo	Lutomscy J.K.S.W.J.
Włocławek	Zarzyczewo Nowe	Olszewski Bronisław
Wyszogród	Arciszewo	Młodowski Stefan
Wyszogród	Główczyn	Karczewski Zdzisław
Wyszogród	Grodkowo, Grodkówno, Bietkowice	Dziewanowski Kazimierz
Wyszogród	Lewino, Nakwasino, Wilkanowo	Bogusławski ścibor Jerzy

Wyszogród	Łazęki	Kobuszewski Modest
Wyszogród	Morkowo	Lisicki Gracjan
Wyszogród	Nieborzyn	Charzyński Antoni
Wyszogród	Podgórze	Peterow Konstanty
Wyszogród	Pozarzyn	Cichocki Jan
Wyszogród	Pruszczyno	Blank Karol
Wyszogród	Rostkowice	Wiloch Franciszek
Wyszogród	Słomino	Charzyńscy Aleksander i Wincenty
Wyszogród	Starzyn	Sobański Jan
Zakroczym	Kuchary, Skotniki	Łuszczewski Julian
Zakroczym	Naborowiec, Zdunowo	Marchwicki Stanisłąw
Zbójno	Chojno	Kerner E. J. J. i L.
Zbójno	Dąbrówka	Byszowswerder Keszcz
Zbójno	Działyń	Ciechomski Konrd i Leon
Zbójno	Działyń	Lisiński Jan
Zbójno	Głęboczek	Kohn Majer
Zbójno	Klonowo	Budny Andrzej
Zbójno	Lubianki	Kowalczyk Józef
Zbójno	Lubowiec	Bigalke Gustaw
Zbójno	Moszczonne	Dziewanowski Henryk
Zbójno	Podnietrzeba	Kossowski Jan
Zbójno	Steklin, Zgoda, Wylizy	Linowski Ludwik
Zbójno	Wildno, Krępa	Krępeć Szymon
Zbójno	Wojnowo	Rzeszotarski Antoni
Zbójno	Zbójno, Podolino, Laskowiec	Dzierzanowski Henryk
Żuromin	Brudnice	Waldowski Teofil
Żuromin	Brudnice	Wawrzyński Adam
Żuromin	Chromakowo	Mieczkowski Teofil
Żuromin	Chromakowo	Pytkowski Zdzisław

Żuromin	Dziewanowo	Chełmicki Ludwik
Żuromin	Łążyn, Bendzamin, Wygoda, Dziwy, Rzęzawy, Rozgozin, Rozwozinek, Siemcichy, Cieszki	Blas Lejzor
Żuromin	Nick	Miłobędzki Konstanty
Żuromin	Poniatowo, Krukowice	Słomowski Aleksander
Żuromin	Przeradś Mały	Zdziemborski Tomasz
Żuromin	Przeradś Wielki	Wośnicki Jan
Żuromin	Wylazłowo	Osiecki Antoni
Żuromin	Żuromin Kapitulny	Milewski Antoni

8. Materialsammlung

Die Zuweisung „polnisch" für die Szlachta der Res Publica ist nachträglich geographisch, mit der Zeit auch kulturell und sprachlich, sowie schließlich politisch und staatsrechtlich jedoch nicht als sachgerecht zu sehen.

Der Adel der Res Publica erscheint im europäischen Vergleich ähnlich dem deutschen Adel [84] als besonders vielfältig und segmentiert. Nationale Adelsgeschichte zu schreiben, ist daher – zumindest derzeit – weder möglich noch angemessen. Stattdessen kommen sowohl für das 20. als auch für das 21. Jahrhundert primär Untersuchungen unterschiedlicher Adelsgruppen (Magnaten, des Ämter und Würden besitzender Adels und Militäradels sowie des Adels regionaler Herkunft und Adels mit besonderem religiösen Bezug oder Herkunft wie Kalvinisten und Juden oder Armenier, Kosaken und Tataren usw.) in Betracht [85].

Als **Adel** oder **adelig** werden in Gesellschaften Europas die Angehörigen der Familien bezeichnet, die zu Ständezeiten qua Gesetz den Adel bildeten und in nichtständischen europäischen Gesellschaften einen geschlossen Kultur- und Wertekreis darstellen.

Literaturbeispiele der Definition der Stellung des Adelstandes heute (mit besonderer Berücksichtigung der Situation in den deutschsprachigen Ländern):

I. Die „Definition des Adels" verschiebt sich „von rechtlichen zu soziokulturellen Merkmalen"[86] .

II. „In der Gegenwart besitzen Adelige [in Deutschland] keine rechtlichen oder politischen Privilegien mehr. Trotzdem gehören überproportional viele

---

[84] In Vergleiche dazu steht die Aussage von Conze: „Der deutsche Adel erscheint im europäischen Vergleich besonders vielfältig und segmentiert. Nationale Adelsgeschichte zu schreiben, ist daher – zumindest derzeit – weder möglich noch angemessen. Stattdessen kommen sowohl für das 19. als auch für das 20. Jahrhundert primär Untersuchungen unterschiedlicher Adelsgruppen (Standesherren, Militäradel, Adelsverbände usw.) in Betracht." Conze, Eckart; Wienfort, Monika: Einleitung – Themen und Perspektiven historischer Adelsforschung zum 19. und 20. Jahrhundert. in: Eckart Conze, Monika Wienfort: Adel und Moderne – Deutschland im europäischen Vergleich im 19. und 20. Jahrhundert. Köln 2004, Seite 1.

[85] Vergleiche hierzu auch: Seelig, Michael: Projektbeschreibung: Der ostelbische Adel in der Bundesrepublik Deutschland 1945/49-1974. Dissertationsprojekt an der Philipps-Universität Marburg. Eckart Conze: Der Edelmann als Bürger? Standesbewußtsein und Wertewandel im Adel der frühen Bundesrepublik. in: Hettling, Manfred; Ulrich, Bernd (Hrsg.): Bürgertum nach 1945. Hamburg 2005, Seite 347–371.

[86] Wienfort, Monika: Der Adel in der Moderne, Göttingen 2006, Seite 9.

Adelige zu den politischen oder wirtschaftlichen, zu den regionalen oder lokalen Eliten"[87].

III. „Nach vorsichtigen Schätzungen beträgt der Anteil des Adels an der deutschen Bevölkerung heute nicht mehr als 0,1 %"[88].

IV. „Das Ende der Geschichte des ... Adels war dies [d. h. Ausgang des I. Weltkrieges] aber nicht. Vielmehr gilt, wie Wienfort im Anschluss an Weber ausblickend urteilt, dass »der Adel auch im 21. Jahrhundert weiter besteht, solange er Glauben für seine Adelsqualität findet – in den eigenen Reihen und in der massenmedialen Öffentlichkeit«. Insofern bleibt der Adel auch ein Thema für die Zeitgeschichte. Zumindest in zweierlei Hinsicht eröffnet eine Geschichte des Adels in der Bundesrepublik Erkenntnischancen: zum einen als wesentlicher Bestandteil einer bundesrepublikanischen Elitengeschichte, zum anderen als geradezu Webersche Versuchsanordnung"[89].

V. „Auch die Geschäftspolitik der jungen Bundesrepublik erleichterte die Eingliederung des Adels in die sozialpolitische Ordnung. Denn auf der Linie einer honorigen Traditionsbildung wurde zu einer Zeit, als die Verschwörer des 20. Juli 1944 vielfach noch als «Landesverräter» stigmatisiert wurden, der auffällig große Anteil von Adligen an dieser Opposition anerkannt, damit aber auch der Adel insgesamt als widerstandsfähige Formation gewürdigt. Auch diese Einstellung versöhnte den Adel mit den neuen sozialpolitischen Bedingungen".[90]

VI. „Bekanntlich war ein Drittel der in diesem Zusammenhang hingerichteten Gegner des Nationalsozialismus adelig. [...] Die mentale Ankunft des Adels in der Bundesrepublik verdankt sich damit auch einer standesbezogenen Geschichtspolitik, die einen als adelig definierten Tugendkanon mit der Bereitschaft zum aktiven Widerstand gegen den Nationalsozialismus in

[87] Ebenda, Seite 10.
[88] Ebenda, Seite 159.
[89] Rezension zu Wienfort, Monika: Der Adel in der Moderne, Göttingen 2006 von Martin Kohlrausch, DHI Warschau. in: H-Soz-u-Kult, 31. Mai 2007.
[90] Wehler, Hans-Ulrich: Deutsche Gesellschaftsgeschichte. Fünfter Band – Bundesrepublik und DDR 1949–1990. München 2008, Seite 166f.

Verbindung brachte".[91]

VII. „Und gewährt nicht ein Blick auf den Adel nach 1945 auch Einsichten in die Sozialstruktur der Bundesrepublik? [...] Und wenn man sich für diese Prozesse und Mechanismen interessiert, wird man auch das Jahr 1945 nicht als Endpunkt von Adelsgeschichte betrachten dürfen."[92]

VIII. „Überlegungen wie die Schulenburgs oder Einsiedels, bei näherem Betrachten jedoch auch diejenigen Moltkes, verweisen auf die Fortwirkung eines spezifisch adeligen Selbstverständnisses, aber auch auf die Verknüpfung, wenn nicht die Identität von Standesethos und Eliteideal, von Dienstideologie und Herrschaftsanspruch. In dieser Perspektive gewinnt auch das Widerstands-denken und -handeln des Attentäters selbst, von Claus Schenk Graf von Stauffenberg, eine adelshistorisch relevante Dimension." [93]

IX. **Somit kann beim bewussten Adelstand von einem** „spezifisch adeligen Wertekanon[s] im Kontext von Begriffen wie Ehre, Pflicht und Opfer, der **als Gegenmodell** zu »bürgerlichen« Vorstellungen von individueller Leistungsbereitschaft entwickelt wurde"[94] Diese ist nicht länderspezifisch, sondern im Kontext der europäischen Abendlandes wie auch auch seit 1959 von C.I. L.A N.E. [95] vertreten wird, übernational .

X. Hans-Ulrich Wehler spricht in Anlehnung an Lord Ralf Dahrendorf vom Adel als einer „Prestige-Oberschicht" und einer „geschlossenen Gesellschaft", „die sich mit eigenen Ritualen, ihrem spezifischen Ehrenkodex, ständischen Prinzipien der Lebensführung, ihrem Abstammungsprestige und dem exklusiven gesellschaftlichen Verkehr von ihrer bürgerlichen Umwelt " abhebt.[96]

---

[91] Conze, Eckart; Wienfort, Monika: Einleitung – Themen und Perspektiven historischer Adelsforschung zum 19. und 20. Jahrhundert. in: Eckart Conze, Monika Wienfort: Adel und Moderne – Deutschland im europäi-schen Vergleich im 19. und 20. Jahrhundert. Köln 2004, Seite 4.
[92] Ebenda, Seite 12.
[93] Conze, Eckart: Adel und Adeligkeit im Widerstand des 20. Juli 1944. in: Heinz Reif (Hrsg.): Adel und Bürgertum in Deutschland II. Berlin 2001, Seite 282f.
[94] Wienfort, Monika: Der Adel in der Moderne, Göttingen 2006, Seite 11.
[95] Die Europäische Adelskommission, **La Commission d'information et de liaison des associations de noblesse d'Europe**, kurz **Cilane** oder C.I.L.A.N.E., ist eine Austausch- und Vernetzungsorganisation europäischer Adelsverbände. Sie wurde 1959 in Paris gegründet und dient zur Vernetzung der Mitglieder von und Jugendarbeit der Adelsorganisationen, ihre Geschäftssprache ist Französisch.
[96] Wehler, Hans-Ulrich: Deutsche Gesellschaftsgeschichte. Fünfter Band – Bundesrepublik und DDR 1949–1990. München 2008, Seite 167.

Adelskorporationen
Zusammenschlüsse rechtlicher oder gesellschaftlicher Art von Edelleuten eines bestimmten Territoriums oder eines bestimmten Standes zum Zecke der Rechtsvertretung, der Geselligkeit, der Pflege des Standesbewusstseins und des Zusammenhalts des Adels. Adelskorporationen gab es seit dem Mittelalter in Form von Rittergesellschaften. Später gab es eine Vielzahl heute oft unbekannter oder nur wenig erforschter verschiedenste Zusammenschlüsse wie etwa die Adelskette oder der erst 1902 begründete Verein deutscher Fürstinnen zur Hebung der Sittlichkeit.

In vielen Territorien gab es zahlreiche Ritterschaften als Zusammenschlüsse des landgesessenen Adels einer Region. Von diesen überlebten den zweiten Weltkrieg landgesessen nur Ritterschaften auf westdeutschem Gebiet, so die Althessische Ritterschaft, die Genossenschaft des Rheinischen Ritterbürtigen Adels und die Schleswig-Holsteinischen Prälaten und Ritterschaft. Alle anderen Ritterschaften, so die der baltischen Gebiete, pflegen ihre Traditionen natürlich - so zu sagen exiliert - weiter.

Neben diesen existierten auch regionale Adelskorporationen, die weniger den grundbesitzenden als mehr den gesamten Adel einer Landschaft aufnahmen. Hier ist in erster Linie die 1874 bis 1956 wirkende Deutsche Adelsgenossenschaft zu nennen, die sich in Landes- und Provinzialabteilungen untergliederte. Nach 1945 nehmen diese Stellung die regionalen Adelsvereinigungen ein. Sie tragen in der Regel den Namen "Vereinigung des Adels in ..." und arbeiten in der Rechtsform eines eingetragener Vereines. Wer in sie aufgenommen werden will, muss dem historischen deutschen Adel angehören oder wie in anderen Verbänden der CILANE durch eine Nichtbeanstandung als zugehörig ausgewiesen sein. Diese Funktion nimmt in Vereinigung der Deutschen Adelsverbände e. V. der Deutsche Adelsrechtsausschuss wahr.

Darüber hinaus ist meistens Bedingung, dass man einem Adelsgeschlecht entstammt, das in der betreffenden Region schon länger ansässig ist. Zumindest aber sollte man beruflich im Land tätig sein, um Mitglied werden zu können.

Die Ziele der regionalen Vereine nach 1945 sind meist geselliger und unterhaltender Natur, wenngleich in bestimmten Fällen auch eine Standesvertretung erfolgt. Zusammengeschlossen sind die Nachkriegs-Adelsverbände in der Vereinigung der Deutschen Adelsverbände. Ihre Anzahl bleibt relativ konstant und blieb es auch nach der deutschen Wiedervereinigung, da die bestehenden zuvor exilierten Verbände nun auch in den neuen Bundesländern tätig wurden, so der Verband „Der Sächsische Adel e. V.“ in Sachsen und Thüringen oder die „Vereinigung des Adels in

Berlin e. V." (1991 erfolgte die Umbenennung in Vereinigung des Historischen Adels in Berlin und Brandenburg e. V.).

Als Dachverband der deutschsprachigen Adelsverbände gibt es in der Vereinigung der Deutschen Adelsverbände keine persönlichen Mitgliedschaften. Ihm gehören 23 Gliederungen an, davon sind 15 regionale Vereinigungen, 4 konfessionelle Vereinigungen sowie 4 Ritterschaften. Er wurde im Jahre 1956 gegründet. Im Einzelnen handelt es sich um folgende Verbände:

Regionale Vereinigungen:
Baden - Vereinigung des Adels in Baden (ohne Rechtsform)
Bayern - Vereinigung des Adels in Bayern e. V.
Berlin und Brandenburg - Vereinigung des Historischen Adels in Berlin und Brandenburg e. V.
Bremen und Oldenburg - Vereinigung des Adels in Bremen und Oldenburg (ohne Rechtsform)
Hamburg und Schleswig-Holstein - Vereinigung des Adels in Hamburg und Schleswig-Holstein e. V.
Hessen - Vereinigung des Adels in Hessen e. V.
Mittelrhein - Vereinigung des Adels am Mittelrhein (ohne Rechtsform)
Niedersachsen - Vereinigung des Adels in Niedersachsen (ohne Rechtsform)
Pommern - Vereinigung pommerscher Adelsfamilien (ohne Rechtsform)
Ostpreußen - Der Historische Ostpreußische Adel (ohne Rechtsform)
Rheinland und Westfalen-Lippe - Vereinigung des Adels im Rheinland und in Westfalen-Lippe e.V.
Saar - Vereinigung des Adels an der Saar (ohne Rechtsform)
Sachsen, Sachsen-Anhalt, Thüringen - Der Sächsische Adel e. V.
Schlesien - Vereinigung Schlesischer Adel (ohne Rechtsform)
Württemberg - Vereinigung des Adels in Württemberg (ohne Rechtsform)

Ritterschaften:
Baltische Ritterschaften - Verband der Baltischen Ritterschaften e. V. (Vertretung der vier Ritterschaften: von Livland, Estland, Kurland und Oesel)
Althessische Ritterschaft - Verein der Althessischen Ritterschaft e. V.
Rheinischer Ritterbürtiger Adel - Genossenschaft des Rheinischen Ritterbürtigen Adels (ohne Rechtsform)
Schleswig-Holstein - Schleswig-Holsteinische Prälaten und Ritterschaft (ohne Rechtsform)

Konfessionelle Verbände:

Katholische Edelleute in Bayern - Genossenschaft katholischer Edelleute in Bayern e.V.
Katholischer Adel Rheinland und Westfalen - Verein katholischen Adels Rheinland und Westfalen (ohne Rechtsform)
Katholischer Edelleute Südwestdeutschland - Verein Katholischer Edelleute Südwestdeutschlands (ohne Rechtsform)
Katholische Edelleute Schlesiens - Vereinigung Katholischer Edelleute Schlesiens (ohne Rechtsform).

Für den Adel der Länder der Habsburgermonarchie bestehen derzeit keine Adelskorporationen (abgesehen von der Adelsvereinigungen des Ungarischen Adels für die Länder der Hl. Stephanskrone und des Verbandes des Polnischen Adels für das heutige Gebiet der Republik Polen). Dies bedeutet, dass der Adel aus Österreich und den Ländern der Böhmischen Krone (Böhmens, Mährens und Schlesiens) nur gemäß dem Regionalprinzip eine Aufnahme in eine zuständige Vereinigung des Deutschen Adels suchen kann.

Rückgrat der Adelsverbände sind heute die Familienverbände. Obwohl vielfach nur Einzelmitglieder in die Adelskorporationen aufgenommen werden, bilden gerade die Familienverbände den ideellen Haltepunkt des innersten Kreises des Adels, der Familie. Von der Rekrutierung der Jugend in die Familienverbände hängt im Wesentlichen auch deren Einbindung in die Adelskorporationen ab und nur sie garantiert lebendiges und traditionelles Fortbestehen des Adels als Gesellschaftsgruppe.

Über das Gefühl der Zusammengehörigkeit unter demselben Namen entwickelt sich hier oft das erste Engagement in der Verbandsarbeit, bevor man in die regionalen Verbände geht und dort Funktionen übernimmt. Das Prinzip der gegenseitigen Hilfe wird mit Stiftungen genauso wie auf überregionaler Ebene in Form des Hilfswerks der Deutschen Adelsverbände durchgeführt, da die Adelskorporationen Rechte nur aus erfüllten Pflichten ableiten. Daneben ist die Aufgabe der Adelsvereinigungen im großen wie im kleinen Kreis auch die Bestimmung des eigenen Standorts und Diskussionsort über die sich immer rascher ändernde Welt und die Stellung der Edelleute in ihr im 21. Jahrhundert.

Um dies zu erhalten, ist eine Investition in die Bewahrung der eigenen Tradition erforderlich. Daher erfüllt der Abschnitt der Materialsammlung zu den vorstehenden Stammfolgen zugleich einen Querschnitt weiterführender Literatur zur Erleichterung der Vergegenwärtigung der nicht immer einfach zu erfassenden Zusammenhänge.

Datenbänke
Wikia szlachta [97]

Rodovid.org – internationale, vielsprachige und kostenlose Stammbaumdatenbank [98]

Reichsweite Quellen
Volumina Legum (10 Bände) - Gnadenakte im Gesetzeswerk der **Serenissima Res Publica Coronae Regni Poloniae Magnique Ducatus Lithuaniae.**
[Quelle: Voluma Legum (konstytucje sejmowe), 6 Bände (I-VI) mit Zeitraum bis 1736, Warszawa 1732-39, Band VII und VIII mit Zeitraum bis 1780, Warszawa 1782, przedruk zbioru praw II. Auflage Petersburg 1859 - 1860], [99]

Metryki koronne [100]

Źródeł Dziejowe - Edition von Geschichtsquellen [101]
Beinhaltet Listen der Steuerreskription und des Landesaufgebotes [pospolite ruszenie] aus der Ziet unmittelbar vor oder nach der Bildung der Realunion **Serenissima Res Publica Coronae Regni Poloniae Magnique Ducatus Lithuaniae** im Jahre 1569.

1. Band [Tom] XII Źródeł Dziejowych - Großpolen [Wielkopolska] Teil 1, rejestry poborowe i podatkowe:
Wielkopolska. T. 1 – 11
- województwo poznańskie:

pow. poznański, rejestr 1580,
pow. kościański, rejestr 1580-1581,
pow. wschowski, rejestr 1579,
pow. wałecki, rejestr 1579,
- woj. kaliskie:

pow. kaliski, rejestr 1579,
pow. gnieźnieński, rejestr 1577-1579,
pow. pyzdrski, rejestr 1578,
pow. koniński, rejestr 1579.

---

97 *[Quelle: http://de.szlachta.wikia.com/wiki/Szlachta_Wiki].*
98 [Quelle: http://de.rodovid.org/wk/Spezial:FamilyList].
99 *[Download: http://www.wbc.poznan.pl/dlibra/publication?id=47642].*
100 [Quelle: http://www.agad.gov.pl/inwentarze/Metr_Korx.xml].
101 *[Download: http://www.wbc.poznan.pl/dlibra/publication7id=7986].*

- woj. inowrocławskie:
pow. inowrocławski, rejestr 1583,
pow. bydgoski, rejestr 1580.
- ziemia dobrzyńska:
pow. dobrzyński, rejestr 1564,
pow. rypiński, rejestr 1564,
pow. lipnowski, rejestr 1564.

2. Band [Tom] XIII Źródeł Dziejowych - Großpolen [Wielkopolska] Teil 2, rejestry poborowe i podatkowe:

Wielkopolska. T. 2 – 12

- woj. brzeskie:
pow. brzeski, rejestr 1557 und 1566,
pow. kowalski, rejestr 1557 und 1566,
pow. przedecki, rejestr 1557 und 1566,
pow. radziejowski, rejestr 1557 und 1566,
pow. kruszwicki, rejestr 1557 und 1566.
- woj. łęczyckie:
pow. łęczycki, rejestr 1576,
pow. brzeski, rejestr 1576,
pow. orłowski, rejestr 1576.
- woj. sieradzkie:
pow. sieradzki, rejestr 1489, 1496, 1511, 1518, 1553 und 1576,
pow. szadkowski, rejestr 1511, 1518, 1552 und 1553,
pow. piotrkowski, rejestr 1511, 1518, 1552 und 1553,
pow. pow. radomski (radomszczański) rejestr 1511, 1518, 1552 und 1553,
pow. wieluński, rejestr 1511, 1518, 1552 und 1553,
pow. ostrzeszowski, rejestr 1553 und 1563.

3. Band [Tom] XIV Źródeł dziejowych - Kleipolen [Małopolska], rejestry poborowe i podatkowe:

Małopolska. T. 1 – 13:

- woj. krakowskie:
pow. proszowski, rejestr 1581,
pow. szczyrzycki, rejestr 1581,
pow. lelowski, rejestr 1581,
pow. książski, rejestr 1581,
pow. śląski, rejestr 1581,
pow. biecki, rejestr 1581,
pow. sandecki, rejestr 1581.

- woj. sandomierskie:
pow. sandomierski, rejestr 1578,
pow. wiślicki, rejestr 1579,
pow. pilzneński, rejestr 1581,
pow. chęciński, rejestr 1573,
pow. opoczyński, rejestr 1577,
pow. radomski, rejestr 1569,
pow. stężycki, rejestr 1569.
- woj. lubelskie:
pow. lubelski, rejestr 1531,
pow. urzędowski, rejestr 1531,
ziemia łukowska, rejestr 1531, 1552 und 1580.

4. Band [Tom] Źródeł dziejowych - Kleinpolen [Małopolska], rejestry poborowe i podatkowe:
Małopolska. T. 2 – 14:
pow. krakowski, rejestr 1490,
pow. szczyrzycki, rejestr 1490,
księstwo siewierskie, rejestr 1667,
starostwo spiskie, rejestr 1569.
- woj. sandomierskie:
pow. sandomierski, rejestr 1508,
pow. pilzneński, rejestr 1508 und 1536,
pow. radomski, rejestr 1508,
pow. opoczyński, rejestr 1508,
pow. chęciński, rejestry 1508 und 1540,
pow. wiślicki, rejestr 1508.

Zusatz zum Band XV ist **Rejestr pogłównego woj. lubelskiego (bez ziemi łukowskiej)**, aus 1676, welche eigene Seitennummerierung aufweist.
Podlasie. Teil 1 – 16
Podlasie. Teil 2 – 17
Podlasie. Teil 3 – 18

5. Band [Tom] XVI Źródeł dziejowych - Mazowien [Mazowsze], rejestry poborowe i podatkowe:
Mazowsze - 15
woj. płockie:
pow. płocki, rejestr 1578,
pow. bielski, rejestr 1578,

pow. sierpski, rejestr 1578,
pow. szreński, rejestr 1578,
pow. mławski, rejestr 1578,
pow. raciąski, rejestr 1578,
pow. płoński, rejestr 1578,
pow. niedzborski, rejestr 1578,
dobra duchowne 1570.

- woj. rawskie:

pow. sochaczewski, rejestr 1579,
pow. rawski, rejestr 1579,
pow. gostyński, rejestr 1579.

- woj. mazowieckie:

pow. czerski, rejestr 1576,
pow. grodzieński, rejestr 1576,
pow. warecki, rejestr 1576,
pow. warszawskie, rejestr 1580,
pow. wyszogrodzki, rejestr 1576,
pow. zakroczymski, rejestr 1576,
pow. nowomiejski, rejestr 1576,
pow. ciechanowski, rejestr 1567,
pow. przasnyski, rejestr 1567,
pow. sąchocki, rejestr 1567,
pow. wiski, rejestr z 1577 r.,
pow. wąchocki, rejestr z 1577 r.

- woj. łomżyńskie:

pow. łomżyński, rejestr 1578,
pow. kolneński, rejestr 1578,
pow. zambrowski, rejestr 1578,
pow. ostrołęcki, rejestr 1578,
pow. różański, rejestr 1582,
pow. makowski, rejestr 1582,
pow. nurski, rejestr 1578,
pow. ostrowski, rejestr 1578,
pow. kamieniecki, rejestr 1578.

6. Band [Tom] XIX Źródeł dziejowych - Wolhynien und Podolien [Wołyń und Podole], rejestry poborowe i podatkowe:
Ziemie ruskie. Ruś Czerwona. Teil 1 - 19
Ziemie ruskie. Ruś Czerwona. Teil 2 - 20

Ziemie ruskie. Wołyń i Podole -21

- woj. wołyńskie:

pow. łucki, rejestr 1570, 1577, 1583 und 1589,
pow. włodzimierski, rejestr 1577, 1583 und 1589,
pow. krzemieniecki, rejestr 1583.

- woj. podolskie:

pow. i starostwo kamienieckie, rejestr 1530, 1542, 1566, 1578 und 1583,
pow. czerwonogrodzki, rejestry 1530 und 1542,
pow. międzyborski, rejestry 1530 und 1542,
pow. latyczowski, rejestry 1530 und 1542,
pow. zynkowski, rejestry 1530 und 1542,
pow. chmielnicki, rejestr 1530,
woj. podolskie, rejestry 1565, 1566, 1569, 1578 und 1583.

7. Band [Tom] XX Źródeł dziejowych - Ukraina, rejestry poborowe i podatkowe:
Ziemie ruskie. Ukraina. Teil 1 - 22

- woj. kijowskie - rejestr 1570, 1571, 1572, 1581 und 1628, lustracje z 1616 und 1622,
- woj. bracławskie - rejestr 1569, 1566-1633, 1567-1631 und 1629
- woj. kijowskie und bracławskie - rejestr 1529, 1577, 1579 und 1581.

8. Band [Tom] XXI Źródeł dziejowych – Ukraina
Ziemie ruskie. Ukraina. Teil 2 - 23

- woj. kijowskie, zawiera wyciągi sumariusz trybunalskiego 1591-1625,
- woj. bracławskie, zawiera wyciągi sumariusz trybunalski 1590-1624.

Ziemie ruskie. Ukraina. Teil 3-24

9. Dzieje Lubelszczyzny tom III. Słownik historyczno-geograficzny województwa lubelskiego w średniowieczu.

Auflösung der Abkürzungen:

Ź12Wkp – Tom XII Źródeł dziejowych – Wielkopolska
Ź13Wkp – Tom XIII Źródeł dziejowych – Wielkopolska
Ź14/15Młp – Tom XIV i XV Źródeł dziejowych – Małopolska (wspólna numeracja stron)
Ź15MłpPog – Tom XV Źródeł dziejowych – Małopolska (Regestr pogłównego woj. lubelskiego z r. 1676)
Ź16Maz – Tom XVI Źródeł dziejowych – Mazowsze
Ź19WołPod – Tom XIX Źródeł dziejowych – Wołyń i Podole
Ź20Ukr – Tom XX Źródeł dziejowych – Ukraina
Ź21Ukr – Tom XXI Źródeł dziejowych – Ukraina
Sł.w.lub. – Dzieje Lubelszczyzny tom III. Słownik historyczno-geograficzny województwa lubelskiego w średniowieczu
HrbKap – Herbarz Ignacego Kapicy Milewskiego (dopełnienie Niesieckiego)

Prusy Królewskie. Teil 1-19/20
Inflanty. Teil 1
Andere Bände **„Źródła dziejowe":**
Dzieje zjednoczenia Ormian polskich z Kościołem Rzymskim w XVII wieku
Stefan Batory pod Gdańskiem w 1576 -1577
Lustracye królewszczyzn ziem ruskich Wołynia, Podola i Ukrainy z pierwszej połowy XVII wieku
Rewizya zamków ziemi wołyńskiej
Sprawy Prus Książęcych za Zygmunta Augusta w r. 1566 -1568
Skarbowość w Polsce i jej dzieje za Stefana Batorego 1576-1586
Księgi podskarbińskie z czasów Stefana Batorego 1576-1586
Sprawy wołoskie za Jagiellonów
Akta metryki koronnej ... z czasów Stefana Batorego. 1576-1586

Reichsweite Adelsübersichten (Chronologisch geordnet)
Graf Dunin-Borkowski - Adelslexikon Res Publica Serenissima
[Quelle: Dunin-Borkowski (h. Łabędź Abwandlung), Graf Jerzy Seweryn: Spis nazwisk szlachty polskiej Lemberg 1887, Seite] [102]

Kasprzycki (12 Bände) - Adelslexikon Res Publica
[Quelle: Kasprzycki (h. Starykoń), Stefan: Polska encyklopedja szlachecka, Warszawa 1935 - 1938, 12 Bände, Band , Seite].

Siwik- Lexikon adliger Zu- und Beinamen in der Res Publica
Aktuellstes Werk mit 59.034 Einträgen zu 42 089 adligen Geschlechtern in Res Publica, [Quelle: Siwik, Jan: Encyklopedia nazwisk i przydomków szlacheckich, Warszawa 2010, Seite].

Reichsweite Adelslexika
Boniecki (17 Bände) - Wappenbuch Res Publica - Datenbank Dr. Minakowski [103]
[Quelle: Boniecki, (h. Bończa), Adam: Herbarz polski, Warszawa 1899 ff].

Graf Dunin-Borkowski (5 Bände) - ausgewählte Stammfolgen
[Quelle: Dunin-Borkowski (h. Łabędź), Graf Jerzy Seweryn: Lwów und Warszawa

---

[102] *[Download: http://www.wbc.poznan.pl/publication/55480].*
[103] *http://wielcy.pl/boniecki/pl/.*

1908 Rocznik szlachty polskiej, Band 1, Seite , und Rocznik szlachty polskiej, Band 2, Seite]. [104]

[Quelle: Dunin-Borkowski (h. Łabędź), Graf Jerzy Seweryn: Genealogia żyjących utytułowanych rodów polskich, Lwów 1895, Seite]. [105]

[Quelle: Dunin-Borkowski (h. Łabędź), Graf Jerzy Seweryn: Almanach błękitny: genealogia żyjących rodów polskich, Band 1 und Almanach błękitny: genealogia żyjących rodów polskich, Band 2, Lwów, Warszawa [1908] Seite]. [106]

Starykoń-Kasprzycki-Almanach - Almanach des Adels der Res Publica
[Quelle: Starykoń-Kasprzycki, Stefan: Almanach Szlachecki. Genealogia Polskich Rodzin Szlacheckich, Warszawa 1939, Band 1, Hefte 1-4, Seite].

Kapica-Milewski – Wappenbuch - Wappenbuch Res Publica [107]
[Quelle: Ignacy (Wawrzyniec Hiacynt) Kapica Milewski (h. Tuczyński): Herbarz Ignacego Kapicy Milewskiego (wydanie z rękopisu), Seite].

Datenbank Dr. Minakowski [108]

Minakowski Eliten (20 Bände) - Stammfolgen Res Publica ab XVIII. Jhdt.
Gotha-ähnliche Fortsetzung der Arbeiten von Boniecki, Uruski und Żychliński
[Quelle: Minakowski, Marek Jerzy: Elita Rzeczypospolitej, Kraków 2011ff, 20 Bände, Band , Seite].

Niesiecki (10 Bände Ausgabe Bobrowicz + 1 Band) - Wappenbuch Res Publica [109]
[Quelle: Niesiecki, Kasper: Herbarz Polski, wyd. J.N. Bobrowicz, Lipsk 1839-1845, Band , Seite].

Czarniecki - Herbarz Polski – Ergänzung zu Niesiecki [110]
[Quelle: Czarniecki (z Czarncy h. Łodzia), Krzysztof: Herbarz Polski podług

---

[104] *[Download: Band 1: http://pbc.biaman.pl/publication/1623 und Band 2: http://mbc.malopolska.pl/publication/183].*
[105] *[Download: http://www.wbc.poznan.pl/publication/54074].*
[106] *[Download: http://www.sbc.org.pl/dlibra/docmetadata?id=5489&from=publication&].*
[107] *[Dow nload: http://www.wbc.poznan.pl/publication/1879].*
[108] http://wielcy.pl/ und Rezension: http://de.szlachta.wikia.com/wiki/Rezension_Datenbank_Minakowski.
[109] Datenbank Dr. Minakowski http://wielcy.pl/niesiecki/.
[110] *[Download Band 1: http://pbc.biaman.pl/dlibra/docmetadata?id=1696&from=&dirids=1&ver_id=&lp=1&QI=], [Download Band 2: http://pbc.biaman.pl/dlibra/docmetadata?id=1588&from=publication].*

Niesieckiego, Gniezno 1875 - 1881, 2 Bände, Band , Seite].

Radzimińska (Hrsg.) - aktuelle Stammfolgen der Szlachta
[Quelle: Radzimińska, Maria (Hrsg.): Polskie rody szlacheckie. Kto jest kim dziś, Warszawa 1993, Seite].

Nenkanda-Trepka (2. kor. Auflage) - Adelsanmaßung Res Publica
[Quelle: Trepka, Nekanda (h. Topór), Walerian: Liber generationis plebeanorum ("Liber chamorum"), Wrocław u. a. 1995, II. Auflage durch Rafał Leszczyński].

Graf Uruski (15 Bände) - Wappenbuch Res Publica [111]
[Quelle: Uruski (h. Sas), Graf Seweryn: Rodzina. Herbarz szlachty polskiej, Warszawa 1904 - 1938, Band 7, Seite 117].

Graf Uruski - 6 Bände Indexmanuskript
Stiftungsbibliothek - **zeitweilig nicht zugänglich**

Wittyg - Verdunkelter Adel der Res Publica [112]
[Quelle: Wittyg, Wiktor: Nieznana szlachta polska i jej herby, Kraków 1908, Seite].

Żychliński (31 Bände des Goldenen Buches des Polnischen Adels) + 6 Bände Indexmanuskript
(Anmerkung: die Bibliothek der Stiftung besitzt im Original nur 9 der 31 Bände, daher werden aus dem Indexmanuscript nur die Fundstellen geliefert; um die Datenintegration werden die betroffenen Familien gebeten. Stiftungsbibliothek: **Indexmanuscript.**
[Quelle: Żychliński (h. Szeliga), Teodor: Złota księga szlachty polskiej, Poznań 1879 - 1907, Jahrgang und Seite gemäß dem Indexmanuscript] - **zeitweilig Band "WY" nicht zugänglich.**

Adelslexika in Deutsch
von Żernicki-Szeliga (5 Bände) - Gesamtwerk (5 Titel), aber veraltert
[Quelle: Żernicki-Szeliga, Emilian, von: Der polnische Adel und die demselben hinzugetretenen anders-ländischen Adelsfamilien: General-Verzeichniss. Hamburg 1900, Band 1, Seite 489]. [113]

---

[111] *[Download: http://www.wbc.poznan.pl/dlibra/publication?id=66544&from=&dirids=1&tab=1&lp=7&QI=].*
[112] *[Download: http://www.archive.org/details/nieznanaszlacht00wittgoog].*
[113] *[Download: http://fbc.pionier.net.pl/id/oai:kpbc.umk.pl:34006].*

[Quelle: Żernicki-Szeliga, Emilian, von: Der polnische Adel und die demselben hinzugetretenen andersländischen Adelsfamilien: General-Verzeichniss. Hamburg 1900, Band 1, Seite 59]. [114]

[Quelle: Żernicki-Szeliga, Emilian, von: Die polnischen Stammwappen: ihre Geschichte und ihre Sagen, Hamburg 1904, Seite]. [115]

[Quelle: Żernicki-Szeliga, Emilian, von: Geschichte des polnischen Adels: nebst einem Anhange : Vasallenliste des 1772 Preussen huldigenden polnischen Adels in Westpreussen, Seite]. [116]

[Quelle: Żernicki-Szeliga, Emilian, von: Der polnische Klein-Adel im 16. Jahrhundert nebst einem Nachtrage zu "Der polnische Adel und die demselben hinzugetretenen andersländischen Adelsfamilien" und dem Verzeichnis der in den Jahren 1260-1400 in das Ermland eingewanderten Stammpreussen, Hamburg 1907, Seite]. [117]

Adelslexika Reichsteile - Szlachta in Litauen und im Baltikum
Błaszczyk - Adel Samogitiens [Žemaitija] - Adel des Großfürstentums Litauen
[Quelle: Błaszczyk, Grzegorz: Herbarz szlachty żmudzkiej, Warschau 2015 ff, 6 Bände, Band , Seite].

Boniecki (2. Auflage) - Adel des Großfürstentums Litauen
[Quelle: Boniecki (h. Bończa), Adam: Poczet rodów w Wielkiem Księstwie Litewskiém w XV i XVI wieku, 2. Auflage, Bonn 1985, in: StudIaS Nr. R 20 (P), Seite].

Baltikum - Genealogisches Handbuch der baltischen Ritterschaften
[Quelle: Stackelberg, Otto Magnus von: Genealogisches Handbuch der baltischen Ritterschaften, Teil 1, Band 1, Estland, 1930, Seite]. [118]

[Quelle: Genealogisches Handbuch der baltischen Ritterschaften Teil 2 Estland.pdf.

[Quelle: Stackelberg, Otto Magnus von: Genealogisches Handbuch der estländischen Ritterschaft, Teil 2, 3: Estland, Bd.: 3, Görlitz 1930, Seite]. [119]

---

[114] *[Download: http://fbc.pionier.net.pl/id/oai:kpbc.umk.pl:34007].*
[115] *[Download: http://fbc.pionier.net.pl/id/oai:kpbc.umk.pl:33893].*
[116] *[Download: http://fbc.pionier.net.pl/id/oai:kpbc.umk.pl:34008].*
[117] *[Download: http://fbc.pionier.net.pl/id/oai:kpbc.umk.pl:34019].*
[118] *[Download: http://daten.digitale-sammlungen.de/~db/bsb00000600/images/].*
[119] *[Download: http://daten.digitale-sammlungen.de/~db/bsb00000601/images/].*

[Quelle: Stavenhagen, Oskar: Genealogisches Handbuch der kurländischen Ritterschaft, Bd.: 1, Görlitz [1939], Seite]. [120]

[Quelle: Stavenhagen, Oskar: Genealogisches Handbuch der kurländischen Ritterschaft, Bd.: 2, Görlitz [1937], Seite]. [121]

[Quelle: Transehe-Roseneck, Astaf von: Genealogisches Handbuch der livländischen Ritterschaft, Bd.: 1, Görlitz [1929], Seite]. [122]

[Quelle: Transehe-Roseneck, Astaf von: Genealogisches Handbuch der livländischen Ritterschaft, Bd.: 2, Görlitz [ca. 1935], Seite]. [123]

[Quelle: Essen, Nicolai von: Genealogisches Handbuch der Oeselschen Ritterschaft, Tartu 1935, Seite]. [124]

Baltikum - Genealogien kurländisch-ritterschaftlicher Geschlechter
[Quelle: Lackschewitz, Klas; Kurländische Ritterschaft.; Vereinigte Kurländische Stiftungen: Genealogien kurländisch-ritterschaftlicher Geschlechter, die bisher weder im Genealogischen Handbuch der Baltischen Ritterschaft, Teil Kurland, noch im Genealogischen Handbuch des Adels erschienen sind, Baron Wolf von Buchholtz (Hrsg.), [Seevetal] 2004].

[Quelle: Lackschewitz, Klas; Kurländische Ritterschaft.; Vereinigte Kurländische Stiftungen: Ergänzung zu Genealogien kurländisch-ritterschaftlicher Geschlechter, die bisher weder im Genealogischen Handbuch der Baltischen Ritterschaft, Teil Kurland, noch im Genealogischen Handbuch des Adels erschienen sind, Baron Wolf von Buchholtz (Hrsg.), [Seevetal] 2012].

Wijuk-Kojałowicz - Adel des Großfürstentums Litauen [125]
[Quelle: Wijuk-Kojałowicz, Wojciech: Ks. Wojciecha Wiiuka Kojałowicza herbarz szlachty Wielkiego Księstwa Litewskiego zwany Nomenclator, Kraków 1905, in: Herold Polski, Seite].

---

120 *[Download: http://daten.digitale-sammlungen.de/~db/bsb00000602/images/].*
121 *[Download: http://daten.digitale-sammlungen.de/~db/bsb00000603/images/].*
122 *[Download: http://daten.digitale-sammlungen.de/~db/bsb00000558/images/].*
123 *[Download: http://daten.digitale-sammlungen.de/~db/bsb00000559/images/].*
124 *[Download: http://daten.digitale-sammlungen.de/~db/bsb00000345/images/].*
125 *[Download: http://polona.pl/item/49328/3/].*

Adelslexika Reichsteile - Szlachta in Polen

Sęczys (2. kor. Auflage) - Adelslegitimierung III. Königreich Polen
[Quelle: Sęczys, Elżbieta: Szlachta wylegitymowana w Królestwie Polskim w latach 1836-1861(1867) [Im (III. Königreich Polen in den Jahren 1836 - 1861 (1867) legitimierter Adel], 2. korrigierte Auflage, Warszawa 2007 in: Seria szlachta polska, Seite].

Dworzaczek – Teki – Stammfolgen der großpolnischen Szlachta [126]
[Quelle: Dworzaczek, Włodzimierz, Teki dworzaczka, CD].

Drefs – Kontributionskataster – Preusische Steuererfassung 1793-1794 [127]

Łempicki (4 Bände) - Stammfolgen der mazowischen Szlachta
[Quelle: Łempicki, Jerzy: Herbarz mazowiecki, Band 1 (Einführung), Band 2 powiat płocki (Kreis Plock) in einem Volumen, Poznań 1997, Seite].
[Quelle: Łempicki, Jerzy: Herbarz mazowiecki, Band 3 powiat bielski (Kreis Bielsk), Poznań 1997, Seite].
[Quelle: Łempicki, Jerzy: Herbarz mazowiecki, Band 4 powiat sierpecki (Kreis Sierpc), Sierpc 2008, Seite].

Nejman - Szlachta der Wojewodschaft Sieradz
[Quelle: Nejman, Elżbieta Halina: Szlachta Sieradzka XIX wieku. Herbarz, 887 Seiten, Seite].

Woliński (2 Bände) - Szlachta der Wojewodschaft Lublin
[Quelle: Woliński, Marek: Herbarz szlachty Ziemi Łukowskiej na Lubelszczyźnie [Wappenbuch des Adels des Lukow-Landes im Lubliner Land], Rąbino 2011 f, 2 Bände, Band , Seite , (3. Band in Vorbereitung)].

Polnischer Landadel im XX. Jhdt. – Biogramme des Landadels
[Quelle: Polnischer Landadel im XX. Jhdt. Warschau 1992-2016, 11 Bände, Band , Seite].
Band 1 Ziemianie polscy XX wieku [128]
Band 2 Ziemianie polscy XX wieku [129]

---

[126] Großpolen: http://de.szlachta.wikia.com/wiki/Stammfolgen_Dworzaczek, und Regesten: http://de.szlachta.wikia.com/wiki/Regesten.
[127] Rezension und 3 Datenbanken: http://de.szlachta.wikia.com/wiki/Drefs-Einleitung.
[128] *[Download Band 1: http://pther.net/PDF/Ziemianie%20XX%20wieku/Ziemianie%20XX%20wieku%2001.pdf].*
[129] *[Download Band 2: http://pther.net/PDF/Ziemianie%20XX%20wieku/Ziemianie%20XX%20wieku%2002.pdf].*

Band 3 Ziemianie polscy XX wieku [130]
Band 4 Ziemianie polscy XX wieku [131]
Band 5 Ziemianie polscy XX wieku [132]
Band 6 Ziemianie polscy XX wieku [133]
Band 7 Ziemianie polscy XX wieku [134]
8 Ziemianie polscy XX wieku [135]
9 Ziemianie polscy XX wieku [136]
10 Ziemianie polscy XX wieku [137]
11 Ziemianie polscy XX wieku [138]
Index der Biogramme Band 1-11, [139]

Adelslexika Landesteile - Szlachta in der Ukraine
Poczet - Adelslegitimation Galizien und Bukowina - mit Nachträgen [140]
[Quelle: Poczet szlachty galicyjskiéj i bukowińskiéj, Lwów 1857, Seite].

von Frank (5 Bände) - Gnadenakte HRR und Erblande
[Quelle: Frank [zu Döfering], Karl Friedrich von: Standeserhebungen und Gnadenakte für das Deutsche Reich und die Österreichischen Erblande bis 1806 sowie kaiserlich österreichische bis 1823 mit einigen Nachträgen zum Alt-Österreichischen Adels-Lexikon, V Bände (1823-1918), Selbstverlag, Schloss Senftenegg 1973, Band , Seite].

von Frank 1928 - Gnadenakte Kaisertum Österreich

---

130 *[Download Band 3: http://pther.net/PDF/Ziemianie%20XX%20wieku/Ziemianie%20XX%20wieku%2003.pdf].*
131 *[Download Band 4: http://pther.net/PDF/Ziemianie%20XX%20wieku/Ziemianie%20XX%20wieku%2004.pdf].*
132 *[Download Band 5: http://pther.net/PDF/Ziemianie%20XX%20wieku/Ziemianie%20XX%20wieku%2005.pdf].*
133 *[Download Band 6: http://pther.net/PDF/Ziemianie%20XX%20wieku/Ziemianie%20XX%20wieku%2006.pdf].*
134 *[Download Band 7: http://pther.net/PDF/Ziemianie%20XX%20wieku/Ziemianie%20XX%20wieku%2007.pdf].*
135 *[Download Band 8: http://pther.net/PDF/Ziemianie%20XX%20wieku/Ziemianie%20XX%20wieku%2008.pdf].*
136 *[Download Band 9: http://pther.net/PDF/Ziemianie%20XX%20wieku/Ziemianie%20XX%20wieku%2009.pdf].*
137 *[Download Band 10: http://pther.net/PDF/Ziemianie %20XX%20wieku/Ziemianie%20XX% 20wieku%2010.pdf].*
138 *[Download Band 11: http://pther.net/PDF/Ziemianie%20XX%20wieku/Ziemianie%20XX%20wieku%2011.pdf].*
139 *[Download Band 1-11: http://pther.net/PDF/Ziemianie_XX_wieku/Ziemianie_XX_wieku_Wykaz_ życiorysów_zamieszczonych_w_cześci_1-11_serii_Ziemianie_polscy_XX_wieku.pdf].*
140 *[Download: http://www.wbc.poznan.pl/dlibra/docmetadata?id=88218].*

[Quelle: Frank [zu Döfering], Karl Friedrich von: Alt-Österreichisches Adels-Lexikon, I. Band (1823-1918), Selbstverlag, Wien 1928, Seite].

von Frölichsthal - Der Adel der Habsburgermonarchie im 19. und 20. Jhdt.
[Quelle: Frölichsthal, Georg Freiherr von: Der Adel der Habsburgermonarchie im 19. und 20. Jahrhundert, in: Genealogisch-Heraldisches Informationssystem (Genhis), Band 2, Insingen bei Rothenburg ob der Tauber 2008, Seite].

Czernecki - Adelslegitimierung in der rechtsseitigen Ukraine
[Quelle: Lisenko, Sergiej; Czernecki, Evgen: Prawobereznaja szlachta kinec XVIII - perscha polowina XIX. ctolecia (Adel der rechtsseitigen Ukraine Ende des XVIII. Jhdt bis zur ersten Hälfte des XIX. Jhdt.), Bila Cerkva 2007, Seite].

Chorowiec (5 Bände) - Adelslegitimierungen der Szlachta Wolhyniens
[Quelle: Chorowiec, Oleg: Herbarz szlachty wolyńskiej, Radom 2012f, 5 Bände].

Adelslexika Landesteile - Szlachta in Weißrussland
Malecki – Szlachta in Litauen im XIX. Jhdt. [141]
[Quelle: Malewski (h. Jastrzębiec), Czesław: Rodziny szlacheckie na Litwie w XIX wieku, Warszawa 2016, Seite].

Piekosiński - Adel von Vitebsk [142]
[Quelle: Piekosiński, Franciszek Ksawery (Hrsg.): Herbarz szlachty prowincyi witebskiej, Kraków 1899, in: Herold Polski, Seite].

Adelslexika nach Herkunft - Armenier
Korwin [Piotrowski] - Adelslexikon der armänischen Szlachta in der Res Publica
[Quelle: Korwin (Pseudonym für Piotrowski h. Korwin), Ludwik: Ormiańskie rody szlacheckie, Bonn und Luxemburg 1983, in: StudIaS Nr. 17 (P), 2. Auflage, Seite].

Adelslexika nach Herkunft - Juden
Korwin [Piotrowski] - Adelslexikon der Szlachta jüdischen Ursprungs in der Res Publica
[Quelle: Korwin (Pseudonym für Piotrowski h. Korwin), Ludwik: Szlachta polska pochod-zenia żydowskiego, 2. Auflage, Bonn und Luxemburg 1983, in: StudIaS Nr. 18

---

141 *[Download: http://genealogia.lt/pdfs/rodziny_szlacheckie.pdf]*
142 *[Download: http://www.wbc.poznan.pl/publication/53048].*

(P), Seite].

Adelslexika nach Herkunft - Kalvinisten
Konarski - Adelslexikon der kalvinischen Szlachta in der Res Publica
[Quelle: (Jaxa-)Konarski, Szymon (h. Gryf): Szlachta kalwińska w Polsce, Warszawa 1936, Seite].

Adelslexika nach Herkunft – Kosaken [143]
[Quelle: Kumpe, Dr. Carsten: **Kosakendatenbank**].

Adelslexika nach Herkunft - Prusen, Pommern und Kaschuben
Bär - Adel im königlich (polnischen) Preußen
[Quelle: Bär, Max: Der Adel und der adelige Grundbesitz in Polnisch-Preußen zur Zeit der preußischen Besitzergreifung nach Auszügen aus den Vasallenlisten und Grundbü-chern, Leipzig 1911, in: Mitteilungen der preußischen Archivverwaltung Heft 9, Seite].

Dachnowski - Stammfolgen der Szlachta im königlichen Preußen der Res Publica
[Quelle: Pentek, Zdzisław (Hrsg.): Dachnowski, Jan Karol - Herbarz Szlachty Prus Królewskich z XVII wieku, Kórnik 1995, Seite].

Janecki (2 Bände) - Handbuch des Preußischen Adels
[Quelle: Janecki, Marcelli, von: Handbuch des Preußischen Adels, Hrsg. unter Förde-rung des Königlichen Herolds-Amtes. 2 Bde., Berlin 1892–1893].
Band 1 (1892), Seite ; [144], Band 2 (1893), Seite], [145]

Pragert (4 Bände) - Szlachta in Kaschuben und Pommern in der Res Publica
[Quelle: Pragert, Przemysław: Herbarz rodzin kaszubskich, 4 Bände, Gdańsk 2001 ff, Band , Seite].

Adelslexika nach Herkunft - Schlesien

---

[143] http://www.kumke.net/sql_cossacks/.
[144] *[Download: https://ia801406.us.archive.org/25/items/handbuchdespreu01janegoog/handbuchdespreu01janegoog.pdf].*
[145] *[Download: https://ia801406.us.archive.org/25/items/handbuchdespreu01janegoog/handbuchdespreu01janegoog.pdf].*

Sękowki (6 Bände) - Stammfolgen der schlesischen Szlachta
[Quelle: Sękowski, Roman: Herbarz szlachty śląskiej, Chudów, 6 Bände, Band , Seite].

Adelslexika nach Herkunft – Tataren

Dziadulewicz - Stammfolgen der tatarischen Szlachta in der Res Publica [146]
[Quelle: Dziadulewicz (h. Sokola), Stanisław: Herbarz rodzin tatarskich w Polsce, Wilno 1929, Seite].

Heraldik der Res Publica

Chrzanowski - Kompendium 6.986 Wappenabwandlungen des Adels Res Publica
[Quelle: Schlesinger, Edward von (Hrsg.): Herbarz szlachty polskiej Władysława Nowina Chrzanowskiego, Faksimile der Handschrift des Instituts für angewandte Sozialgeschi-chte in Bonn, 6.986 Wappenabb. Bonn und Luxemburg 1984, in: StudIaS R 13 (P), Seite].

Chrząński - Wappenabwandlungen
[Quelle: Ostrowski (h. Rawicz) Graf, Juliusz (Hrsg.): Tablice odmian herbowych Chrąńskiego, Warszawa 1909, Seite]. [147]

Klingspor - Baltisches Wappensbuch
[Quelle: Klingspor, Carl Arvid; Hildebrandt, Adolf Matthias: Baltisches Wappenbuch, Wappen sämmtlicher, den Ritterschaften von Livland, Estland, Kurland und Oesel zugehörigen Adelsgeschlechter, Stockholm, 1882, Seite]. [148]

Graf Ostrowski - **Herbarz szlachty polskiej** - Wappenlexikon der Adelsfamilien Res Publica
[Quelle: Ostrowski (h. Rawicz), Graf Juliusz: Księga Herbowa rodów polskich, Teil 1, Warszawa 1897 - 1906, Wappenabbildungen, Tafel , Seite] [149] und
[Quelle: Ostrowski (h. Rawicz), Graf Juliusz: Księga Herbowa rodów polskich, Teil 2, Warszawa 1897 - 1906, Wappenbeschreibungen, Seite]. [150]

Siebmacher -Grosses und allgemeines Wappenbuch Baltikums [151]

---

[146] *[Download: http://www.wbc.poznan.pl/publication /61988].*
[147] *[Download: http://ebuw.uw.edu.pl/dlibra/docmetadata?id=1069&from=&dirids=1&ver_id=&lp=4&QI=%7C].*
[148] *[Download: http://daten.digitale-sammlungen.de/~db/bsb00000445/images/].*
[149] *[Download: http://ebuw.uw.edu.pl/dlibra/docmetadata?id=231&from=pubstats].*
[150] *[Download: http://ebuw.uw.edu.pl/dlibra/docmetadata?id=232&from=&dirids=1].*
[151] *[Download: http://dspace.utlib.ee/dspace/handle/10062/16020].*

[Quelle: J. Siebmacher's grosses und allgemeines Wappenbuch. Bd. 3. Abth. 11, Der Adel der russischen Ostseeprovinzen. T. 2, Der nichtimmatrikulirte Adel, Nürnberg 1901, Seite].

Hilfsmittel und Datenbanken
Słownik geograficzny Królestwa Polskiego (16 Bände) [152] **:**

Słownik historyczno-geograficzny ziem polskich w średniowieczu - nicht alle Bände sind online [153] **:**

Posen Marriage Index [154] **:**
Das Posen Projekt bietet die Suche die Datenbank mit Eheschließungen 1800 - 1899

Basia – Indexierungssystem [155] **:**

Geneteka [156] **(Übersicht):**

Genpol [157]**:**

Pomgen [158]**:**

Nekrologe [159] **:**

Schlossarchiv-4.000 Adelsfamilien [160]**:**

Deutsche Verlustlisten WK I. [161] **:**

Grobonet - zur Auffindung auf dem Gebiet Polens bestatteter 1.329.091 Personen auf 258 Friedhöfen [162] **:**

---

[152] http://dir.icm.edu.pl/pl/Slownik_geograficzny/.
[153] http://www.slownik.ihpan.edu.pl/intro.php.
[154] http://poznan-project.psnc.pl/?lang=de.
[155] http://www.basia.famula.pl/de/.
[156] http://www.geneteka.genealodzy.pl/index.php?op=gt&lang=pol&w=02kp.
[157] http://www.genpol.com/PTG_Sluby-index-lit-c.html.
[158] http://www.ptg.gda.pl/index.php/ptgnews/action/basesearch/.
[159] http://www.wtg-gniazdo.org/nekrologi.php.
[160] http://www.schlossarchiv.de/.
[161] http://des.genealogy.net/eingabe-verlustlisten/search/ index.
[162] - http://www.grobonet.com/- http://www.grobonet.com/.

Gefallenenlisten und –denkmäler [163] :

Evangelisches Kirchenarchiv [164]:

Lutheranische Kirche in Russisch Polen [165] :

The Peerage [166]:

Wörterbücher [167] :

Namensverteilung - fallweise: A, CH, D, F, PL, I, SL, USA (Namenssuche) [168]:-

Namenverteilung A [169] :

Namensverteilung CH [170] :

Namensverteilung CZ [171] :

Namensverteilung D [172] :

Namensverteilung F [173] :

Namensverteilung PL [174] :

Personennamen PL [175] :

Personennamen PL [176] :

---

163 http://www.denkmalprojekt.org/searc h/suche.htm.
164 http://www.ezab.de/d/bframe.html.
165 Htt.ps://www.sggee.org/research/parishes/ church_parishes/LutheransInRusPoland.htm.
166 http://www.thepeerage.com/.
167 http://www.slovnyk.org/.
168 http://www.behindthename.com/.
169 http://www.verwandt.at/karten.
170 http://www.verwandt.ch/karten/.
171 Desktop.
172 http://www.verwandt.de/karten/.
173 http://en.geneanet.org/.
174 http://www.moikrewni.pl/mapa/.
175 http://nazwiska-polskie.pl/.
176 nach Rymunt - http://www.herby.com.pl/indexslo.html.

Die „Schriftenreihe für angewandte Sozialgeschichte StudIaS" stellt die Fortsetzung der mit Auflösung des Instituts für angewandte Sozialgeschichte (InfaS) der FU in Bonn im Jahre 1989 abgebrochenen „Schriftenreihe für sozialwissenschaftliche, genealogische, heraldische und historische Studien des Instituts für angewandte Sozialgeschichte StudIaS" dar.

In der Schriftenreihe StudIaS werden die bis 1989 nicht mehr zur Veröffentlichung gelangten Manuskripte als auch neue Arbeiten der RvS Stiftung jeweils in einer Auflage als e-Buch und in einer als Sachbuch gedruckten Ausgabe realisiert.

Die neue Schriftenreihe ist strukturiert in nachfolgende Serien:

StudIaS-#

allgemeine Serie mit deutsch- und fremdsprachigen Titeln

1. Krzywaźnia, Jan; Schlesinger, Edward Ondřej von (Hrsg.): **Personennamensindex zu Pfarrer Michael Perliński: „Erinnerungen an die Stadt Schildberg und deren nähere und weitere Umgebung" Ostrzeszów 1920 sowie Matrikelauflistung für den Landkreis Schildberg und deren Aufbewahrungsorte** [Indeks nazwisk występujących w książce ks. Michała Perlińskiego „Wspomnienia o mieście Ostrze-szowie bliższej jego i dalszej okolicy", wersja poprawiona wg wydania z 1920 r. „Gazety Ostrzeszowskiej", Ostrzeszów 2010 oraz zestawienie metryk powiatu ostrzeszowskiego i miejsca ich przechowywania], München 2018, VIII + 272 Seiten, ISBN: 9 78375 2814804.

2. Schlesinger, Edward Georg Gustav, von: **Deutsch - Polnisches & Polnisch - Deutsches Ortschaftswörterbuch** (mit Bezeichnungen nicht mehr bestehenden Ortschaften), München 2020, VIII + 316 Seiten, ISBN. ISBN. 978375 0409262.

3. Schlesinger, Edward Georg Gustav, von (Hrsg.): **Aufstellung der 714 Großgrundbesitzer in der Gubernie Plock des III. Königreich Polen für das Jahr 1909 mit 1.096 Ortschaften und Verweisen** [Spis 714 obywateli ziemskich guberni płockiej z 1909 r.], München 2020, VIII + 228 Seiten, ISBN: 9 78375 2820799.

12. Schlesinger, Edward Ondřej von (Hrsg.): **Majetek panství Votice - landtäfliche Grundherrschaft Wotitz,** Příspěvek k historii šlechtického rodu rytířů Schlesinger (Ritter von Schlesinger), München 2020, XII+ 260 Seiten, ISBN: 9 78375 2814736.

StudIaS-GEN

Hilfsmittel zu genealogisch-heraldischen Forschungen

StudIaS – Einführungen

Serie landesbezogene Einführungen zu geneal.-herald. Forschungen

E 1. Schlesinger, Edward Ondřej von: **Einführung in ausgesuchte Problembereiche der genealogisch-heraldischen Forschung in Ländern der Res Publica: Litauen, Polen, der Ukraine und Weißrussland,** München 2018, VI+206 Seiten, ISBN: 9 78374 6075846.

StudIaS-R
Werksausgaben kommentierten Reprints vergriffener Titel

StudIaS-Stammfolgen
Serie mit deutschsprachigen monographischen Geschlechterdarstellungen

StudIaS-Stammfolgen
Serie mit deutschsprachigen monographischen Geschlechterdarstellung

StudIaS-W
Serie Wappengenossenschaften der Res Publica [Heraldik]

Die StudIaS Reihen richten sich an eine breit gefächerte Gruppe von Lesern: Angefangen bei Personen, die mehr über einen entsprechenden Namen der Szlachta erfahren möchten, über versierte Genealogen und Heraldiker, welche forschungsbedingt in Gebiete vorstoßen, in denen sie nicht bewandert sind bis zu Fachleuten wie Politologen spezialisiert auf Demokratie- und Migrationsforschung, Akkulturations-, Inkulturations- und Assimilierungsprozesse, Historiker, die sich mit Umformungen im östlichen Europa beschäftigen, bis zu langfristigen gesellschaftlichen Wandel analysierenden Soziologen. Dementsprechend beinhaltet es neben hoch spezialisierten Elementen auch Bereiche allgemeiner Einführung in die Thematik der Adelsrepublik Polen-Litauen, Genealogie und Heraldik.